効果的な
退院・転院支援

林　祐介 著

——医療ソーシャルワーカーの
専門的役割

旬報社

第 3 節　療養型病院・施設等が求める保証人の役割についての質的調査
　　　　――社会福祉協議会職員へのインタビュー調査
　　　　（第 7 調査）　*225*

第 6 章　総括――MSW による効果的な退・転院支援の実現に向けて………………………………*235*
　第 1 節　調査のまとめと仮説の検証　*236*
　第 2 節　本研究の課題の達成状況と新たな知見　*248*
　第 3 節　MSW による効果的な退・転院支援を実現するための方略　*253*
　第 4 節　本研究の意義と今後の課題　*260*

あとがき　*269*
初出一覧　*273*
文献リスト　*275*
事項索引　*297*

療専門職を納得させることは難しいと思う」という意見をもらったことがある。そのため、幅広い理解を得るためには、少数事例を深めることを目的とした質的研究だけでなく、客観性や普遍性を追求することを目的とした量的研究を組み合わせて行うことが不可欠であると考える。

　本書は、全7章で構成されている。

　序章では、本書の目的と課題を中心に示す。第1節では、近年の医療・介護政策の動向や診療報酬改定の動向をふまえて、MSWによる退・転院支援の効果を根拠にもとづいて示していく必要があることを述べる。第2節では、前節の内容をふまえつつ、本書の目的と本書で扱う3つの課題を示す。第3節では、私の研究史と本書を出版した動機を述べたうえで、本書全体を通しての分析の視点を説明する。第4節では、本書で用いる用語の定義と解説をする。

　第1章では、退・転院支援についての文献学的検討を行い、研究の動向と課題を中心に示す。第1節では、文献の収集プロセスについて説明する。第2節では、先行研究の知見にもとづいて、MSW業務における退・転院支援の位置づけや退・転院支援部門におけるMSWと看護師等の業務実態を示す。第3節では、先行研究の内容をふまえつつ、退・転院支援の語法を明確にすることを目的に、その関連用語との関係を整理する。さらに、退・転院支援の質のとらえ方や評価方法について示す。第4節では、患者と家族の意向をふまえた退・転院についての意思決定・自己決定支援が求められる背景とそれについての先行研究をレビューする。第5節では、自宅退院支援の質向上が求められる背景とそれについての先行研究を概観する。第6節では、効果的な転院支援が求められる背景とそれについての先行研究を検討する。第7節では、転院支援からみる保証人問題（保証人不在者の転院先が制約されている状況）への対応が求められる背景とそれについての先行研究をレビューする。第8節では、研究課題を整理したうえで、調査枠組みと各調査の論理モデルを示す。

　第2章では、本研究の調査計画について述べる。第1節では、調査全体の目的が、MSWの効果的な退・転院支援のあり方を見出すことであるとする。第2節では、本研究で実施する7つの調査（第1～7調査）の具体

的内容と各調査の相互関係について説明する。第3節では、上記調査の倫理的配慮に言及する。

　第3章では、患者と家族の退・転院先の意向について行った2つの調査を紹介する。第1節では、患者と家族の退・転院先の意向の全体像を把握することを目的に実施した量的調査の内容・結果を示す。第2節では、「患者と家族の退・転院先の意向が異なった事例」と「患者の退・転院先の意向が把握できなかった事例」の詳細をとらえることを目的に行った質的調査の内容・結果を述べる。

　第4章では、自宅退院後の患者と家族の不安・困り事について行った2つの調査を紹介する。第1節では、自宅退院後調査の取り組みを通じて、退院計画に関わる病院スタッフの支援プロセスと患者アウトカムとの関連を把握することを目的に実施した量的調査の内容・結果を示す。さらに、自宅退院後調査の取り組みとそれがMSW部門の役割に及ぼす変化についても言及する。第2節では、自宅退院後に「短期間で再入院にいたった事例」の詳細をとらえることを目的に行った質的調査の内容・結果を述べる。

　第5章では、療養型病院・施設等への転院制約要因とそれを有する患者への取り組みについて行った3つの調査を紹介する。第1節では、転院制約要因による困難性を定量化することを目的に実施した量的調査の内容・結果を示す。第2節では、MSWによる転院制約要因を有する患者の早期把握に向けた取り組み（MSWが毎朝の申し送り・カンファレンスに参加するなかで積極的な情報収集を行う）をすることで、どのような効果がみられるのかを検証するために行ったアクションリサーチの内容・結果を述べる。第3節では、保証人問題への有効な対処法を明らかにすることを目的に実施した質的調査の内容・結果を示す。

　第6章では、本研究の総括を述べる。第1節では、第1～7調査で得られた知見を示しつつ、それぞれの調査の意義と限界にも言及する。第2節では、本研究の課題達成状況を確認するとともに、第1～7調査で得られた新たな知見を示す。第3節では、MSWによる効果的な退・転院支援の実現に向けた総合的考察を述べる。第4節では、本研究の意義と今後の課題を述べる。

本書は、私のMSW時代に執筆した論文を、「MSWによる効果的な退・転院支援についての実証的研究」という観点から、体系的に整理し直したものである。そのため、私自身の職業経験が反映されたものになっており、現場視点を貫いているところが本書の大きな特徴になっている。医療ソーシャルワークやソーシャルワークの支援効果に興味・関心のある研究者および大学生・大学院生はもちろんのこと、医療・福祉（介護）関係者、とりわけ現役のMSWに読んでいただけると幸いである。

2018年12月

林　祐介

目　次　　効果的な退院・転院支援

はしがき *3*

序章　本書のねらい……………………………………………… *13*
第 1 節　本書の背景——なぜ MSW による
　　　　　　　　　　効果的な退・転院支援に焦点をあてるのか　*13*
第 2 節　本書の目的と課題　*15*
第 3 節　本書の動機と分析の視点　*20*
第 4 節　本書で用いる用語の定義と解説　*23*

第 1 章　退・転院支援についての動向と課題………………… *33*
第 1 節　文献の収集プロセス　*34*
第 2 節　MSW の退・転院支援業務の実態　*36*
第 3 節　退・転院支援等の質と評価方法　*42*
第 4 節　患者と家族の意向をふまえた退・転院についての
　　　　意思決定・自己決定支援が求められる背景と動向　*47*
第 5 節　自宅退院支援の質向上が求められる背景と動向　*62*
第 6 節　効果的な転院支援が求められる背景と動向　*75*
第 7 節　転院支援からみる保証人問題への
　　　　対応が求められる背景と動向　*82*
第 8 節　研究課題の整理と調査枠組みおよび論理モデルの提示　*89*

第 2 章　本研究の調査計画…………………………………… *111*
第 1 節　調査目的　*111*
第 2 節　調査計画　*111*
第 3 節　倫理的配慮　*116*

第3章　患者と家族の退・転院先の意向についての調査 … 119
　第1節　患者と家族の退・転院先の意向についての量的調査
　　　　　——A医療法人B病院のカルテ・ソーシャルワーク記録調査
　　　　　　（第1調査）　*119*
　第2節　「患者と家族の退・転院先の入院時意向が異なった事例」と
　　　　　「患者の退・転院先の入院時意向が把握できなかった事例」の
　　　　　質的調査
　　　　　——A医療法人B病院のカルテ・ソーシャルワーク記録調査
　　　　　　（第2調査）　*141*

第4章　自宅退院後の患者と家族の不安・困り事に
　　　　ついての調査 …………………………………………… *159*
　第1節　退院計画に関わる病院スタッフの支援プロセスと
　　　　　患者アウトカムとの関連についての量的調査
　　　　　——A医療法人B病院の自宅退院後調査（第3調査）　*160*
　第2節　「短期間で再入院にいたった事例」の質的調査
　　　　　——患者または家族とケアマネジャーへのインタビュー調査
　　　　　　（第4調査）　*185*

第5章　療養型病院・施設等への転院制約要因と
　　　　それを有する患者への取り組みについての調査　*205*
　第1節　転院制約要因を有することで生じる困難性についての
　　　　　量的調査
　　　　　——A医療法人B病院のカルテ・ソーシャルワーク記録調査
　　　　　　（第5調査）　*206*
　第2節　MSWによる転院制約要因を有する患者の早期把握とその効果
　　　　　についての調査
　　　　　——A医療法人B病院でのアクションリサーチ
　　　　　　（第6調査）　*216*

したとされている（杉山章子著「医療における実践モデル考（その2）」『日本福祉大学社会福祉論集』、2003年）。つまり、MSWは、医師が対応できない領域を補うために登場した専門職である。病院組織の意向に沿って、患者をどんどん追い出すためにできた職種ではないのである。

　本書は、こうした一連の思いが起点となっている。病院組織から求められているミッションに応えるために、円滑に退・転院させるためだけの支援に走るのではなく、ソーシャルワークの倫理と価値規範をふまえた支援の必要性を再確認する端緒としたいという思いである。

　MSWとしての専門性を担保した支援を行っていくためには、支援効果の追求は避けては通れない。一方で、日常業務から見えてくる問題意識をもとに、調査研究を行ったり、業務改善・開発の方法を検討したりすることで、日々生じている問題への効果的な支援方法を見出すことが可能となる。そのため、退・転院支援の現場で生じている問題把握を通じて、MSWの業務のあり方を検討することには意義があると考える。この作業を通して、私自身のこれまでのMSW経験（2005年4月から2018年3月までMSWとして勤務）を振り返り、今後の課題を見出す機会としたい。

　なお、本書では、量的調査と質的調査を組み合わせる混合研究法を採用している。同研究法は、「ある研究課題に対し量的または質的研究のどちらかだけを用いるよりも、包括的な証明を提供することができる」手法だとされているからである（Creswell, Plano & Vicki（2007）Designing and conducting mixed methods research）。

　一方、私がMSWとして勤務していた時に、MSWを含めた医療・福祉（介護）関係者が参加する学会・報告会等の場で多く目にしたのは、少数事例（場合によっては1事例）の質的研究を通して、病院現場におけるソーシャルワーカーの役割を論じているMSWの姿であった。確かに、少数事例を用いることで、聞き手にとっては事例の詳細をつかみやすく、具体的なイメージにつながりやすい面があり、有効な研究方法の一つであることには違いない。あるいは、一つひとつの個別事例を大事にするMSWの特性からくるものなのかもしれない。しかし、ある関係者より、「少数事例を用いた質的研究のみでは客観性に乏しく、エビデンスを重視する医

はしがき

　医療・介護を取り巻く情勢が目まぐるしく変化するなか、医療ソーシャルワーカー（以下、MSW）による退院・転院支援（以下、退・転院支援）のあり方がこれまで以上に問われるようになってきている。MSWには、医療と介護または病院と地域をつなぐ重要な役割が期待されている一方で、限られた時間のなかで患者と家族に納得・安心して退・転院してもらえるような対応、病院の機能分化の流れについていけない患者と家族への対応等が求められているからである。

　このような状況をふまえて、本書では、MSWによる効果的な退・転院支援をテーマに取り上げることとする。MSWの業務内容は、退・転院支援にとどまらず、療養中の心理的・社会的問題の解決・調整支援、社会復帰支援、受診・受療支援、経済的問題の解決・調整支援、地域活動など多岐にわたっている（厚生労働省「医療ソーシャルワーカー業務指針」2002年）。しかしながら、多くのMSWにとって、退・転院支援が主業務になっている実情がある。一方、近年の診療報酬改定で、平均在院日数の短縮化や在宅復帰率向上への誘導が強化されているために、MSWは病院組織からこうした数値の達成に貢献しうる支援を行うことが求められている。

　そのため、雇用者側からすれば、「優秀なMSW＝有能な追い出し係」ということになるのかもしれない。それでも、患者が病気や障害を抱えて今後どう生活していくのかを、患者および家族と一緒になって考えていくことに重きを置いているMSWにとって、在院日数を短くしたり、在宅復帰率を向上させたりすることだけが、退・転院支援の最終的な目的ではない。患者と家族の抱える問題が複雑でその対応に時間を要し在院日数が長期化する、または患者と家族の意向を調整したうえで在宅以外の選択肢で話を進めていくことがあり得ることを、経験的に理解しているからである。

　MSWの生みの親であるキャボットは、社会的問題を抱えた人びとを少数の医師で対応することに限界を感じ、ソーシャルワーカーの導入を発案

序章

本書のねらい

　本章の第1節では、本書がなぜMSWによる効果的な退・転院支援に焦点をあてるのか、その背景について述べる。第2節では、前節の内容を受けて、本書の目的と課題を設定するにあたっての視点を説明する。そのうえで、本書の目的と目的を達成するために必要な3つの課題を示す。第3節では、私の研究史として、修士論文と博士論文でどのような研究を行ったのか説明したあとに、本書を出版した動機について述べる。さらに、本書全体を通しての分析の視点を示す。第4節では、本書で用いる14の用語の定義と解説をする。

第1節　本書の背景——なぜMSWによる効果的な退・転院支援に焦点をあてるのか

　わが国の少子高齢化が、問題視されるようになって久しい。そのなかでも、とりわけ団塊世代が後期高齢者となる2025年が、大きな問題として取り上げられることが少なくない[1]。特に、医療・介護領域にもたらす影響は大きく、後期高齢者数の急増にともなって医療・介護サービスへのニーズは高まる一方で、国家財政はひっぱくしており、ニーズに応じたサービスが十分に提供できないことが危惧されている。
　そのような状況下で、国が医療・介護政策で推し進めているのが、「病院の機能分化と連携」および「地域包括ケアシステムの構築」である。そのため、かつての病院完結型医療から地域完結型医療へとシフトされつつあり、患者の住み慣れた地域での生活を支えるための医療・介護をどのよ

うに提供していくのかに、焦点があてられているといえる。この点について、社会保障制度改革国民会議（2013：25）のなかでも、以下のように記されている。「高度急性期から在宅介護までの一連の流れ、容態急変時に逆流することさえある流れにおいて、川上に位置する病床の機能分化という政策の展開は、退院患者の受入れ体制の整備という川下の政策と同時に行われるべきものであり、川上から川下までの提供者間のネットワーク化は新しい医療・介護制度の下では必要不可欠となる」。

医療・介護政策が地域重視へと変化するなか、MSWが退・転院支援をどのように展開していくのかが問われている。具体的には、退・転院までの支援に終始するのではなく、退・転院後の生活をも見据えた支援の必要性が高まっている。一方、近年の診療報酬改定で、平均在院日数短縮化や在宅復帰率向上への誘導が強化されるなど、MSWといえどもこうした数値とは無縁でいられない現状がある。つまり、病院経営に貢献しつつ、かつ患者と家族に安心・満足して退・転院してもらえる支援方法の開発が、急務の課題になっている。

ところで、MSWの退・転院支援の実態やそれに関わる事例報告は、わが国でも数多くある。しかし、どのような支援を実施すれば、患者とその家族の安心・満足感を向上させることができるのかについて、実証的かつ体系的に示した研究はない。

今後の超高齢社会による高齢者人口の増加にともない、医療サービスへのニーズが高まっている反面、厳しい国家財政事情や医療提供の効率化をめざした病院機能分化の促進等のために、在院日数短縮や在宅復帰率向上といったアウトカム評価を重視した病院運営がこれまで以上に求められている。そのため、病院経営に直結するアウトカム評価の達成を第一とした、効率偏重の退・転院支援が横行することが懸念される。

しかしながら、仮に限られた日数内であったとしても、患者本人の意思決定・自己決定に関わる部分を疎かにすべきではない。MSWとしては、早期に退院させればいいという単純な話ではなく、そこにいたるまでのプロセスでどのような支援を行っているのかという点に注視する必要があるからである。石原ら（2014：3）が指摘するように、「退院支援者やその部

門が、退院についての『質の担保を図る部門』としての位置付けや権限が得られなければ、いくら早期退院を実現し、一時的な院内評価を得ることができても、やがて、政策からも患者・家族からもその存在意義を疑われ」ることになる。

そのため、これまでに以上に、患者や家族側からみた支援の効果を意識する必要があり、いかにして効果的な支援を行うことができるのかを、根拠にもとづいて示していくことが求められているといえよう。つまり、MSWが専門職としての社会からの評価を高めていくためには、支援の質向上への取り組みやデータによる情報開示を通じ、みずからの手によって、質の改善や保証に努めている姿勢を示していく必要がある（今中2012）。以上のような背景をふまえて、次節では、本書の目的と課題を示すこととする。

第2節　本書の目的と課題

1. 本書の目的と課題を設定するにあたって

前述したように、「病院の機能分化と連携」および「地域包括ケアシステムの構築」といった医療・介護政策が推進されるなか、MSWによる退・転院支援の効果をいかに示していくかが問われている。これらの政策では、単に次の退・転院先を決めればいいというわけでなく、急性期から回復期さらに慢性期へどうつなげていくのか、医療から介護へどうつなげていくのかという点が重視されているからである。そのため、MSWにとっては、支援プロセスのなかで適切なつなぎができているのかどうか、または支援を通じて患者と家族にとって安心・満足できる流れを作り出せているかどうか、ここをどう説明していくのかが課題の一つになってくる。

一方、近年の診療報酬改定で、平均在院日数短縮化や在宅復帰率向上といった成果が問われてきているなか、これらのアウトカム指標の達成に向

けて、MSWとしてどのように貢献していくのかが求められている。ただし、ここでも同様に、早期に退・転院させたり、在宅へつなげたりすればいいという単純な話ではなく、そこにいたるまでのプロセスでどのような支援を行っているのかという点に注視する必要がある。さらに、適切な支援ができていないことで、患者と家族の希望にそぐわないものであったり、退・転院後に不本意な生活状況に陥っていたりすることも想定される。そのため、患者と家族の思いや退・転院後の生活の質を、いかに担保していくのかといった観点も重要になってくる。

なお、医療におけるアウトカム指標とは、「診療後の患者の状態など『医療の結果・成果』を表す指標」とされており、大きく以下の3つに分類が可能である（近藤 2007；池田 2010；石川 2010；医療情報の提供のあり方等に関する検討会 2011）。①救命率や治癒率および ADL（activities of daily living）の向上（低下）、有病率や死亡率の低減（増大）といった医学的効果に関わる指標。②平均在院日数の短縮（伸長）や在宅復帰率の向上（低下）、または退・転院後の生活場所と状態といった社会的効果に関わる指標。③患者や家族の満足度・QOL（quality of life）に関わる指標。このようにアウトカム指標といっても、多種多様な指標が用いられている（図1）[2]。つまり、平均在院日数や在宅復帰率といった診療報酬制度で求められている指標は、アウトカム指標の一部にすぎないといえる。

以上の内容をふまえると、MSWによる退・転院支援の効果について検討する場合には、プロセス部分を適切に支援した結果として、退・転院先が選定されているかどうかという視点が欠かせない。加えて、平均在院日数や在宅復帰率といった診療報酬上求められているアウトカム指標だけでなく、支援プロセスのなかで患者と家族および支援に関わる人達の認識が一致するような適切なつなぎができているのかどうか、さらに患者と家族の満足感や希望の実現度、および退・転院後の生活状況といったアウトカム指標にも目を向けていく必要があると考える。

ただし、プロセス部分が適切に行えたとしても、すべての事例のアウトカム指標が改善するわけではないことにも留意する必要がある。詳細は本章第3節で後述するが、こうしたプロセスやアウトカムに着目したマネジ

図1 ICF整理シートにおけるアウトカム指標の位置づけ

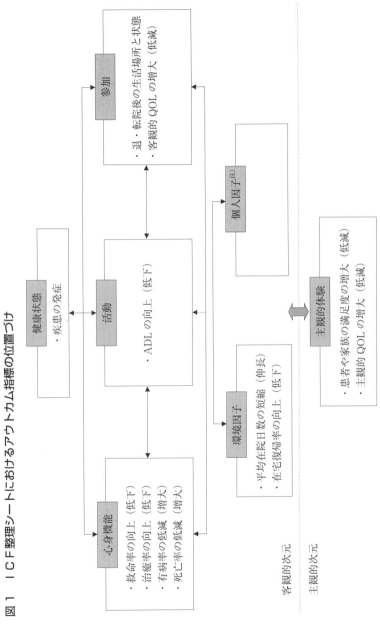

出所：上田（2005：59）の「ICF整理シート（上田，大川 2005）」の枠組みを用いて筆者作成。
注）ここでは、個人因子に該当するアウトカム指標はないため、枠内は空白になっている。

序章　本書のねらい　17

メントの考え方は、主に病院内の取り組みを想定したものであり、とりわけ社会経済的問題といった病院内の取り組みだけでは解決が困難な事例も存在するからである。そのため、病院内で起きているこうした個別（ミクロ）の問題を、地域（メゾ）や制度・政策（マクロ）の問題としてとらえていく視点も欠かせないと考える。

2. 本書の目的と課題

(1) 本書の目的

本書の目的は、MSWによる退・転院支援の質をいかに向上させていくのかという観点から、病院現場の実態やそこで生じている問題の構造を実証的に検討し、それをもとに、MSWによる効果的な退・転院支援の方法を見出すことである。そのために、私と関わりのある病院を主なフィールドとし、量的調査と質的調査を組み合わせた混合研究法を用いる。

(2) 本書で扱う3つの課題

上述した目的を達成するために、以下の3つの課題を設定する。なお、課題を設定するにあたっては、患者のみを対象とするのではなく、家族も含めて検討している。退・転院支援では、患者だけでなく家族への支援も不可欠だからである。

第1の課題は、患者と家族の退・転院先についての合意形成が困難な事例の実態を示しつつ、患者と家族の特性や状況に応じた効果的な支援方法を可視化することである。退・転院支援を通して、患者本人が自宅退院を望んでいても、家族の意向で病院や施設への転院を選択せざるを得ないといった事例への対応は、これまで以上に避けては通れないものになっている。核家族化の進行や高齢世帯または夫婦共働き世帯の増加によって、家族内で自宅介護に従事できる者がいないために、介護力不足といった問題が生じやすくなっているからである（印南 2009；社会保障制度改革国民会議 2013）。そのため、本書では、患者と家族の退・転院先の意向に関わ

る要因を把握し、主に両者の意向の異同に注目することで、患者と家族の特性や状況に応じた MSW による効果的な支援のあり方を見出していくこととする。

　第2の課題は、自宅退院後の患者と家族が有している不安・困り事の実態を示しつつ、患者と家族の安心感や満足感を向上させるための支援方法を可視化することである。自宅退院後の不安・困り事を想定して支援を行うことは、「安全で円満な家庭復帰」（林ら 1976；中村ら 1989）を実現し、「危険で険悪な自宅退院」（二木 1983a）を防ぐうえで重要である。さらに、MSW も含めた支援者側が自宅退院後の生活状況を正しく理解し、患者と家族の立場に立った支援方法を検討することは、患者中心の医療の動きが高まりつつあるなかで大切な視点だと考える。そのため、本書では、自宅退院後の不安・困り事をふまえて、入院中の支援者側の評価や認識の内容等を振り返ることで、患者と家族に安心感や満足感を持ってもらうための MSW による効果的な支援のあり方を見出していくこととする[3]。

　第3の課題は、転院困難患者が抱えている問題の構造を示しつつ、それへの有効な支援方法を可視化することである。昨今、転院先をなかなか確保することができない患者の実態が各地で報告されている。病院や施設への転院が制約される要因（以下、転院制約要因）に言及している先行研究が多数存在する現状をふまえると、こうした状況を軽減するための方略を示すことには意義があると考える。そのため、本書では、転院制約要因を有することで生じる困難性を把握し、そこから患者または家族の希望に沿った転院先を確保するための MSW による効果的な支援のあり方を見出していくこととする。

　一方、先の第1の課題のところでも述べたように、患者が自宅退院を希望し続けていても、現実的な問題から家族は転院で話を進めていくことがあり、両者の退・転院先の意向が一致しないまま転院支援を進めていかざるを得ない事例に遭遇することがある。このような事例では、そもそも患者本人が転院を希望していないことから、希望に沿った転院先の確認自体が困難である。そのため、転院支援を中心に取り扱う第3の課題では、患者と家族の両者の希望ではなく、患者または家族のどちらかの希望に焦点

をあてることとする。

　なお、本書では、転院後の患者と家族の不安・困り事、および自宅退院制約要因についての課題は設定しない。前者については、転院支援の特性として、入院中の患者と家族の不安・困り事を軽減しつつ、適切な転院先を確保することを重視している面をあげることができるからである。後者については、退・転院支援では自宅退院につなげられるかどうかが論点になりやすいこともあり、自宅退院制約要因についての先行研究は数多くあるためである。

第3節　本書の動機と分析の視点

1．本書の動機

（1）私の研究史──修士論文と博士論文で行った研究内容

　私は過去13年間（2005年4月から2018年3月まで）、回復期リハビリテーション病棟と介護療養型医療施設を有する病院で、MSWとして退・転院支援を行ってきた。そのなかで、患者や家族の状況によって、転院先の選択肢や確保のしやすさが異なってくることをしばしば経験した。このような経験をふまえて、修士論文では「療養型病院・施設への転院を阻む要因とそれらを有する患者への有効な対処法に関する研究」をテーマとし、以下の2点に重点を置いて調査を行った（林 2009）。①転院阻害要因[4]とそれらが転院先の選定に及ぼす影響。②MSWが転院困難事例を早期に把握することで、どのような効果を得ることができるのか。

　ただし、私がMSWとして退・転院支援を行うなかで、上記以外にも悩みや課題を感じることがあった。その一つとして、患者本人が自宅退院を希望している、または患者本人の退・転院先の意向が把握できていないにもかかわらず、家族が病院や施設への転院を希望している事例に遭遇した

際に、どのような関わり方が求められているのかという点をあげることができる。

　家族が自宅退院を希望しない理由は、さまざまである。しかし、大半は介護力不足やこれまでの家族関係といったやむを得ない事情を抱えており、結果的に患者本人の意向が反映されないかたちで、転院が決まってしまうことが少なくない。加えて、疾患の発生を機に患者本人の判断能力が低下してしまい、患者本人の退・転院先の意向が十分に確認できないまま、家族の意向のみで転院に向けた話が進められることも珍しくない。このような事例では、MSWには患者と家族の意向を調整する役割が求められるわけだが、実際の支援方法についてジレンマを感じているMSWは多いと考える。

　一方、修士論文では、私の能力不足もあり、MSWによる自宅退院に向けた支援方法についての調査を行うことができなかった。転院支援が、MSWにとって重要な業務であることには違いない。しかし、実際には自宅退院支援を含めて支援が行われていることをふまえると、自宅退院と転院の双方における効果的な支援のあり方についての検討が欠かせないと考える。

　また、転院阻害要因を特定化し、それらを早期に把握し介入するための院内システムを構築したとしても、限定的な効果にとどまってしまい、それだけでは十分に対応しきれない事例が存在する。特に、「保証人なし」や「経済的困難あり」といった社会経済的要因を有する場合、早期にMSWが関わったとしても、使える社会資源に限りがあるために、効果が発揮しにくい事例が少なくないことを実感している。

　とりわけ保証人問題（保証人不在者の転院先が制約されている状況）は、転院支援プロセスの見直しといった病院内の取り組みだけでなく、病院外の地域の関係機関を巻き込んだ取り組みをしないと解決が難しい問題であり、地域（メゾ）の問題として、別枠で取り扱う必要があると考える。加えて、今後このような事例が増えることが予想されるにもかかわらず、先行研究の蓄積が不十分であり、示されている対応策もごくわずかにとどまっている。一病院・施設単位でみると、この問題はレアケースの域

を脱しないこともあり、問題が顕在化しにくいという側面を有しているものの、地域によってはすでに社会問題になりつつある。近い将来に備えるべく、この問題に精通している MSW の立場から、具体的な対応策を示すことには意義があると考える。

そのため、博士論文では「医療ソーシャルワーカーによる効果的な退・転院支援についての実証的研究」をテーマとし、修士論文の内容をふまえつつ、研究の範囲やフィールドを拡大することにした。具体的には、修士論文で残された以下の 3 点の課題に取り組むことで、これまでの内容を発展させた研究を行った。①患者と家族の退・転院先の意向が異なる事例と患者本人の意向が確認できない事例への効果的な支援方法、②自宅退院に向けた効果的な支援方法、③保証人問題への効果的な対処方略である。

(2) 本書を出版した動機

本書は、私の博士論文（林 2016）をもとにまとめたものである。しかし、博士論文とは、「極端にいえば、審査をする主査・副査の教員たち数名に向けて書かれるもの」である（鈴木ら 2015：53）。一方、「退院支援」や「退院援助」をテーマにした論文や書籍を数多く目にすることから、研究的に関心の高いテーマになっていることがうかがえる。さらに、病院現場において、退・転院支援は MSW の主業務になっており、多くの MSW が興味を有するテーマになっていると思われる。そのため、一人でも多くの方々に読んでもらえるよう、可読性を上げたうえで、本として世に出していく必要性を感じたことが、本書を出版した最大の動機である。

2. 本書全体を通しての分析の視点

退・転院支援の質向上を検討するにあたっては、患者や家族（ミクロ）だけでなく、組織・地域（メゾ）や制度・政策（マクロ）をも射程に入れる必要があると考える。近藤（2007：ⅱ）が指摘するように、「いくら臨床現場（ミクロレベル）が、がんばっていても、制度・政策（マクロレベル）が悪ければ、そして両者の中間に位置する事業体（メゾレベル）のマ

ネジメントが悪ければ、良い医療や福祉は実現できない」からである。

さらに、MSW が対応困難だと感じる事例や MSW 支援に重要な示唆を与えてくれるような特殊事例に、より注目していくことも必要だと考えている。根本（2000）によれば、「専門的方法・技術の必要性を明確にするための事例は、『接近困難事例』のように特殊性を含むものがよ」く、「特殊例の中に一般に適用すべき様々の例証を発見することができる」とされているからである。

第4節　本書で用いる用語の定義と解説

1.　家族の定義・分類

本書における家族は、法的な意味での親族関係（6親等以内の血族と3親等以内の姻族）に限定せず、内縁関係の夫婦や患者にとって重要な存在であると思われる知人についても家族に含めることとし、同居の有無は問わないものとする。病院現場では、親族関係を有していない場合や患者本人と同居していない場合であっても、患者にとって重要な存在であれば、家族とみなすことがあるからである。また、内縁関係の夫婦については、実態的には法律上の夫婦（配偶者）とさほど変わりがないことから、本書で調査データを分析する際には、両者を一体のものとしてとらえることとする。

さらに、本書では、家族員を一括りでとらえることなく、患者本人との続柄や同別居の状況、および就労状況ごとに分類し、それらの違いに着目していくこととする。同じ家族員であっても、これらの違いによって、患者本人に与える影響力が異なることが想定されるからである。加えて、配偶者や原則として成人した子供（大学生・高校生・中学生・小学生および小学生未満の者を除く）の同居または別居子の有無といった家族形態の違いにも注目する。

たとえば、第3章第1節（第1調査）では、家族員の続柄や就労状況を調べつつ、配偶者と同居している場合を「配偶者同居」、配偶者と別居または配偶者が施設入所している場合を「配偶者別居」、配偶者が死別・離別で不在またはもともと配偶者がいない場合を「配偶者なし」としている。加えて、別居子の有無にかかわらず同居子がいる場合を「子同居」、同居子はいないが別居子がいる場合を「子別居」、子が死別・離別で不在または成人した子がいない場合を「子なし」としている。そのうえで、配偶者と子の組み合わせによって、分類している。表1は、上記の実際のデータの一部を示したものである。

2. 在宅と在宅等および自宅

　2005年介護保険法改正以降、厚生労働省は「在宅」に「自宅」だけでなく、小規模施設と言える「居住系施設（居住系サービス）」まで含めるようになっている（二木2009：197）。また、2008年診療報酬改定で、「在宅」の中に特別養護老人ホームが含まれることになった。これによって、「『在宅』に含まれないのは医療施設と老人保健施設だけ」となった（同上2009：198）。加えて、地域包括ケア研究会（2010：37）でも、「在宅」の定義が以下のように示された。「『在宅』とは現役世代から住んでいる自宅に限定されるものでなく、介護が必要になっても住み続けることができる集合住宅などに住み替えることも含んだ広義の概念である」。

　さらに、2014年度診療報酬改定によって、急性期から慢性期にいたるまでのすべてのステージに在宅復帰要件が設けられたことで、「在宅」の範囲が病棟・施設機能ごとで大きく変わることとなった。たとえば、回復期リハビリテーション病棟では「在宅」扱いにならない老人保健施設が、一般病棟（急性期一般入院料1）では「在宅」に含まれているなど、その範囲が広く定義されている。

　加えて、厚生労働省の「地域医療構想策定ガイドライン等に関する検討会」がまとめた「地域医療構想策定ガイドライン」（2015年3月31日公表）のなかで、「慢性期機能と在宅医療等の需要推計」について言及され

表1　家族員に関わる実際のデータとその分類方法

事例番号	家族構成	家族形態
1	妻（就労なし），長男夫婦（ともに就労あり），孫2人（ともに未就労者）との5人暮らし。別居の長女（就労あり）がいる。	配偶者（同居）＋子（同居）
2	妻（就労なし）との2人暮らし。別居の長女（就労なし）がいる。	配偶者（同居）＋子（別居）
3	夫（就労なし）との2人暮らし。子なし。	配偶者（同居）＋子（なし）
4	次女（就労あり）との2人暮らし。夫は他界。別居の長女（就労なし），長男（就労なし），次男（就労なし），三男（就労あり）がいる。	配偶者（なし）＋子（同居）
5	1人暮らし。夫は他界。別居の長女（就労なし）がいる。	配偶者（なし）＋子（別居）
6	1人暮らし。妻・子なし。別居の母（就労なし）がいる。	配偶者（なし）＋子（なし）
7	1人暮らし。夫（就労なし）はいるも，高齢のため長男宅で生活している。別居の長男（就労なし），長女（就労なし），次男（就労あり）がいる。	配偶者（別居）＋子（別居）
8	1人暮らし。夫は施設入所中。子なし。キーパーソンは姉（就労なし）。	配偶者（別居）＋子（なし）

出所：筆者作成。
注1）家族の就労状況は，常勤だけでなく非常勤やパートタイマー等を含めて仕事をしている場合は「就労あり」，何の仕事も就いていない場合は「就労なし」，大学生・高校生・中学生・小学生および小学生未満の場合は「未就労者」で記載。
注2）家族形態では，配偶者と同居している場合を「配偶者同居」，配偶者と別居または配偶者が施設入所している場合を「配偶者別居」，配偶者が死別・離別で不在またはもともと配偶者がいない場合を「配偶者なし」としている。加えて，別居子の有無にかかわらず同居子がいる場合を「子同居」，同居子はいないが別居子がいる場合を「子別居」，子が死別・離別で不在または成人した子がいない場合を「子なし」としている。そのうえで，配偶者と子の組み合わせを示している。なお，配偶者（別居）＋子（同居）のデータはなかったため，掲載していない。

ており、在宅医療等の提供範囲が以下のように記されている。「在宅医療等とは、居宅、特別養護老人ホーム、養護老人ホーム、軽費老人ホーム、有料老人ホーム、介護老人保健施設、その他医療を受ける者が療養生活を営むことができる場所であって、現在の病院・診療所以外の場所において提供される医療を指し、現在の療養病床以外でも対応可能な患者の受け皿

となることも想定」（厚生労働省 2015a：15）。これによって、医療機関以外のすべての場所が「在宅等」に含まれ、在宅医療の提供場所としてみなされることになった。

　以上の内容をふまえると、「在宅」または「在宅等」の1つとして「自宅」が含まれており、その範囲は年々拡大傾向にあるといえる。そのため、「在宅」と「自宅」はイコールではないことに留意する必要があり、本書でもこの考え方を踏襲する。

3. 退・転院支援と自宅退院支援および転院支援

　本書では、自宅退院に向けた支援を「自宅退院支援」、病院や施設への転院に向けた支援を「転院支援」と区別したうえで、これらを包含したものとして「退・転院支援」を用いる（詳細は第1章第3節2を参照）。

4. 退・転院支援と退院計画

　退・転院に向けた支援を意味する用語は、「退院指導」、「退院援助」、「退院調整」、「退院支援」と多岐にわたっている（詳細は第1章第3節1を参照）。一方、現在のソーシャルワークの潮流は、エンパワーメントし、ストレングスを見出し、利用者のナラティブ（語り）を重視する実践を行う一方で、エビデンス（実証的に検証された調査結果）にもとづいた介入を重視する点にあるとされている（三島 2007：2012）。本書の特徴は、実証的な側面に力点を置きつつも、患者や家族による主体的な評価または希望といったナラティブな側面を含めている点にあり、現在のソーシャルワークの潮流に沿ったものになっている。

　以上の内容をふまえて、本書では、患者と家族の主体性を重視する意味合いがより強いとされている「退院支援」に沿って、「退・転院支援」という用語を使用する。なお、「退院支援」ではなく、「退・転院支援」を用いる理由は、「退院支援」だと自宅退院支援と転院支援のどちらを指すのか、または双方を含むものなのか判別がつきにくいと考えたからである。

ただし、他文献からの引用箇所やそれに関わる記述については、原文のまま「退院指導」、「退院援助」、「退院調整」、「退院支援」を使用する。一方、退・転院に向けた病院全体でのシステム化された活動・プログラムを意味する場合には、「退院計画」を用いる。

5. 効果的な退・転院支援

本書では、患者と家族が退・転院先を納得して選定できる、または退・転院時やその後において安心感や満足感を持ってもらえるような支援のことを総称して、「効果的な退・転院支援」を用いる。

6. 意思決定と自己決定

「意思決定」は患者または家族の意思で何らかの決定をする際に用いられるのに対して、「自己決定」は患者本人による決定を意味しており、家族による決定は含まれていないのが通常である（詳細は第1章第4節3を参照）。本書でも、こうした用語の使用法を踏襲し、「意思決定」の主体は患者または家族であるのに対して、「自己決定」の主体は患者であり、家族は含めない。

7. 合意形成

「合意形成」については、さまざまな定義がされている。たとえば、長戸（2008）は、「家族員個々の意見の折り合いをつけ、家族全体が納得できる新たな選択肢を家族で見出していくこと」としている。さらに、柳原（2013）は、「関係する人々の意見の一致を図る過程」であると述べている。加えて、吉武（2007：159）は、「関係者が意見の理由を共有し患者の思いを意向につなげる対話を通して、患者にとって最善の方法を見つけ出すプロセスである」としている。

ただし、病院現場では、家族員個々の意見の折り合いがつかず摩擦が生

じる事例、または一見意見の折り合いがついたようにみえても家族全体が納得できるところまでにはいたらない事例も少なくない。さらに、患者を含めたすべての関係者の意見が必ずしも一致するわけではなく、仮に患者が自宅退院を希望し続けていたとしても、家族が転院で話を進めていく事例があるのも事実である。加えて、患者にとって最善の方法を見つけ出すことができたとしても、それが家族にとって負担だとすれば、両者の間に葛藤や緊張関係が生じることも考えられる。

そのため、MSWとして、このような事例に遭遇した場合、完全に意見の一致が図れないにしても、患者を含めて家族全体で少しでも納得してもらえるような働きかけを行うこととなる。そこで、本書では、患者と家族の退・転院先の意向が一致しないような場合に、両者の意向を近づけることを目的に、それぞれの間で生じている葛藤や緊張関係を軽減、または患者を含めて家族全体で少しでも納得して退・転院先を選定できるよう支援者が関わっていく過程を総称して、「合意形成」を用いる[5]。

8. 療養型病院・施設

本書では、医療療養病棟と介護保険施設の総称で、「療養型病院・施設」という用語を用いる。ここでの介護保険施設とは、介護保険法上に明記されている介護保険3施設のことであり、特別養護老人ホームと老人保健施設および介護療養型医療施設を指す[6]。

9. 転院制約要因と転院阻害要因

私の修士論文とそれをもとにした拙論では、転院先が制約される要因を「転院阻害要因」と記していた。ただし、この表現だと、転院自体が阻まれてしまい、どこにも転院できないという意味合いにとられてしまう可能性もある。一方、本書で、私が問題視しているのは、転院先が制約されることで、患者または家族が希望しない病院や施設へ移らせざるを得ない状況であるため、「転院制約要因」を用いる。なお、修士論文・拙論の引用

箇所とそれに関わる記述については、原文のまま「転院阻害要因」を使用する。

10. 保証人

医療・福祉（介護）現場で使われている保証人の名称は、病院・施設ごとで異なっており、保証人、連帯保証人、身元保証人、身元引受人などさまざまである。これらはいずれも法律的に意味が異なるものであるにもかかわらず、それらの違いをしっかりと理解しないまま、何となく使われてしまっている現状がある（伊賀市社会福祉協議会 2009：2010）。平田（2007：44）は、「福祉サービス契約で身元保証人や身元引受人が要求される」のは、「何かあったとき（利用者に医療処置が必要になった場合など）に利用者本人を現実に引き取る、あるいは利用者が死亡したときの措置や葬儀を主宰してもらうなどの必要のために定めておく」ことが多いとしている。本書では、こうした現状をふまえつつ、医療・福祉（介護）サービス契約で要求される上記のような役割を担う者という意味で、「保証人」という言葉を用いる。

11. 保証人不在者

本書では、「保証人不在者」を、「身寄りがいないまたは親族等の協力が得られず、何らかの事情があって保証人代行団体（保証人代行サービスを有償で行っている特定非営利活動法人〈NPO〉等の団体）との契約ができないために、保証人を誰にも依頼できない患者」と定義する。

12. 保証人問題

本書では、保証人が確保できない、または保証人の役割を果たす親族等がいないために、患者本人が希望する病院や施設への転院が困難であり、結果的に保証人不在者の転院先が制約されている状況を、「保証人問題」

と呼ぶ。

13. ICF（国際生活機能分類）

　International Classification of Functioning,Disability and Health の略。これは、「人間のあらゆる健康状態（変調または病気－林）に関係した生活機能状態から、その人をとりまく社会制度や社会資源までをアルファベットと数字を組み合わせた方式で分類し、記述・表現をしようとするものである」（World Health Organization 2002）。

　さらに、①心身機能・身体構造（機能・形態障害）、②活動（能力障害）、③参加（社会的不利）、④環境因子、⑤個人因子で構成されており、それぞれ以下のように定義されている（①～③の括弧内には ICF 改定前の国際障害分類の用語を記載）。①の心身機能とは「身体系の生理的機能（心理的機能を含む）」であり、身体構造とは「器官・肢体とその構成部分などの、身体の解剖学的部分」である（同上 2002：11）。②の活動は「課題や行為の個人による遂行のこと」であり、③の参加は「生活・人生場面への関わりのこと」である（同上 2002：13）。④の環境因子は、「人々が生活し、人生を送っている物的な環境や社会的環境、人々の社会的な態度による環境を構成する因子のこと」である（同上 2002：15）。⑤の個人因子は、「個人の人生や生活の特別な背景であり、健康状態や健康状況以外のその人の特徴からなる」としている（同上 2002：16）。

　一方、上田（2005：62）は、ICF の今後の課題として、以下の点をあげている。「ICF は客観的な世界を分析するには非常にいい枠組みを提供しているが、心のなかをまったく考えていない、しかし、それでは問題の一面しかみていない」。そのうえで、障害のある人の心のなかにも注目する必要があるとしており、それを「主観的体験」としている。図1で用いている「ICF 整理シート（上田、大川 2005）」（同上 2005：59）は、健康状態と上記①～⑤を客観的次元、主観的体験を主観的次元としたうえで、これらの項目を図式化したものになっている。

14. FIM（機能的自立度評価法）

Functional Independence Measure の略称。運動系の13項目（食事、整容、清拭、更衣・上半身、更衣・下半身、トイレ動作、排尿管理、排便管理、ベッド・いす・車いすの移乗、トイレの移乗、浴槽・シャワーの移乗、歩行・車椅子、階段）、認知系の5項目（理解、表出、社会的交流、問題解決、記憶）の合計18項目に、それぞれ全介助1点～完全自立7点の採点をする尺度である（保健医療福祉キーワード研究会 2008）。

〔注〕
1) 二木（2017：1-2）は、「厚生労働省の医療・社会保障改革の目標年（ゴール）が、最近、2025年から2035年～40年に変化しつつある」ことを指摘している。その理由として、「2035年には団塊ジュニアが65歳に到達し始め、2040年には彼らの全員が65歳以上になり、しかも死亡者数がピークに達すると推計されてい」ることをあげている。
2) 図1は、上田（2005：59）の「ICF整理シート（上田、大川 2005）」にもとづいて、医療におけるアウトカム指標を整理したものである（ICFの詳細は本章第4節13を参照）。これは、疾患の発症で「健康状態」が悪化し、入院治療が必要になった場合を想定したものになっている。
   まず、「心身機能」に関わるアウトカム指標として、救命率や治癒率の向上（低下）、有病率や死亡率の低減（増大）をあげることができる。さらに、ADLの向上（低下）は「活動」、退・転院後の生活場所と状態は「参加」、平均在院日数の短縮（伸長）や在宅復帰率の向上（低下）といった制度的なものは「環境因子」に関わる指標に、それぞれ分類できる。加えて、ICFには含まれていないものの、「主観的体験」として、患者や家族の満足度の増大（低減）を位置づけることが可能である。一方、上田（2005：61）は、「客観的には社会的自立、そして主観的には精神的自立」が重要であるとしたうえで、「『社会』レベルの『参加』と、『実存』レベルといってもよい『主観的な次元』の2つが、ともに高いレベルにあるということが大事」と述べている。QOLについても同様に、客観的QOLと主観的QOLで構成されていることから、客観的QOLの増大（低減）は「参加」、主観的QOLの増大（低減）は「主観的体験」に関わる指標に、それぞれ分類が可能である。
3) 自宅退院後の患者と家族が有している不安・困り事に着目した研究は、すでに数多く蓄積されている。そこで、本書では、これまであまり行われていない手法を盛り込んでいる。具体的には、以下の2点である（詳細は第4章参照）。①患者宅への自宅退院後調査を通じて、退院計画実践のプロセスとアウトカムを系統的に評価する。②病院から自宅退院したにもかかわらず、その後短期間（3ヵ月以内）で再入院にいたった事例のプロセスに注目する。
4) 修士論文とそれをもとにした拙論では、転院先が制約される要因を「転院阻害要

因」としており、原文のまま使用している（詳細は本章第4節9を参照）。
5) 「合意」の類語として、「同意」をあげることができるが、法令用語研究会（2012：325）は、2つの用語の違いを以下のように説明している。「合意」は「当事者の全員の意思が一致（合致）すること」であり、「類語の『同意』と異なり、当事者の一方が能動的で他方が受動的立場に立つことを必要としない」。
6) 2017年の改正介護保険法で「介護医療院」が制度化されたことで、現在は介護保険4施設となっている。

第 1 章
退・転院支援についての動向と課題

　本章の目的は、文献から基本的な事実を確認し、先行研究の動向を把握する作業を通じて、問題意識の明確化を図ることである。さらに、第 1 章で述べた本書で扱う 3 つの課題内容に焦点をあて、先行研究の論点を整理し、現段階での到達点を示したうえで、研究上の課題を整理する。そのうえで、本研究における調査枠組みや各調査の論理モデルを示す。

　第 1 節では、先行研究の動向の把握に向けて、どのように文献を収集したのか、そのプロセスを示す。第 2 節では、MSW 業務における退・転院支援の位置づけや退・転院支援部門における MSW と看護師等の業務実態を把握するために、基本的な内容やデータの確認を行う。第 3 節では、退・転院支援とその関連用語との関係を整理したうえで、退・転院支援の質をどのようにとらえ、それをどう評価していくのかについて検討する。

　第 4 節では、患者・利用者と家族の意向をふまえた意思決定・自己決定支援が求められる背景について述べたあと、意思決定・自己決定の支援方法論や患者と家族の退・転院先の意向の異同に関わる先行研究を中心に概観する。第 5 節では、自宅退院支援の質向上が求められる背景にふれたあと、実際に質向上に向けた調査や取り組みを行ううえで、参考になりそうな先行研究を中心に検討する。第 6 節では、効果的な転院支援が求められる背景に言及しつつ、それに関わる先行研究を整理する。

　第 7 節では、転院支援場面で遭遇する保証人問題への対応が求められる背景に言及したうえで、同問題についての先行研究を検討する。第 8 節では、第 2 ～ 7 節で先行研究を検討した内容をふまえて、これらの研究課題を整理しつつ、本研究で実施する調査の枠組みと論理モデルおよび仮説を

示す。

第 1 節　文献の収集プロセス

　文献の収集は、平岡（2006）が示している方法を参考に行った。このなかで、文献探しのツールとしてあげられているのは、①先行研究、②専門雑誌、③図書館の書架、④文献目録と電子化されたデータベース、⑤レビュー論文の 5 点である。実際に私が行った収集プロセスを、図1-1 に示す。
　収集手順は、以下の通りである。まずは、②専門雑誌の最新号を含めたバックナンバーの確認を中心に行った。専門雑誌は、1990 年からの論文（1991 年以降に発刊された雑誌については創刊号からの論文）に目を通すこととした[1]。その理由は、「1990 年代の医療制度改革が、急性期と慢性期の区分とそれを前提にした急性期医療と慢性期医療の『機能分担と連携』であった」とされており、退・転院支援のあり方にも大きな影響を及ぼした時期だと考えたからである（山路 2013：127）。あわせて、③図書館（日本福祉大学大学院図書館）の書架で、該当する分野の図書を実際に手にとって、本研究のテーマや目的に関連がありそうな頁を確認した。
　次に、②③を補足することを目的に、④の電子化されたデータベースを用いた検索を行った。基本図書・専門書は、日本福祉大学付属図書館とWebcat Plus の検索エンジンを用いて収集した。さらに、国内データベース（医学中央雑誌web版、国立情報研究所CiNii）にて論文検索を行った。
　これらのなかで、本書のテーマや目的に関連がありそうなを図書や論文を収集し、読み込みをしつつ、①の先行研究の収集もあわせて行った。具体的には、②③④で収集した図書や論文内に示されている引用・参考文献一覧を確認し、使えそうなものが見つかれば入手するようにした。なお、⑤のレビュー論文は、①〜④で収集した論文内に含まれていたため、今回の収集手順からは除外した。
　加えて、政府が作成した文書や調査報告書、医療経済研究機構、日本医

図1-1 先行研究の収集プロセス

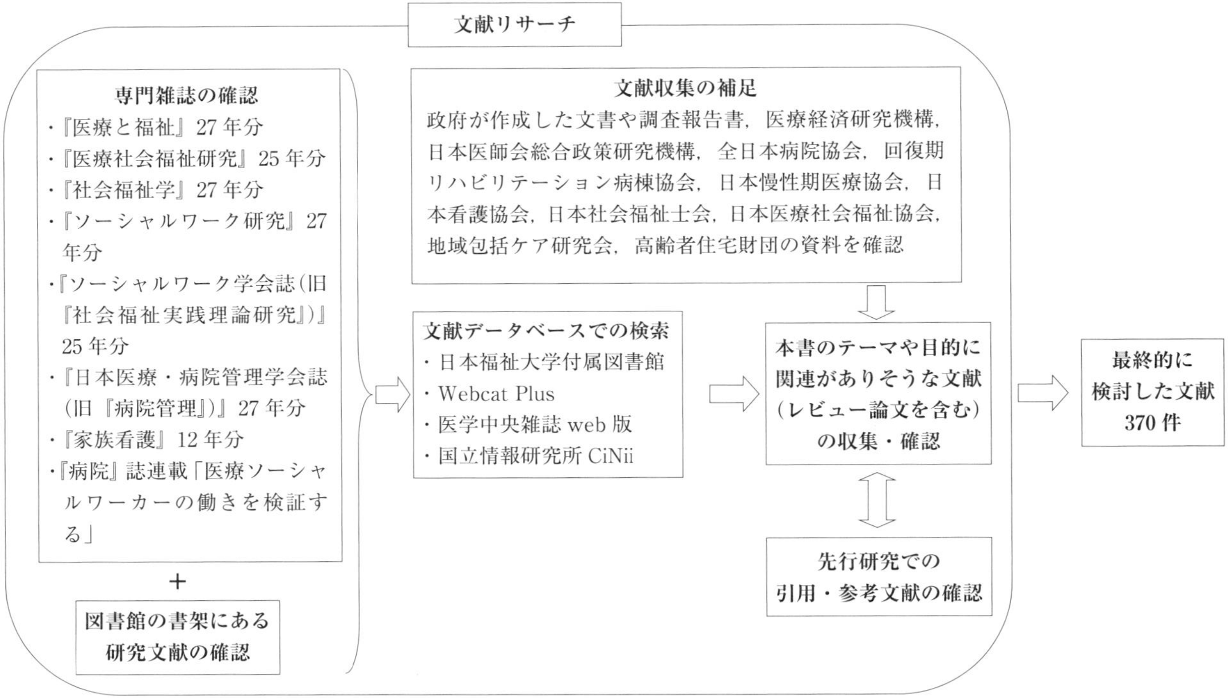

文献リサーチ

文献収集の補足
政府が作成した文書や調査報告書、医療経済研究機構、日本医師会総合政策研究機構、全日本病院協会、回復期リハビリテーション病棟協会、日本慢性期医療協会、日本看護協会、日本社会福祉士会、日本医療社会福祉協会、地域包括ケア研究会、高齢者住宅財団の資料を確認

文献データベースでの検索
・日本福祉大学付属図書館
・Webcat Plus
・医学中央雑誌 web版
・国立情報学研究所 CiNii

専門雑誌の確認
・『医療と福祉』27年分
・『医療社会福祉研究』25年分
・『社会福祉学』27年分
・『ソーシャルワーク研究』27年分
・『ソーシャルワーク学会誌（旧「社会福祉実践理論研究」）』25年分
・『日本医療・病院管理学会誌（旧「病院管理」）』27年分
・『家族看護』12年分
・『病院』誌連載「医療ソーシャルワーカーの動きを検証する」

図書館の書架にある研究文献の確認

本書のテーマや目的に関連がありそうな文献（レビュー論文を含む）の収集・確認

先行研究での引用・参考文献の確認

最終的に検討した文献 370件

出所：平岡（2006）が「文献探しのツール」としてあげている5つのツール（①先行研究、②専門雑誌、③図書館の書架、④文献目録と電子化されたデータベース、⑤レビュー論文）を、本図の枠組みとして使用したうえで、筆者作成。

第1章 退・転院支援についての動向と課題

師会総合政策研究機構、全日本病院協会、回復期リハビリテーション病棟協会、日本慢性期医療協会、日本看護協会、日本社会福祉士会、日本医療社会福祉協会、地域包括ケア研究会、高齢者住宅財団の資料を確認し、文献収集の補足を行った。以上の文献収集プロセスを経て、本研究のテーマと目的に関連のある文献370件を選定し検討した[2]。

第2節　MSWの退・転院支援業務の実態

　本節では、MSWの退・転院支援業務の全容を把握することを目的に、先行研究の知見等にもとづいて、①MSW業務における退・転院支援の位置づけと②退・転院支援部門におけるMSWと看護師等の業務実態を示すこととする。

1. MSW業務における退・転院支援の位置づけ

　「医療ソーシャルワーカー業務指針」は、MSW業務の範囲や方法等を示すものであり、1989年に作成されたあと、2002年に改正されている。「二．業務の範囲」では、①療養中の心理的・社会的問題の解決、調整援助、②退院援助、③社会復帰援助、④受診・受療援助、⑤経済的問題の解決、調整援助、⑥地域活動の6項目が掲げられている（厚生労働省2002）。このうち「退院援助」は、1989年作成時には「社会復帰援助」と統合した項目であった。ただし、業務の実情をふまえ、2002年の改正時に独立して区分され、1項目増えるかたちで業務の範囲とされた経緯がある（笠藤ら2006；社会福祉士養成講座編集委員会2017）。

　小嶋ら（2000）が全国の病院等の日本医療社会事業協会（現・日本医療社会福祉協会）会員を対象に行った「医療ソーシャルワーカー業務指針」の業務内容の実施状況についての調査結果によると、最も実施率が高いと回答されたものは、「退院・退所する患者への在宅ケア諸サービスの活用援助」であった。次いで、「転院のための医療機関、退院・退所後の社会福

祉施設等の選定」であり、退・転院支援に関わる項目が上位を占めていた。

日本医療社会事業協会（2004：14）は、日本医療社会事業協会会員に限定しない全国調査を実施している。その結果、「退院援助」が最も多く実施されている業務であったことを報告している。さらに、全国回復期リハビリテーション病棟連絡協議会（2007：9）が行った全国の回復期リハビリテーション病棟のソーシャルワーカー（SW）を対象とした業務調査の結果によると、退・転院支援に関わる項目が、実施率の高い「SWの業務（直接援助）」上位4つを占めていた。これらの内容は、退・転院支援がMSWの中心的な業務であることを示すものである。

加えて、近年の退・転院患者数の増加傾向と平均在院日数の短縮傾向を見る限りでは、MSW業務における退・転院支援の位置づけが、これまで以上に高まることが予想される（表1-1、2）。

表1-1の「推計退院患者数（総数）」は、1996～2014年にかけて2011年を除いて、3年ごとに調査されている。2002年に微減（－2700人）しているものの、その後は増加傾向に転じている。事実、1996年と2014年を比べてみると、24万700人（1996年推計退院患者数の21.4％相当分）増加している。

表1-2の平均在院日数は、毎年調査されている。病院・全病床では、一貫して短縮し続けており、1996年と2016年を比較してみると、15.2日（1994年平均在院日数の34.8％相当分）減少している。病院病床別でみると、精神病床の減少幅が際立っており、一般病床も一貫して減少し続けている。一方、療養病床は、2009年までは一進一退を繰り返しているが、2010年以降は短縮傾向にある。

一方、2008年の診療報酬改定で、看護師または社会福祉士の資格をもったMSWが患者の「退院調整」や「退院支援」を行った場合に、点数がつくことになった。新設されたのは、一般病床に入院している75歳以上の後期高齢者を対象とした「後期高齢者退院調整加算」と、療養病床や特殊疾患病棟などの患者を対象とした「退院支援計画作成管理加算」および「退院加算」である。

さらに、2012年の診療報酬改定で、「退院調整加算」が設けられた。こ

表 1-1 入院前の場所・退院後の行き先別推計退院患者数・構成割合（1996〜2014 年）

単位：千人（％）

	1996 年	1999 年	2002 年	2005 年	2008 年	2014 年
推計退院患者数（総数）	1123.3	1193.8	1191.1	1246.9	1259.6	1364.0
〈退院後の行き先／総数〉						
家庭	996.3 (88.7)	1048.7 (87.8)	1044.2 (87.7)	1073.2 (86.1)	1073.3 (85.2)	1146.3 (84.0)
他の病院・診療所	41.7 (3.7)	45.0 (3.8)	54.0 (4.5)	62.3 (5.0)	67.5 (5.4)	79.9 (5.9)
老人保健施設	9.7 (0.9)	15.0 (1.3)	12.9 (1.1)	17.7 (1.4)	18.1 (1.4)	21.6 (1.6)
老人福祉施設	—	—	9.6 (0.8)	12.0 (1.0)	13.9 (1.1)	19.8 (1.5)
社会福祉施設	6.3 (0.6)	10.0 (0.8)	4.0 (0.3)	5.3 (0.4)	5.8 (0.5)	15.0 (1.1)
その他	69.2 (6.2)	74.9 (6.3)	66.4 (5.6)	76.4 (6.1)	80.9 (6.4)	81.5 (6.0)
合計	1123.3 (100)	1193.8 (100)	1191.1 (100)	1246.9 (100)	1259.6 (100)	1364.0 (100)
〈退院後の行き先／家庭〉						
家庭	931.4 (91.9)	987.8 (91.7)	1000.6 (91.9)	1027.4 (91.1)	1021.9 (90.4)	1087.6 (90.1)
他の病院・診療所	29.8 (2.9)	30.2 (2.8)	35.2 (3.2)	40.9 (3.6)	45.5 (4.0)	54.1 (4.5)
老人保健施設	3.9 (0.4)	5.8 (0.5)	4.3 (0.4)	5.0 (0.4)	5.1 (0.5)	6.6 (0.6)
老人福祉施設	—	—	1.7 (0.2)	2.0 (0.2)	2.5 (0.2)	3.8 (0.3)
社会福祉施設	1.1 (0.1)	1.8 (0.2)	0.8 (0.1)	1.0 (0.1)	1.2 (0.1)	3.4 (0.3)
その他	47.3 (4.7)	51.6 (4.8)	46.0 (4.2)	51.1 (4.5)	54.6 (4.8)	51.4 (4.3)
合計	1013.4 (100)	1077.2 (100)	1088.6 (100)	1127.4 (100)	1130.8 (100)	1207.0 (100)
〈入院前の場所〉						
家庭	1013.4 (90.2)	1077.2 (90.2)	1088.6 (91.4)	1127.4 (90.4)	1130.8 (89.8)	1207.0 (88.5)
他の病院・診療所	31.3 (2.8)	39.4 (3.3)	44.6 (3.7)	52.3 (4.2)	58.2 (4.6)	75.7 (5.5)
老人保健施設	7.5 (0.7)	12.7 (1.1)	11.2 (0.9)	15.3 (1.2)	16.0 (1.3)	17.7 (1.3)
老人福祉施設	—	—	8.7 (0.8)	11.5 (0.9)	14.3 (1.1)	21.3 (1.6)
社会福祉施設	6.3 (0.6)	9.0 (0.8)	3.9 (0.3)	5.3 (0.4)	5.8 (0.5)	13.2 (1.0)
その他	64.7 (5.8)	55.5 (4.7)	34.1 (2.9)	35.1 (2.8)	34.6 (2.7)	29.1 (2.1)
合計	1123.3 (100)	1193.8 (100)	1191.1 (100)	1246.9 (100)	1259.6 (100)	1364.0 (100)

出所：厚生労働省「患者調査（結果の概要）」（https://www.mhlw.go.jp/toukei/list/10-20-kekka_gaiyou.html）内に公開されている「入院前の場所」、「退院後の行き先」（1996・1999・2002・2005・2008・2014 年分）のデータを用いて筆者作成。

注：〈退院後の行き先／総数〉は入院した病院・診療所からの退院先の総数であり、これらのうち入院前の場所が家庭であったものを〈退院後の行き先／家庭〉とした。〈入院前の場所〉は病院・診療所に入院する前の居場所を指す。

表 1-2　病院病床の種類別にみた平均在院日数（1996〜2016 年）

単位：日

	全病床	精神病床	感染症病床	結核病床	一般病床	療養病床 注1)	介護療養病床
1996 年	43.7	441.4	−	119.8	33.5*	152.6	−
1997 年	42.5	423.7	−	112.5	32.8*	212.5	−
1998 年	40.8	406.4	−	109.	29.3 (31.5*)	164.5	−
1999 年	39.8	390.1	11.0	102.5	27.2 (30.8*)	165.3	−
2000 年	39.1	376.5	9.3	96.2	24.8 (30.4*)	171.6	−
2001 年	38.7	373.9	8.7	94.0	23.5 (30.1*)	183.7	−
2002 年	37.5	363.7	8.7	88.0	22.2 (29.2*)	179.1	−
2003 年	36.4	348.7	8.7	82.2	20.7 (28.3*)	172.3	−
2004 年	36.3	338.0	10.5	78.1	20.2	172.6	−
2005 年	35.7	327.2	9.8	71.9	19.8	172.8	−
2006 年	34.7	320.3	9.2	70.5	19.2	171.4	268.6
2007 年	34.1	317.9	9.3	70.0	19.0	177.1	284.2
2008 年	33.8	312.9	10.2	74.2	18.8	176.6	292.3
2009 年	33.2	307.4	6.8	72.5	18.5	179.5	298.8
2010 年	32.5	301.0	10.1	71.5	18.2	176.4	300.2
2011 年	32.0	298.1	10.0	71.0	17.9	175.1	311.2
2012 年	31.2	291.9	8.5	70.7	17.5	171.8	307.0
2013 年	30.6	284.7	9.6	68.8	17.2	168.3	308.6
2014 年	29.9	281.2	8.9	66.7	16.8	164.6	315.5
2015 年	29.1	274.7	8.2	67.3	16.5	158.2	315.8
2016 年	28.5	269.9	7.8	66.3	16.2	152.2	314.9
1996-2000 年	-4.6	-64.9	−	-23.6	-3.1*	19.0	−
2000-2004 年	-2.8	-38.5	1.2	-18.1	-4.6	1.0	−
2004-2008 年	-2.5	-25.1	-0.3	-3.9	-1.4	4.0	−
2008-2012 年	-2.6	-21.0	-1.7	-3.5	-1.3	-4.8	14.7
2012-2016 年	-2.7	-22.0	-0.7	-4.4	-1.3	-19.6	7.9

出所：厚生労働省「医療施設調査・病院報告（結果の概要）」（https://www.mhlw.go.jp/toukei/list/79-1a.html）内の「病床の種類別にみた平均在院日数」（1996〜2016年）のデータを用いて筆者作成。これらの資料のなかには，「病院」と「療養病床を有する診療所」の平均在院日数が記されているものもあったが，本書では主に病院を対象にしていることから，「病院」分のみを掲載した。

注1) 2000年までは療養型病床群という名称が使用されていた。
注2) 1996〜2003年のみ，一般病床に療養型病床群または療養病床が含まれている数値と含まれていない数値が掲載されていた。一方，1998年の療養型病床群が含まれている一般病床の数値が，前年（1997年）の一般病床の数値と対置されており，1997年以前の一般病床の数値にも療養型病床群が含まれていることが読み取れる。そこで，療養型病床群または療養病床が含まれている数値には，*を付けて区別することとした。

れは、入院後7日以内に退院困難な要因を有する者を抽出し、そのうえで退院困難な要因を有する者に対して、適切な退院先に適切な時期に退院できるよう、退院支援計画の立案と当該計画にもとづき退院した場合に算定可能なものである（「退院調整加算」は2016年度診療報酬改定で「退院支援加算」、2018年度診療報酬改定で「入退院支援加算」に改定された）。

こうした点数化について、MSW業務がわずかながらでも診療報酬で評価されたことは画期的出来事であると賛同の声があがる一方で、病院側から「MSW＝退院調整係」の刻印をおされてしまう危険性があることも指摘されており、賛否両論あるのが実情である（月刊ケアマネジメント編集部 2008）。

ここまで先行研究の知見等をふまえて、MSW業務における退・転院支援の位置づけを示した。MSW業務のなかで、退・転院支援は主業務に位置づけられているとともに、近年の退院患者数の増加傾向や平均在院日数の短縮傾向および診療報酬の点数化を受けて、その重要性は増している。ただし、診療報酬の点数化については、賛否が分かれている。

2．退・転院支援部門におけるMSWと看護師等の業務実態

日本看護協会（2011：18-20）は、全国の病院に設置されている退院調整部門についての質問紙調査を行っている。それによると、退院調整部門に配置されている職員の職種は、「医師・歯科医師」が26.3％、「看護師」が84.2％、「医療ソーシャルワーカー」が86.9％、「事務」が41.4％であった。配置職員の平均人数は、「医師・歯科医師」が0.3人、「看護師」が1.6人、「医療ソーシャルワーカー」が2.5人、「事務」が0.8人であった。一方、退院調整部門がない場合は、退院調整の主な実施者は「社会福祉士・医療ソーシャルワーカー」が39.9％で最も多く、次いで「病棟の看護師」31.2％、「医師」が13.0％であった。これらの結果は、退院調整業務の大半がMSWまたは看護師によって担われていることを示している。

退・転院支援部門におけるMSWと看護師の業務内容については、いくつかの先行研究が存在する。石橋ら（2011）は、退院調整看護師とソー

シャルワーカー（SW）へのインタビュー調査を通じて、退院支援過程における両者の判断プロセスの特徴を示している。それによると、「退院支援における判断プロセスの多くが共通である」一方で、以下の相違点があったとしている。「看護職がまず患者の身体的問題に着目し、医療的観点からの解決策を第一に求め、次に患者を取り巻く環境を整える順で支援を進めるのに対しSWは患者を含む家族員全体の関係性に着目し、問題点を見出し支援策を検討していた」。

加藤（2012）は、MSWと看護師を対象にした質問紙調査を行い、「退院支援におけるMSWと看護師の共通点と相違点」をまとめている。まず、共通点としてあげているのは、「患者側の意向を確認し、院内関係者と協議検討しながら退院支援を行っている」ことである。次に、相違点として、「MSW系は、看護系に比べて多様な視点に基づいて退院支援を行っている可能性がある」ことをあげている。さらに、「MSW系における社会資源の活用や諸調整、看護系における退院後の療養生活指導など、自分の職種の専門性と直結している業務は、実施状況、重視度ともに高い」としている。

高山ら（2014）は、日本医療社会福祉協会に所属するMSWを対象に質問紙調査を行い、「ケース課題別にみたSWと看護師の部署内協働の状況」を報告している。それによると、医療課題を持つ在宅支援については、MSWと看護師が担う割合は同程度であった。一方、転院支援や社会課題を持つ在宅支援については、MSWが主に担当している割合が高かったとしている。

以上、先行研究の知見をもとに、退・転院支援部門におけるMSWと看護師等の業務実態を示した。退・転院支援部門に配置されている職員の職種の大半は、MSWと看護師であり、両職種による退・転院支援の内容には共通部分も少なくない。ただし、MSWと看護師には、それぞれの職種の強みがあり、強みを活かした退・転院支援を行っている。

第3節 退・転院支援等の質と評価方法

本節では、まず退・転院支援の用法を明確にすることを目的に、その関連用語との関係を整理する。具体的には、類似用語（退院指導、退院調整、退院援助、退院計画）や転院支援との関係を中心に検討する。次に、退・転院支援や退院計画の質、医療の質や福祉研究等における評価方法についての先行研究の概観を通して、退・転院支援の質をどのようにとらえ、それをどう評価していくのかについて整理する。この作業の目的は、効果的な退・転院支援についての研究調査を実施する前段階として、適切な質の評価方法を示していく点にある。

1. 退・転院支援と類似用語との関係

手島（2006）は、「日本では従来から『退院指導』、『退院援助』といった言葉が用いられてきていたし、近年は『退院調整』や『退院支援』という言葉が使われることも増えている」と説明している。そのうえで、「退院指導」は、「主に看護領域で使われる言葉で、『その疾患の管理のために、退院後に守るべき服薬や食事その他の生活上の注意事項等について、看護師が退院時に指導を行うこと』と、とらえられていることが多い」と述べている。一方で、「近年は、病棟看護師が通常業務で担いきれないような退院に関する様々な部署や外部機関などとの調整業務を専任者が担当するというニュアンスで、『退院調整』という言葉が使われることもある」としている。

「退院援助」は、主にMSWの領域で使われる用語である。MSW業務の範囲や方法等を示す「医療ソーシャルワーカー業務指針」のなかでも、「退院援助」という用語が用いられており、以下のように定義されている。「生活と傷病や障害の状況から退院・退所に伴い生ずる心理的・社会的問題の予防や早期の対応を行うため、社会福祉の専門的知識及び技術に

基づき、これらの諸問題を予測し、退院・退所後の選択肢を説明し、相談に応じ、次のような解決、調整に必要な援助を行う」（厚生労働省 2002）。

「退院支援」は、大内ら（2002：22）によって、その目的が次のように紹介されている。「東大病院の医療社会福祉部における退院支援の目的は、『急性期の治療を終えた患者が、病気や障害を抱えながらも、退院して家庭や地域の病院・施設など、新たな療養の場で、安全に、安心して、自立した自分らしい生活を送ることができるように、地域の保健医療福祉機関と連携しながら、支援していく』ことにある」。さらに、「医療社会福祉部では、主に看護師長とMSWが患者・家族の相談・面接、病棟や関係機関との連絡調整を担い、患者とともに歩み、学びながら実践を積み重ねてきた」としている。

「退院計画」は、手島（1997a）によって、すでに推進され制度化されていたアメリカにおける退院計画が紹介されたことが始まりだとされている。このなかでは、以下のように定義されている。「個々の患者・家族の状況に応じて適切な退院先を確保し、その後の療養生活を安定させるために、患者・家族への教育指導や諸サービスの適切な活用を援助するように病院においてシステム化された活動・プログラム」。

以上の内容をふまえると、「退院指導」、「退院調整」、「退院援助」、「退院支援」は、MSW・看護師または専任者が個別に支援・援助していくイメージが強いのに対して、「退院計画」は病院全体でのシステム化された活動・プログラムである点が異なっている。さらに、「退院指導」、「退院調整」では看護師、「退院援助」ではMSW、「退院支援」では看護師とMSWの双方が、主な支援・援助者としてとらえられているところに違いがある。

一方、木戸（2011：23）は、「退院支援」と「退院援助」の違いを以下のように述べたうえで、最近の福祉領域の動向として、「支援」という言葉が使われるようになってきているとしている。「『支援』は援助よりもソーシャルワーカーが少し離れて支える、見守るといった感じになると思います。患者・家族には生きていく力がある、その主体性を尊重するという姿勢です」。

本書では、これらの知見をふまえて、「退・転院支援」という用語を使用し、病院全体でのシステム化された活動・プログラムを意味する場合には、「退院計画」を用いる（詳細は序章第4節4を参照）。

2.「退院援助」と「転院援助」との異同

伊藤（2006）は、「『転院援助』は退院援助のなかに含まれる形で語られてきており、必ずしも『退院援助』と明確な区別がされているわけではないが、近年『転院援助』そのものに焦点をあてた研究もみられるようになり、両者の違いが指摘されている」としている。ここでは、先行研究の内容をふまえつつ、これらの違いを示すこととする。退・転院支援の質を検討するにあたっては、「退院援助」と「転院援助」の関係を整理しておく必要があると考えるからである。

大本（1997）は、「退院援助」と比べた場合、「転院援助」は MSW にとってどちらかといえば好まれない業務であると、自身の見解を述べている。さらに、その理由を次のように述べている。「MSW にとっては、『退院援助』は、『入院より QOL の高い生活への援助』、すなわち、患者の福祉を増進させるための援助という印象が強い。しかし、『転院援助』においては、まだ医療が必要な患者であるにもかかわらず、出来るだけ早く転院させたいという病院の期待と、出来れば転院したくないという患者との間に立って、MSW の専門性を発揮できる『いい援助』をしにくいという面があり、患者の『自己決定の尊重』という MSW の固有の価値との葛藤が、生じやすいという側面がある」。

伊藤（2006）は、これまでの先行研究にもとづいて、「退院援助」と「転院援助」の違いを次のように述べている。「『退院援助』は、自宅への復帰に関わるコーディネートとなる場合によりクライエントの意向を尊重した援助をすることができ、『専門性の発揮できる』業務であると認識されるのに対して、『転院援助』は組織の要請とクライエントのニーズとの間で板挟みになり、より強い時間的、資源的制約のなかで多くの場合、クライエント側に理解を求める調整をすることとなり、『ジレンマの多い』

『専門性の活かせない』『気の進まない』業務であると認識されるのである」。

以上の内容をふまえると、「退院援助」が自宅復帰に関わる援助としてとらえられている一方で、「退院援助」のなかに「転院援助」が含まれていること、さらに「QOL の高い生活への援助」といった自宅復帰に限定しないとらえ方がなされており、論者や場面によって異なった使い方をしていることが読み取れる。そのため、本書では、自宅退院に向けた支援を「自宅退院支援」、病院や施設への転院に向けた支援を「転院支援」とすることで、両用語の違いの明確化を図る。

3. 退・転院支援等の質と評価方法

退・転院支援や退院計画の質をテーマにした論文としては、高橋ら (2009)、藤澤 (2012)、(2013)、藤澤ら (2014)、(2016) をあげることができる。ただし、いずれも退・転院支援や退院計画の質の定義自体をしておらず、客観的な質の評価方法も示していない。そのため、ここでは医療の質や福祉研究等における評価方法を中心に押さえていくことで、退・転院支援の質と評価方法に活かせる知見を見出していくこととする。

医療の質を評価する方法論としては、Donabedian (2007) が提唱するストラクチャー（構造）、プロセス（過程）、アウトカム（成果）をあげることができる。ただし、安達 (2012) は、介護の質の定義法について模索しつつ、そのなかで Donabedian モデルの問題点を以下のように指摘している。①アメリカの市場メカニズムを前提としたモデルであり、介護の質の分析に直輸入することには危険性がともなう。②利用者とサービス提供者の諸関係を評価する枠組みにとどまっているために、社会や国家との関係が抜け落ちてしまっている。これらの指摘は、Donabedian モデルを医療の質以外の分析で用いる場合には注意が必要であること、質を評価する際にはマクロ領域を含める必要があることを示すものである。

また、冷水 (2005) によれば、一般にサービス実施の評価は、以下の 4 次元でとらえることができるとしている。①実施前の投入資源 (input)、②実施過程 (process)、③実施の結果 (outcome) ないし効果

(effectiveness)、④投入資源に対する結果・効果の関係である効率 (efficiency) である。また、最近わが国で注目されているプログラム評価では、プログラムの有効性について、以下の5つの側面から査定・検討が行われている (Rossi et al. 2005；大島 2014)。①ニーズへの適合性（ニーズ評価）、②プログラムの設計や概念の妥当性（理論評価）、③介入プロセスの適切性（プロセス評価）、④プログラムの効果（アウトカム評価・インパクト評価）、⑤効率性（効率性評価）である。いずれにも Donabedian モデルの枠組み要素が含まれており、福祉研究の領域でも定着している様相を呈している。

　一方、今中 (2012) は、「医療を提供する組織としての医療の質は、多軸的な評価軸それぞれにおいて質の高い医療を安定して継続的に提供できることとみなされる」としている。さらに、National Academy of Sciences (2002：50) は、質の高い医療システムの構築に向けて、以下の提言を行っている。「すべての医療機関、医療職能団体、官民の医療サービス購入者は、質改善における6つの目標、すなわち安全性、有効性、患者中心志向、適時性、効率性、公平性の達成を目指すべきである」。

　近藤 (2012：157) も同様に、複数の評価基準・方法による多元的・多面的評価の必要性を訴えている。具体的には、以下の3点に集約することできる。

　(1)「インプット（資源）」、「プロセス（過程）」、「アウトカム（効果・成果）」、「環境」、「個人・行動」など多要素をとらえ、かつ「効率」、「公正」などを含む多面的なものである必要がある。

　(2) 評価方法は、客観的評価と自己評価など、多くの方法を組み合わせるべきであり、量的に測りやすいものだけではなく、測りにくくとも重要なものは、質的な評価方法でとらえる必要がある。

　(3) 立場が違えば、重視される価値・基準も異なってくる。したがって、異なる立場の評価による多元的な評価も必要となる。

　加えて、ミクロ、メゾ、マクロレベルの「評価が重層的になされ、相互に補完しあうような評価枠組み」の必要性も指摘している（同上 2012：156)。

　本書では、これらの知見をふまえて、退・転院支援の質を評価する際に

は、以下の3つの視点を取り入れる。①Donabedianモデル（構造、過程、成果）は、研究内容との整合性が高いと判断されれば、評価基準の1つとして用いる。②複数の評価基準・方法によって多元的・多面的に行う。③ミクロだけでなく、メゾ、マクロレベルにも着目して行う。

第4節　患者と家族の意向をふまえた退・転院についての意思決定・自己決定支援が求められる背景と動向

　医療・福祉現場では、患者や利用者（主に福祉サービスの利用者）の意思決定・自己決定の場面に遭遇することが少なくない。とりわけ病院現場では、患者と家族の退・転院先選定に関わる意思決定・自己決定の場面に立ち会うことが多い。そのなかで、患者本人が自宅退院の意向を示しているにもかかわらず、家族が転院を希望している事例に遭遇することがある。家族が自宅退院を希望しない理由は、多岐にわたっている。しかし、大半は介護力不足やこれまでの家族関係といった複雑な事情を抱えており、結果的に患者本人の意向が反映されないかたちで、転院が決まってしまう現状がある。さらに、疾患の発生を機に患者本人の判断能力が低下してしまい、患者本人の退・転院先の意向が十分に確認できないまま、家族の意向のみで転院に向けた話が進められることも珍しくない。

　このような事例において、MSWには患者と家族の意向を調整・支援する役割が求められるわけだが、意思決定・自己決定支援の方法についての明確な解はなく、ジレンマを感じているMSWは多いと考える。加えて、近年の診療報酬改定等で、平均在院日数の短縮化や在宅復帰率向上への誘導が強化されるなかで、MSWによる退・転院支援のあり方が問われるようになってきている。とりわけ、限られた日数内で、患者と家族の双方にいかに納得して、退・転院先の選択をしてもらえるのかといった、意思決定・自己決定の部分がこれまで以上に重要になってきている。

　本節では、まず医療・福祉現場における意思決定・自己決定（支援）に関わる先行研究をもとに、それらの特徴と課題を示しつつ、患者・利用者の意向をふまえた意思決定・自己決定支援が求められる背景を検討する。

次に、意思決定・自己決定の支援方法論に関わる先行研究について、伝統的な研究をふまえつつ、最近のものを中心に取り上げることで、意思決定・自己決定支援で近年どのような考え方がなされているのかを検討する。さらに、患者・利用者と家族の意向や意思決定・自己決定に関わる先行研究についての全体的な傾向を把握することを目的に、私が収集した文献の分類を行い、分類別に文献数と内訳をまとめたものを示す。最後に、患者と家族の退・転院先に関する意向の異同に焦点をあて、それが生じる理由を取り上げつつ、MSW・看護師の関わり方を検討する。

1. 患者・利用者の意向をふまえた意思決定・自己決定支援が求められる背景

医療・福祉現場における意思決定・自己決定については、いくつかの先行研究のなかで分類・構造化の試みがなされている。中山ら（2012：21）は、意思決定のパターンとして、以下の3モデルを示している。①パターナリズムモデル、②シェアードディシジョンモデル、③インフォームドディシジョンモデルである。①は、「患者に選択肢を選ぶ能力がないという想定で、患者にはその機会を与えず、医師が意思決定する」ものだとしている。②は、「医師と患者が話し合い、協働して意思決定する方法である」。③は、「患者が自分で主体的に意思決定を行う」ものである。

沖倉（2014）は、意思決定を「自己決定」、「支援つき意思決定」、「代行決定」の同一線上でとらえられ、その支援も連続したものであるとしている。「自己決定」は比較的独力で完遂するものであるのに対して、判断能力が不十分な人びとへの意思決定として「支援つき意思決定」を位置づけている。中山ら（2012）と沖倉（2014）に共通しているのは、支援者と支援を要する者の二者関係を想定したモデルであるとともに、両者の協働による意思決定・自己決定を位置づけているところにある。

他方、大谷（1997）は、医療現場における意思決定支援の課題として、「特に退院援助の際、患者本人に判断能力がある場合でも本人を抜きにしてソーシャルワーカーと家族の間だけで進行することも珍しくない」ことをあげている。さらに、青木ら（1998）は、経験年数の高い看護師を対象

に行った調査結果をふまえて、「介護が必要な患者の退院についての選択や、患者の意識がないなど意志の疎通が図れない場合には、意志決定の対象は家族が中心であった」としている。加えて、田中（2014：35-6）は、「退院後の行き先を決定する場面で、家族の都合が優先し本人の意思は二の次になるような判断傾向は、医療者側があまり意識せずに身につけてきたものである」と、自身の見解を述べている。

　そのようななか、大倉ら（2011）は、東京都内にある病院の退院調整部署を対象にした調査を実施し、退院調整看護師・MSWともに「意思決定支援のための面談」を多く行っている実態を示したうえで、「意思決定支援スキルの向上は重要な課題」であるとしている。さらに、清水（2013a）は、臨床倫理研究者の立場から、「『退院してどこで療養を続けるのか』などを考える場面では、〈中略〉その結果よりも、選択・決定に至るプロセスは適切であったか、ということが問われます」と述べている。加えて、瀧本（2015）は、医療倫理学者の立場から、「医療者には、患者の意思決定などに際して積極的な支援を行う義務がある」としたうえで、「情報提供モデルだけでは十分に倫理的な意思決定プロセスとみなすことができない」と説明している。

　一方で、2014年1月には、日本が「障害者権利条約を批准するに先立って、さまざまな国内法が整備され、改正障害者基本法や障害者総合支援法などに『合理的配慮』や『意思決定支援』の義務が明文化され」（明石2015）ている。それにともなって、「代理・代行決定（substituted decision-making）から意思決定支援（supported decision-making）へのパラダイム転換」（上山 2014）が積極的に求められることになった。そのため、当事者が障害を抱えていたとしても、支援者や家族といった周囲の関係者の代理・代行決定に終始することなく、当事者本人の意向をふまえた意思決定・自己決定支援を行っていくという視点が、今後ますます強まってくることが予想される。

　以上、医療・福祉現場における意思決定・自己決定（支援）の特徴と課題を示しつつ、患者・利用者の意向をふまえた意思決定・自己決定支援が求められる背景を述べた。MSWをはじめとした病院スタッフにとって

も、意思決定・自己決定支援は重要な業務であり、患者任せにすることなく、病院スタッフも含めた協働作業であることを認識した関わり方が求められている。さらに、退・転院先の選択や決定にいたるプロセスでは、家族の意向にとどまらず、患者本人の意向をいかに反映させていけるのかが問われている。

2. 意思決定・自己決定の支援方法論

ここでは、意思決定・自己決定の支援方法論についての先行研究を、以下の2つの側面から検討し整理する。①社会福祉方法論の視点、②意思決定プロセスの視点である。

(1) 社会福祉方法論の視点からの検討・整理

わが国の社会福祉分野で定着しているケースワークの原則として、バイステックの7原則をあげることができる。さらに、原則の一つに「クライエント（一人の個人―林）の自己決定を促して尊重する」がある（Biestek 2006：159-88）。同原則は、「ケースワーク実践の基本原理として大きな影響力をもちつづけている」、「これに代わるまったく新しい原則と言えるほどのものはまだない」と言われるように、高い評価のもとで積極的に受容されてきている（澤田 1994；新家 2004）。

また、白澤ら（2000：2）は、アメリカで1970年代に精神障害者を対象に始まったとされるケアマネジメントでも、「要援護者の自己決定や自己選択を支援する」ことが掲げられていたと説明している。そのうえで、「どのような場合においてもケアマネジャーが心しなければならないことは、サービス利用者の意思の尊重と自己決定の重視である」と述べている（同上 2000：25）。さらに、上記内容と関連して、2005年に社会福祉専門4団体（日本ソーシャルワーカー協会、日本医療社会事業協会、日本社会福祉士会、日本精神保健福祉士協会）が共同採択した「ソーシャルワーカーの倫理綱領」でも、「利用者の自己決定を尊重し、利用者がその権利を十分に理解し、活用していけるように援助する」ことを謳っている（社

会福祉専門職団体協議会 2005）。

　それに対して、2014 年の国際ソーシャルワーク学会連盟と国際ソーシャルワーカー連盟のメルボルン総会において採択された「ソーシャルワークのグローバル定義」では、集団的責任という新たな概念が登場している（IASWW & IFSW 2014）。集団的責任という考えは、「1 つには人々がお互い同士、そして環境に対して責任を持つ限りにおいて、はじめて個人の権利が日常レベルで実現されるという現実、もう 1 つには、共同体の中で互恵的な関係を確立することの重要性」を強調している（同上 2014：3）。

　片岡（2015）は、集団的責任について、「人権に関して、アフリカ社会では個人よりも集団を優先する共同体主義（communalism）が強く、その文化を尊重するべきと主張するアフリカ発の議論の系譜」があったと説明している。そのうえで、「グローバル定義における集団的責任という概念は、このような非西洋の文化の独自性の主張を尊重しつつ、個人の権利も軽視せず両者の共存を説くものである」としている。つまり、「個人と集団、および権利と責任が対置されるとともに、その両者が必ずしも矛盾しない、あるいはその両方が同時に必要であるとされていること」に、特徴を見出すことができる。

　集団的責任という考え方は、これまでの先行研究のなかでもみることができる。たとえば、空閑（2014：3）は、「アメリカのソーシャルワーク理論や方法は、当然のことながらそれらが日本で暮らす日本人の生活現実を視野に入れたものではない」としたうえで、ソーシャルワークの原則とされる「利用者の自己決定」のみを求めることの危険性を、以下のように指摘している。「いたずらに個人としての『強さ』を利用者に求め、自己決定や自律を強いることになってはいないだろうか。〈中略〉そのような『個人』の強さや自律を求めるソーシャルワークであれば、たとえば『他人に頼らず生きる』ことを利用者に求めることになり、それはややもすると日本人にとっては大切な人との『間柄』の切断、かつ大切な『場』の喪失に向けて、その実践が働くことになりかねない」（同上 2014：138）[3]。

　さらに、このような現状等をふまえて、「日本人の生活現実や日本のソーシャルワークの実践のリアリティにしっかりとまなざしを据えた研究

に基づく、ソーシャルワークの『日本モデル』が必要」であると述べている（同上 2014：206）。加えて、「日本人の『場の文化』に基づく『生活場モデル』において、利用者にとって最も身近な『生活場』としての『家族』へのアプローチは重要な構成要素となる」ことも指摘している（同上 2014：161）。

　加えて、衣笠（2011）は、MSWへのインタビュー調査結果に基づいて、ソーシャルワーク実践の現状を以下のように述べている。「単に『在宅か施設か』、あるいは『クライエントの自己決定か、他者による意思決定か』という単純な二元論ではなく、クライエントと彼らの周囲にいる『他者』との『関係性の構築』を中心的な課題として、ソーシャルワーカーは援助を展開してゆく」。

　一方で、集団的責任という観点からではなく、自己決定の考え方自体に限界があることを指摘している先行研究もある。たとえば、児島（2002）は、「社会福祉の文脈でとりわけ援助関係において、単純に『自己決定万歳』ということはできない」としたうえで、「近年強調される『選択するクライエント』という概念も、『選択しなければ一人前でないクライエント』という意味へずれていってしまう危険性が常にある」と指摘している。

　さらに、岩本（2007）は、文献研究を通じて、社会福祉援助におけるクライエントの「主体性」概念を整理しているが、そのなかで以下のように説明している。「その人らしく生きること・あり続けることをも包含している『主体性』概念が、近代的人間像による、自己選択、自己決定、参加という行為を中心として捉えられるようになり、『主体性』概念の内実にゆがみが生じている」。そして、「これまで社会福祉援助において考えられてきた『主体性』概念では、実際の援助が隘路に行き着くということなのではないか」としている。

　このように現実的には、バイステックの7原則等のクライエント個人や利用者の自己決定のみを求めることに限界があることを指摘している研究があり、理論と現実の乖離が課題にあがっている。今後は、こうした乖離を埋めるような、わが国の医療・福祉現場に即した実証的な研究が求められているといえる。

(2) 意思決定プロセスの視点からの検討・整理

　清水ら（2013）は、意思決定が困難な例への対応方法について、意思決定プロセスに注目したうえで、以下のように述べている。「患者本人と家族は独立した存在であり、また家族も『理』だけで動くのではなく『情』も働くものだと理解し、医療者側の考えを押しつけないよう注意する必要もあります」。

　さらに、清水（2015）は、日本老年医学会（2012）「人工栄養をめぐる意思決定プロセスガイドライン」等を引き合いに出して、その特徴を以下のように説明している。「『医療者は候補となり得る選択肢を選び（裁量権による選択）、これを提示し、説明するが、その選択肢の中からどれにするのか決めるのは本人（自己決定権による選択肢）、あるいはその代理としての家族である』といった考え方（＝決定の分担論）になりがちであった日本の医療現場に対して、医療・介護従事者は、どれを選ぶかに至るまで本人・家族と共に考え、一緒に決めるというあり方を推奨したという特徴がある」。そのうえで、「『皆で決める』は相対的に本人の自己決定権を割り引くことではない。皆で本人の人生、生き方や本人の価値観を理解しようとし、その理解に基づいて、本人の人生にとってどうすることが最善かを考えるのであるから、要するに、本人の視点で最善を考えるということになる」としている。

　一方、上野（2008）は、障害者運動を推進する立場から、実際の意思決定プロセスにおける家族との利害対立について、以下のように述べている。「家族はどれほど親密でも決して障害当事者の代弁者にはなれず、それどころか場合によっては直接利害が対立するかもしれない関与者であることが、その過程からあらわになった」。さらに、清水ら（2012）は、上記に関連する内容として、患者・利用者と家族の「利害が衝突する時に、家族のサバイバルを優先して本人に犠牲を強いるなど、時として医療・介護側からみて不適切に見える対応となる」ことをあげている。加えて、「家族アプローチでは、家族の価値、家族間パワーの問題など、家族に関わる根の深い問題は看過できない」ことも指摘されている（平塚 2015）。

また、小楠（2008）は、入院中の高齢者を対象にした看護研究を行っており、「退院後の方向性を決定するプロセス」を示したうえで、高齢者と家族の意向が異なる事例への看護介入の難しさを、次のようにまとめている。「高齢者の意思決定を尊重することで、家族との間で問題が生じる可能性もあり、看護師は、家族と高齢者との意向が対立する場合の高齢者の生活の場の決定にどのように関わればよいのか、具体的な方法がつかめず、試行錯誤しているものと推察される」。
　以上の内容は、本人と家族を独立した存在であるととらえつつも、双方がお互いに影響を及ぼして合っているという点に注目して、支援者側は意思決定支援を行っていく必要性を示している。さらに、本人または家族のみで決定するという分担論から、本人と家族および医療・福祉従事者が一緒に考え決定するという考え方へと転換しつつある。一方、本人と家族の意向が異なるような事例では、両者の緊張関係を意識した支援が欠かせないことにも留意する必要がある。

3. 患者・利用者と家族の意向や意思決定・自己決定に関わる研究の全体的傾向

　患者・利用者と家族の意向や意思決定・自己決定についての記載があった先行研究を分類し、それぞれの文献総数と内訳を記したものを**表 1-3** に示す。文献内容を概観する限りでは、「意思決定」と「自己決定」の使い分けがなされている。具体的には、「意思決定」は患者・利用者または家族の意思で何らかの決定をする際に用いられている。それに対して、「自己決定」は患者・利用者本人による決定を意味しており、家族による決定は含まれていないことが読み取れる。
　さらに、**表 1-3** では、以下の 3 つに分類を行っている。①患者・利用者と家族の意向の違いに関わる研究、②患者・利用者や家族の意思決定・自己決定の要因・構造・過程に関わる研究、③患者や家族の意思決定・自己決定を支える MSW・看護職の役割に関わる研究である。
　まず、①～③の文献総数を比較すると、③が最も多く、①が最も少なくなっている。次に、領域別でみると、②③で看護領域のものが多くを占め

表1-3　患者・利用者と家族の意向や意思決定・自己決定に関わる先行研究

①患者・利用者と家族の意向の違いに関する研究
〈MSW・社会福祉領域〉【文献総数9】
・先行研究やその成果を中心にまとめたもの：上野（2008）
・事例や実践を中心にまとめたもの：延末（2015）
・質的調査を行っているもの：沖田（2002），空閑（2014）
・量的調査を行っているもの：福田（1999），転院問題調査を考える会（2000）
　転院問題を考える会（2003），東京都社会福祉協議会（2013）
・量的調査と質的調査を行っているもの：日比野（2015）
〈看護領域〉【文献総数11】
・先行研究やその成果を中心にまとめたもの：吉田（2011）
・事例や実践を中心にまとめたもの：瓜生（2004），清水（2013a）
・質的調査を行っているもの：佐瀬ら（1998），佐瀬ら（1999），伊達ら（1999）
　大園ら（2007），小楠（2008），相澤ら（2009）
・量的調査を行っているもの：森山ら（1995），小山ら（2012）
〈その他の領域〉【文献総数8】
・先行研究やその成果を中心にまとめたもの：竹内（2008），印南（2009）
・事例や実践を中心にまとめたもの：竹内（2001），清水（2007），和田（2013）
・量的調査を行っているもの：社会保障審議会（2014）
　月刊ケアマネジメント編集部（2016），白川ら（2016）

②患者・利用者や家族の意思決定・自己決定の要因・構造・過程に関わる研究
〈MSW・社会福祉領域〉【文献総数2】
・質的調査を行っているもの：竹原（2008）
・量的調査と質的調査を行っているもの：日比野（2015）
〈看護領域〉【文献総数34】
・先行研究やその成果を中心にまとめたもの：杉（1990），長戸（1999）
　松浦ら（2002），岡堂（2003），野嶋（2003），丸（2003），森（2003），武（2005）
　柳原（2013）
・事例や実践を中心にまとめたもの：西村（2000），伊勢田ら（2003），近藤（2003）
　飯塚ら（2004），碇谷ら（2004），松村（2008）
・質的調査を行っているもの：梶本ら（1997），佐瀬（1997），野嶋ら（1997）
　本道ら（1999），窪田ら（2000），本道ら（2000），牛田（2002），香川（2002）
　藤原ら（2003），大津ら（2004），福田ら（2004），藤原ら（2004），小野ら（2006）
　大園ら（2007），河村ら（2007），柳原（2009），坂井ら（2011）
・量的調査を行っているもの：石井（1997），樅野ら（2000）
〈その他の領域〉【文献総数3】
・先行研究やその成果を中心にまとめたもの：瀧本（2015）
・質的調査を行っているもの：田宮（2000）
・量的調査を行っているもの：酒井（1998）

③患者や家族の意思決定・自己決定を支える MSW・看護職の役割に関わる研究
〈MSW 領域〉【文献総数 17】
・先行研究やその成果を中心にまとめたもの:高橋(2000),大瀧(2001)
  宮崎(2009),大塚(2013),堀越(2016)
・事例や実践を中心にまとめたもの:四方(1999),立岩ら(1999),磯崎(2001)
  大松(2006),岩佐(2011),植竹(2016)
・質的調査を行っているもの:大松ら(2007),衣笠(2011),新保(2011)
  林(2011),鈴木(2016)
・量的調査と質的調査を行っているもの:日比野(2015)
〈看護領域〉【文献総数 73】
・先行研究やその成果を中心にまとめたもの:有森(1995),河口ら(1997)
  宮脇(1997),長戸(1999),青木(2003),武田(2003),野嶋(2003)
  萩原(2003),本田(2003),丸(2003),森(2003),横尾(2003),武(2005)
  野嶋(2005),宮田(2005),佐瀬(2006),長戸(2008),日本看護協会(2008)
  長戸(2011),本田(2011),津村(2012),柳原(2013),原田(2015)
・事例や実践を中心にまとめたもの:城(1987),Thompson & Thompson(2004)
  宮本(1995),伊勢田ら(2003),瓜生(2003),小笠原(2003),若狭(2003)
  瓜生(2004),斉藤ら(2006),Dooley & McCarthy(2006),宮地(2007)
  松村(2008),石原(2009),石渡(2009),小澤ら(2009),高山(2010)
  長戸ら(2011),稲田ら(2012),岩永(2013),清水(2013b),岩本(2015)
  川口(2015),嵯峨崎(2015),田代ら(2015),久木(2015),藤田(2015)
・質的調査を行っているもの:正木(1994),青木ら(1998),佐藤(1998)
  伊達ら(1999),本道ら(1999),野嶋ら(2000b),松村(2001),中野ら(2002)
  平瀬ら(2002),長戸ら(2003),上杉ら(2004),小野ら(2006),石渡ら(2007)
  相澤ら(2009),伊藤(2009),高木ら(2009),津村ら(2010),坂井ら(2011)
  鈴木ら(2011)
・量的調査を行っているもの:野嶋ら(1998),藤野ら(2000),小山ら(2012)
・量的調査と質的調査を行っているもの:野嶋ら(2000a),橘ら(2009)

出所:筆者作成。

ている一方で、MSW や社会福祉の領域のものは数が少ない。さらに、研究の特性に注目してみると、全体的には「先行研究やその成果を中心にまとめたもの」、「事例や実践を中心にまとめたもの」、「質的調査を行っているもの」が多い。それに対して、「量的調査を行っているもの」と「量的調査と質的調査を行っているもの」は少ない傾向がある。

なお、影山ら(2015)は、医学中央雑誌 web 版を用い、「看護文献」と「原著論文」に限定して、1983 年から 2012 年までの文献を検索し、「家族

への退院支援」のなかでも、特に「意思決定支援」に焦点をあてた文献レビューを行っている。その結果、「意思決定の内容のほとんどが、退院後の療養の場に関する決定についてであり、支援の内容としては、家族と患者間、家族メンバー間、家族と医療者間の意思のずれに対する支援がほとんどを占めた」と報告している。さらに、「先行研究では、支援方法や支援内容に関する事例研究が多かったが、どれも具体的な実践の仕方が見えづらかった」としている。

加えて、影山ら（2015）がレビューしている文献の多くは、表1-3内の③患者や家族の意思決定・自己決定を支える看護職・MSWの役割に関わる研究〈看護領域〉のなかで示されている文献内容とも重なっている。また、事例や実践を中心にまとめたものが多いという点でも一致している。

以上、患者・利用者と家族の意向や意思決定・自己決定に関する先行研究についての全体的な動向を整理した。看護領域の研究が多くを占めている一方で、MSWや社会福祉領域の研究の数自体が少なく、とりわけ量的調査を行っている研究は限定的である。

4. 患者と家族の退・転院先に関する意向の異同とそれが生じる理由

転院問題調査を考える会（2000：13）は、転院が完了している患者の家族を対象にした調査を行い、以下の結果を得ている。「患者本人の帰宅希望は、するしないがそれぞれ3割ずつとほぼ半々だが、家族は実に8割以上が帰宅を希望していない」。東京都社会福祉協議会（2013：11）は、退・転院先になっている病院・施設等[4]を対象に行った調査結果をふまえて、以下のように述べている。「退院受入れケースについて、本人と家族の希望を伺ったところ、本人の多くは『自宅に戻りたい』が、家族は『施設に入って欲しい』と本人と家族で希望が異なる」としている。

さらに、日比野（2015：39）は、事例調査の結果をもとに、病院入院中の要介護高齢者と家族の「居所選択」における意向の異同を、以下のように述べている。「要介護高齢者の意向と家族の意向の異同には、要介護高齢者と家族がそれぞれ自分の思いを優先させるために生じる異同と、相手

の思いや立場を配慮することにより生じる異同があることが確認された」。加えて、病院における「居所選択」についての要介護高齢者と家族を対象とした質問紙調査も行っており、家族と比べると、要介護高齢者で「納得いく選択」ができていない割合が高いという結果を示している（同上 2015：47-9）。

　一方、患者の退・転院先を決定する要因として、家族の意向が大きな影響力を有していることをあげている先行研究がいくつかある（渡辺ら 1989；森山ら 1995；石井 1997；転院問題を考える会 2003；西崎ら 2014；日比野 2015；白川ら 2016）。たとえば、白川ら（2016）は、自宅から入院し急性期医療を終えた患者についての医療機関を対象にした質問紙調査を行い、そのなかで、患者本人が自宅復帰を希望しながらも、それができなかった理由と家族が同意しなかった理由を尋ねている。自宅復帰できなかった理由は、「家族の介護力がないため」が最も多く、「独居又は近隣に家族がいない」、「家族が同意しなかったため」の順であったとしている。家族が同意しなかった理由は、「家族による介護等の負担に対する不安」と「家族の目が行き届かないためケガ等が起こる不安」が多かったとしている。そのうえで、「家族による介護、見守りや緊急時の対応への負担が自宅復帰を決定する際に大きな判断要素になって」いると結論づけている。

　転院問題を考える会（2003：145）でも同様に、調査結果をふまえつつ、以下のように述べている。「患者が帰宅を希望したとしても、その状態が医療・看護・介護を全て必要とする為に、在宅療養に移行出来ない場合が多く、本調査結果でも、そのような状態での帰宅を家族が選択できない事による『転院』が多く存在することが確認された」。加えて、森山ら（1995）は、調査結果にもとづいて、高齢者の社会的入院を発生させる要因として、「患者本人の家族への気兼ね」、「家族の自宅退院に向けた否定的感情」と「病院側の患者・家族への配慮」の３点があるとし、家族の存在が自宅退院に影響を及ぼしている実態を示している。

　表1-4は、厚生労働省「受療行動調査」（2002・2005・2008・2011・2014・2017年）の結果から作成したものである。自宅（在宅）療養でき

表 1-4　病院の（2002～17 年）種類別にみた退院の許可が出た場合の
　　　　入院患者の自宅（在宅）療養の見通し

単位：％

	2002 年	2005 年	2008 年	2011 年	2014 年	2017 年
① 自宅（在宅）で療養できない						
・総数	27.4	37.5	35.7	30.4	25.9	21.7
・特定機能病院	12.8	17.6	18.6	10.9	9.0	8.1
・大病院	16.7	20.9	22.2	14.6	10.8	9.3
・中病院	24.1	25.5	25.4	18.0	15.6	13.4
・小病院	32.8	32.2	31.7	22.8	19.5	17.8
・療養病床を有する病院	59.0	51.7	48.6	46.0	39.6	32.1
② 自宅（在宅）療養を可能にする条件／家族の協力						
・総数	43.9	39.8	48.4	38.6	35.7	32.3
・特定機能病院	53.6	42.7	51.2	46.4	41.0	43.6
・大病院	51.5	41.6	51.4	42.5	37.8	42.5
・中病院	44.4	40.5	47.8	41.2	36.3	37.8
・小病院	43.0	37.3	44.6	39.0	32.6	35.1
・療養病床を有する病院	39.7	39.5	48.4	37.4	35.4	29.6

出所：厚生労働省「受療行動調査（結果の概要）」（http://www.mhlw.go.jp/toukei/list/34-17b.
　　　html）内の「病院の種類別にみた退院の許可が出た場合の入院患者の自宅（在宅）療養
　　　の見通し」（2002・2005・2008・2011・2014・2017 年）に該当する箇所の数値を用いて筆
　　　者作成.
注 1）2002・2005 年調査では「在宅療養」，2008・2011・2014・2017 年調査では「自宅療養」
　　　という用語が用いられている．しかし，上記の「在宅療養」と「自宅療養」は，同じ意
　　　味で使用されており，本表では「自宅（在宅）療養」とした．
注 2）①では，退院の許可が出た場合の入院患者の自宅（在宅）療養の見通しのうち，「自宅
　　　（在宅）で療養できない」と回答があった割合の総数と病院の種類別（特定機能病院，大
　　　病院，中病院，小病院，療養病床を有する病院）の数値を掲載した．
注 3）②では，自宅（在宅）療養できない入院患者について，自宅療養を可能にする条件を尋
　　　ねた際に，「家族の協力」と回答があった割合の総数と病院の種類別（特定機能病院，大
　　　病院，中病院，小病院，療養病床を有する病院）の数値を掲載した．

ない入院患者総数のうち、自宅療養を可能にする条件として「家族の協力」をあげているのは、直近（2017 年）データで 32.3％を占めている[5]。そのため、自宅退院にあたっては、介護力や介護意欲などの強化や支援といった家族関係の調整が重要であることを指摘する研究もみられる（影近 2005；下村 2005；前島ら 2005）。

　以上、患者と家族の退・転院先に関する意向の異同とそれが生じる理由

について、先行研究をもとに検討した。総じて、患者は自宅退院を希望する割合が高く、家族は転院を希望する割合が高い傾向にある。その理由として、家族の介護力不足や不安によって、自宅退院が難しいという判断にいたりやすいことがあがっている。そのため、退・転院先等を決定する際には、患者本人の意向を尊重しつつ、家族の意向や不安にも配慮することが必要である。

5. 患者と家族の退・転院先に関する意向の異同とMSW・看護師の関わり方

福田（1999）は、MSWを対象にした調査を実施し、「退院先の『場』」に関して「本人と家族の意向が食い違う」のは、「援助事例の3割程度」であり、「9割を超えるMSWが、両者の調整のために介入を行っていた」と報告している。一方、患者と家族の退・転院先の意向が異なる場合に、MSWにどのような調整・支援が必要とされているのかについて調査している研究がある（竹原2008；衣笠2011；新保2011；林2011）。

竹原（2008）は、事例分析を通して、「退院時に高齢患者が『生活の場』を選択する際の自己決定を阻害する要因」を示したうえで、以下のように述べている。「退院援助にあたっては、援助するMSWの判断、とくに本人の身体状況、家族関係、病院側の意向をどのように評価し、調整するかが重要であり、それが不十分な場合にはMSWの判断が退院阻害因子になることが懸念された」。また、衣笠（2011）・新保（2011）・林（2011）は、それぞれの調査結果をふまえて、患者と家族が話し合える・向き合える場を設定することや、代弁機能を果たしながら患者と家族が折り合いをつけるよう調整・支援することが、MSWの重要な役割であるとしている。

看護領域でも、同じような内容の指摘がなされている。たとえば、瓜生（2004）は、事例の振り返りと文献から得られた知見をふまえて、「退院をめぐる家族と患者の意思のズレ」に関連している因子のアセスメントの重要性を指摘しており、因子として以下の4点をあげている。①家族と患者の関係性・コミュニケーションパターン、②家族と患者の「疾患・障害の捉え」、③生活の再構築へのコンフィデンス、④介護に必要な人的・物的

環境である。小野ら（2006）は、要介護老人へのインタビュー調査の結果をふまえて、「老人の納得のいく退院にしていくために、老人が意思決定プロセスに参加できるよう導くため」には、以下の4つの看護援助が有用だとしている。①老人が頼りにする家族への早期アプローチ。②老人が家族と接触する機会を多く持つ。③老人の退院前に生活体験を促進する。④老人を介して家族へ助言する方法を取り入れる。

　さらに、小山ら（2012）は、「脳血管疾患をもつ患者と家族の退院先の意向」についての調査を行い、「患者と家族の退院先の意向が異なる」または「患者の意向が不明である」場合の退院支援の特徴を示したうえで、次のようにまとめている。「両者の意向が合致しないときは、退院に対する不安を十分に把握し、必要時、サービス・制度などの情報提供を十分に行っていく退院支援が必要である」。一方、原田（2015）は、自身の看護師経験にもとづいて、患者と家族で意見が分かれ、一向に話が進まない場合には、「家族間で話し合う場を設け、意見を集約し方向性を見いだす手伝いをすることも大切な意思決定への支援となる」と述べている。

　ただし、これまでの先行研究を概観する限りでは、患者と家族の退・転院先に関する意向がどのようなときに一致するのか、または一致しないのか、心理社会的要因を含めて総合的に検討している研究はない。たとえば、上述した小山ら（2012）の調査では、「患者と家族の退院先の意向が同じであった群」、「患者と家族の退院先の意向が異なった群」と「患者の意向が把握できなかった群」の3群に分け、各群の「患者・家族の属性」を比較分析している。その結果、「JCS（Japan Coma Scale）」、「退院先」、「入院期間」、「FIM（Functional Independence Measure）」において有意差がみられたとしている。しかしながら、この調査では、家族の関係や価値観、家族介護力、経済状況、住宅環境といった心理的・社会的要因に関わるデータをほとんど収集していない。

　一方、日比野（2015：27-41）は、「要介護高齢者と家族の『居所選択』の過程に関する事例調査を行っており、そのなかで、不安等の心理的状況や経済状況、および家族形態を含めた分析をしているものの、調査対象が要介護高齢者と家族の意向に異同がある事例に限定している。さらに、

「病院における『居所選択』に関する要介護高齢者と家族を対象とした質問紙調査」（同上 2015：42-57）も実施しているが、「居所選択」での双方の意向がどのようなときに一致するのか、または一致しないのかという観点は含まれていない。

　以上、患者と家族の退・転院先に関する意向の異同とそれに対するMSW・看護師の関わり方について、先行研究をもとに検討した。患者と家族の退・転院先の意向が異なる際には、MSW・看護師による評価・アセスメントや患者と家族のコミュニケーションの促進を図るための調整が重要である。一方、患者と家族の退・転院先の意向がどのようなときに一致するのか、または一致しないのか、その要因について総合的に検討することが今後の課題である。

第5節　自宅退院支援の質向上が求められる背景と動向

　本節では、まず医療・介護情勢や先行研究の動向をふまえつつ、自宅退院支援の質向上が求められる背景について検討する。次に、質向上に欠かせない評価研究の動向を探ることを目的に、これに関連のある先行研究を、以下の3つの側面で整理・検討する。① MSW が行っている退・転院支援の評価、②退院計画や MSW 以外の専門職による退・転院支援の評価、③退・転院後のフォローアップと事後評価である。

　さらに、自宅退院後の評価の一環として、自宅退院はしたものの、その後短期間で再入院にいたった事例に焦点をあてる必要性を示しつつ、再入院に関わる先行研究を、以下の3つの側面で整理・検討する。1）再入院患者の実態、2）再入院の促進要因と抑制要因、3）自宅退院後の再入院または施設入所にいたるまでの経過である。なお、3）では、再入院だけでなく、施設入所を含めているが、再入院のみでは文献数も少なく、検討が不十分になる可能性があると判断し、施設入所まで幅を広げて検討している。

1. 自宅退院支援の質向上が求められる背景

　介護保険制度がスタートして以降、65歳以上の高齢者人口は1.6倍（2000年：2201万人→2016年：3459万人）、要介護認定を受けている65歳以上の高齢者数も1.6倍（2003年：370万4000人→2014年：591万8000人）に増加している（内閣府 2017）。また、65歳以上の高齢者について、「子どもとの同居は減少している」、「一人暮らし高齢者が増加傾向」にあることが指摘されている（同上 2017）。さらに、今後は医療や介護の必要度が高い75歳以上の後期高齢者はさらに増加し、総人口に占める割合は2015年の12.8%から2025年には17.8%、2050年には23.7%となることが見込まれている（国立社会保障・人口問題研究所 2017）。

　高橋（2014a）は、このような背景をふまえて、以下のように述べている。「高齢化や世帯構成の多様化によって、従来の標準世帯をターゲットにしていた諸制度が十分機能しなくなり、従来型の政策の限界が露呈し、それとともに各制度の個別対応では不十分となり、根本的な政策的枠組みの再編が求められているということにほかならない」。加えて、桐野（2014：157）は、超高齢社会を迎えて、病院で治療を終えた患者が、治療後の生活をどのようにするのかに困り果てている現状をふまえて、「生活へのサポート体制の欠如は、日本の医療システムにとって大きな弱点になっている」としている。

　こうした高齢化や世帯構成の変化にともない、自宅退院後の生活へのサポート体制の構築が課題となっており、医療・介護政策でも、地域包括ケアシステムが大きく打ち出されている。このような状況下では、退院計画の作成に関わる病院スタッフの役割や、病院から生活の場である自宅へつなげるMSWの役割が、これまで以上に重視されることとなる。しかし、単に自宅へつなげればいいという話ではなく、自宅退院後の生活状況を見据えた質の高い支援が求められている。

　なお、地域包括ケアシステムが重視しているのは「在宅」であり、狭義の自宅ではない。ただし、実際には住み慣れた自宅への退院を希望する患

者が多いと思われること、居宅系施設への入所は経済的な理由で制約されやすいことをふまえると（落合 2014；芝田 2014；高橋 2014a）、自宅退院に焦点をあてることには意義があると考える。

事実、回復期リハビリテーション病棟協会（2016：36）の全国の回復期リハビリテーション病棟を対象にした調査結果によると、退院経路（2015年度実績）の 69.4％が「自宅」であったのに対して、「居宅系施設」は 6.3％であり、在宅退院の多くは自宅退院が占めている現状がうかがえる。ただし、居宅系施設の 6.3％という数値自体は無視できないものであり、この点については、第 6 章第 4 節の今後の課題のなかで取り上げる。

MSW による自宅退院支援についての先行研究は、これまで数多く蓄積されている。こうした研究が多くある背景には、自宅退院支援は患者の意向を尊重したものになりやすく、支援者としても自宅退院へつなげたいという思いになることで印象に残りやすい、または支援者の専門性を発揮しやすいために、論文化されやすいといったことが考えられる。この点について、伊藤（2006）は、これまでの先行研究にもとづいて、以下のように述べている。「『退院援助』は、自宅への復帰に関わるコーディネートとなる場合によりクライエントの意向を尊重した援助をすることができ、『専門性の発揮できる』業務であると認識される」。

しかしながら、自宅退院支援を行うなかで、MSW が自宅退院後の患者と家族の生活状況をイメージすることの重要性を指摘している先行研究はいくつかあるものの、こうした能力を獲得するまでの道筋を示すまでにはいたっていない（堀越 1998；石田 2011；取出 2011；河合 2013）。そのため、患者と家族に自宅退院後の生活に対する安心感や満足感を持ってもらううえで、MSW としてどのような対処方略を持つ必要があるのか、今の時期に改めて焦点をあてることには意義があると考える。

以上、医療・介護情勢や先行研究の動向をふまえつつ、自宅退院支援の質向上が求められる背景について検討した。高齢化や世帯構成の変化にともない、これまで以上に、患者と家族の自宅退院後の生活状況を見据えた質の高い支援が必要になってきている。一方、先行研究では、MSW がこうした生活状況を見通す力を身につけるための方法が十分に記載されてお

らず、自宅退院支援についての研究を行う際には、この点を考慮する必要がある。

2. MSW が行っている退・転院支援の評価

　MSW による退・転院支援やそれに関わる内容を、評価尺度等を用いて量的に評価しているものとしては、次の研究をあげることができる。いずれも 1990 年代のものである。
　草水ら（1998）は、「退院 1 年 6 ヵ月後と 4 年後」の患者および家族への追跡調査の結果、「MSW によって退院時に在宅療養の安定性に問題があると評価されたケースほど、〈中略〉『施設で介護をして欲しい』との訴えが有意に高かった」としている。大谷ら（1999）は、MSW が入院時面接を行った患者を対象にした質問紙調査を実施し、退・転院後の生活満足度を、「退院の相談をした群（相談群）」と「相談しなかった群（非相談群）」で比較分析するも、有意差はなかったとしている。その他、MSW による支援内容が退・転院後にどのような影響を及ぼしているのかを調査したものとして、瀬田ら（1996）や田中ら（1997）がある。
　2000 年以降に実施されている評価研究としては、次のものをあげることができる。京極ら（2006：44-50）では、医療ソーシャルワークの「患者・家族への援助効果」を数値化することを目的に、MSW 自身が回答する質問紙調査を実施している。その結果、以下の 6 点で効果があったとしている。①患者が安心して療養生活を送れるようになった。②患者への適切な医療が継続・確保された。③医療費の自己負担が軽減した。④家族が安心して患者と関われるようになった。⑤家族が疲労状態から開放された。⑥患者・家族が社会参加できるようになった。
　さらに、山口ら（2013）によって、「MSW の退院支援実践」に関わる評価尺度開発の試みがなされており、MSW 自身による評価研究の基盤が形成されつつある。高瀬（2014）は、山口ら（2013）の評価尺度を用いて、「MSW の退院支援業務の自己評価」とそれに関わる要因の分析を行ったものである。その結果、「退院に直接関わる項目は自己評価が高い

一方、中長期的な視点でよりよい退院のための環境を整える項目は低いことが明らかになった」としている。さらに、自己評価の合計得点を従属変数とした重回帰分析を行った結果、「『MSW としての経験年数』、『職場の MSW の人数』、『MSW としての仕事上の裁量の程度』が有意な正の影響をおよぼしており、『平均在院日数』が有意な負の影響をおよぼしていた」としている。

　また、小原ら（2014）は、看護部門（看護師）が「MSW の退院支援業務のアウトカムをどのように認識しているのか」を把握することを目的とした、質問紙調査を実施している。その結果、MSW の「メゾレベル（対病院・組織）やマクロレベル（対地域・社会）の実践よりもミクロレベルでの実践が高く評価されていた」と報告している。加えて、高山ら（2016）は、「退院支援において病院運営管理部門はソーシャルワーカーに何を期待しているのか」という点を評価することを目的とした、質問紙調査を実施している。その結果、「運営管理部門は、退院支援のための組織に関する項目、地域における関係機関との信頼関係構築に関わる項目を SW（ソーシャルワーク－林）部門に期待している点が明らかになった」としている。

　一方で、小原（2014）は、「退院支援と地域生活移行の論点と研究の変遷」のなかで、「援助者側からの研究は多くなされているものの、患者・家族側からの検証が少ない」ことを指摘している。さらに、「退院支援そのもののエバリュエーションや、支援効果のエビデンスを構築していく必要がある」ことを、今後の課題としてあげている。

　以上、MSW が行っている退・転院支援の評価についての先行研究を検討した。評価方法は、MSW 自身や他部門による評価、患者と家族側による評価など多岐にわたっているものの、とりわけ 2000 年以降に実施されている研究では、MSW による自己評価研究が多くを占めている。本来であれば、被支援者である患者や家族側の評価が最も重視されるべきであるにもかかわらず、患者や家族側から検証した研究が少ないのが現状であり、今後さらなる研究が必要である。

3. 退院計画や MSW 以外の専門職が行っている退・転院支援の評価

　退・転院に向けた支援は、MSW だけで行っているものではなく、「複数の専門職がお互いの専門性を発揮しながら医療機関全体で取り組む」ことが主流になりつつある（藤澤 2013）。このような状況下では、MSW による支援効果のみを抽出・評価することには困難がともなう点にも留意する必要がある。さらに、チーム医療や多職種連携の重要性が叫ばれているなか、医療スタッフ個々の評価もふまえつつ、「主として『医療組織の構造や運営』の評価とみなす」視点が欠かせないのも事実である（今中 2012）。

　そこで、退院計画や MSW 以外の専門職（主に看護師）が行っている退・転院支援にまで範囲を広げてみたところ、これに関わる国内外の文献を体系的にレビューしている論文が 7 点見つかった（中谷 1997；伊藤 2001；千葉 2001；永田ら 2002；川添 2011；坂井 2015；塚越ら 2015）。ただし、ここでは、退院計画や退・転院支援の評価について言及している 5 つの論文のみを取り上げることとする。

　中谷（1997）は、退院計画の「効果評価」についての調査研究例として、国外文献の成果を中心にまとめている。主な内容は、以下の 3 点である。

（1）退院計画は在院日数を短縮させるという効果があるという知見を得た研究もある一方、一概に短縮するとはいいがたいという知見を得ている研究もみられる。

（2）作成された退院プランとそれに基づいて実施された援助についての患者・家族の満足度に関する実証的な調査研究の報告は、これまでほとんど行われていない。

（3）退院計画によって患者・家族のニーズが充足されているかどうかを評価した調査研究も近年になるまでほとんどみられない。

　千葉（2001）は、国外文献レビューの結果をふまえて、退院計画の考え方を臨床に応用する際の留意点を次のように指摘している。「導入時より DCP（退院計画 − 林）の効果指標を先行研究から学び、費用の算出、在

院日数の短縮、あるいは再入院までの期間の延長、再入院の数の削減、計画的でない救急室の利用の軽減、などを把握・確認しながら、実践を進めていくことが望ましい」。さらに、坂井（2015）は、わが国の「看護師対象の退院支援に関する研究」をレビューしたうえで、今後の課題として「患者満足度などの退院支援の質についても評価していく必要がある」ことをあげている。

　伊藤（2001）は、国内文献レビューの結果をふまえて、「国内ではいまだ退院計画は実践を中心とした試みが多く、系統づけられた成果の報告は少ない」としている。永田ら（2002）も同様に、「退院支援を実施したか否かではなく、その支援過程自体を明らかにすることによって、その質を問おうとする研究は、少ない」ことを指摘している。

　先行研究を概観する限りでは、現時点でもこうした状況は変わっておらず、退院計画の成果を系統的に示している研究（伊藤ら 2001；下田ら 2002；千葉 2005）や入院中の支援内容の評価を行っている研究（楠本ら 2008；戸村ら 2009）は限定的である。ただし、これらの研究すべてが看護領域のものであり、いずれも実証データにもとづいたものになっている。なお、先の2のところで取り上げたMSWが行っている退・転院支援の評価についての先行研究のなかにも、このような研究はなかった。

　以上、退院計画やMSW以外の専門職も含めた退・転院支援の評価についての先行研究を検討した。退院計画や退・転院支援の評価に関わる国内外の文献を体系的にレビューしている論文では、患者満足度などの支援の質を評価するような実証的な調査研究が十分になされていないことが、今後の研究課題としてあげられている。一方、看護領域では、数は少ないものの、退院計画や入院中の支援の成果・内容を実証データにもとづいて、系統的に評価している研究がみられる。

4. 退・転院後のフォローアップと事後評価

　退院計画のプロセスの最後に、退・転院後のフォローアップと事後評価が位置づけられているものの、わが国ではこうした取り組みが不十分だと

されている（手島 1997b；伊藤 2003；原田ら 2007）。その理由として、退院調整部署や MSW 部門での退院計画のモニタリング実施率が低いこと、退院計画の成果を計測するための標準化された評価尺度が存在しないことがあげられる（伊藤 2003；桂ら 2003；藤澤 2012；小原ら 2014；高瀬 2014）。

　フォローアップと事後評価の実施状況については、日本医療社会事業協会（現・日本医療社会福祉協会）会員である MSW を対象にした２つの調査のなかで報告されている（福田 1999；吉田 1999）。たとえば、吉田（1999）は、障害高齢者等が自宅退院したケースのフォローアップの実施状況に限定した調査を行っている。その結果、「全例」実施（19.2％）、「必要に応じ」実施（23.4％）、「特に必要な場合」実施（47.7％）合わせて９割強であり、「フォローアップは意識的に取り組まれている」と評価している。

　また、福田（1999）は、「退院後の状況に関して、MSW が把握しているのは、全退院援助事例のうち３割強」であったことを示しつつ、「モニタリング・事後評価」について以下のように述べている。「全体のケースのおよそ３割の把握が現状の MSW には精一杯であり、モニタリング機能は、退院援助業務の全プロセスからみても弱い部分だといえる」。これらの内容からは、障害高齢者等の自宅退院事例といった必要性の高いものについては、それなりにフォローアップできているが、事後評価の実施については一部にとどまっていることがうかがえる。

　一方、看護領域では、事後評価の一環として、自宅退院後の患者と家族の不安・困り事に焦点をあてた研究（猪下ら 1996；太田ら 1996；中西ら 1996；横山ら 2001；鮫島ら 2002；吉村ら 2004；西山ら 2006；カーンら 2007a；カーンら 2007b；永田ら 2007；美ノ谷ら 2008；戸村ら 2009；平松ら 2010；松本ら 2010）が、精力的になされている。MSW 領域でも、自宅退院後評価は行われているものの、かなり限定的である（瀬田ら 1996；田中ら 1997；草水ら 1998）。なお、安武（2014）は、「退院後のモニタリング」の達成状況について調査を行っているが、「SW（ソーシャルワーク − 林）系は看護系よりも低い結果が認められ」たとしている。

中野（2007）は、「医療ソーシャルワークにおける『退院援助』の変遷と課題」をテーマに文献研究を行っており、今後の研究課題について次のように述べている。「『退院援助』は、退院や転院時で援助が終結してしまい、『退院援助』が患者・家族に与えた影響を十分に把握できていない。〈中略〉とくに『退院援助』についての検証では、退院するまでの過程については詳細に研究がなされているが、その後も続いている患者・家族の生活に対するフォローはほとんどなされていない」。

　以上、退・転院後のフォローアップと事後評価についての先行研究を検討した。看護領域では、自宅退院後の患者と家族の不安・困り事を中心とした評価研究が、積極的になされている。一方、MSW領域では、一部の事例を対象にしたモニタリング・フォローアップを行っている医療現場の実態は確認されているものの、退・転院後も続いている患者と家族の生活に対するフォロー研究はほとんどなされていない。

5.　再入院事例に焦点をあてる必要性

　前述したように、MSWによる自宅退院支援についての先行研究は数多く確認することができる。たとえば、村上ら（2008：33）は、全国のMSWから得た101の「『在宅への退院事例』と『在宅療養の継続を援助できた事例』」から、在宅医療ソーシャルワークの専門性をまとめている。ただし、これらの多くが、成功事例に当てはまるものである。

　現実的には、成功よりも失敗を通して学ぶことのほうが多いことをふまえると、自宅退院はしたもののその後自宅療養が継続できず、わずかな期間で再入院になったといった、失敗事例に焦点をあてた研究が必要である。

　さらに、失敗事例を選択してその理由を分析することは、自宅退院支援の内容を振り返り、質を高める機会になるだけでなく、退院計画の機能全体を見直すうえでも役に立つ。加えて、自宅退院後により不安定な生活に陥っている典型例の一つとして、再入院事例をあげることができ、MSW領域では不十分だとされている退院後のフォロー研究という側面も有しているといえる。

また、東京都病院協会は、臨床指標を活用する取り組みのなかで、医療の質向上を目的として、「平均在院日数」や「院内感染症発生率」等のデータ収集・分析を行っており、「予定しない再入院率」もその一つに含めている（飯田 2003）[6]。さらに、聖路加国際病院 QI 委員会（2015：56-7）は、医療の質を測り改善することを目的に、経年的に指標データの収集・分析を行っており、「退院後 6 週間以内の予定外再入院率」も公表している。以上の内容をふまえると、再入院事例に焦点をあてた研究を行うことは、医療の質を高めていくうえでも欠かせないといえる。

　ここまで、再入院事例に焦点をあてる必要性について言及した。以下、再入院に関して、これまでどのような研究がなされているのかを概観していくこととする。

6. 再入院患者の実態

　自宅退院後に再入院した患者の実態については、多くの先行研究で報告されている（二木 1983b；阿曽ら 1991；加藤ら 1996；森山 1996；伊藤ら 1997；今野ら 1997；野川ら 2000；前田ら 2001；三好ら 2001；満武ら 2002；田瀬ら 2004；長谷部ら 2005；沼田ら 2006；信岡ら 2007；印南 2009；椎名ら 2009；長岡ら 2011；斎藤ら 2012；中西 2012a；中西 2012b）。たとえば、二木（1983b）は、自宅退院後 6 ヵ月以内の実態を調査しており、退院時自立度が低い患者ほど再入院率が高く、退院後 1 ヵ月以内に最も集中していたとしている。さらに、「これら再入院患者の入院理由は、純医学的（再発作、他疾患併発等）から純社会的（家族との不和等）まで様々であった」と述べている。一方で、「家族の介護能力・意思を過大評価していた（家族への負担を過小評価していた）例」も少なくなかったとしている。

　それ以外の調査でも、退院後 1 ヵ月以内の再入院が多かったとしている（森山 1996；前田ら 2001）。再入院の要因としては、病状悪化・医学的処置の必要（今野ら 1997；野川ら 2000；沼田ら 2006）、患者本人の ADL 低下（伊藤ら 1997；印南 2009；中西 2012a）、家族介護上の問題（加藤ら

1996；森山 1996；伊藤ら 1997；今野ら 1997；野川ら 2000；前田ら 2001；沼田ら 2006)、医療者側の認識不足（椎名ら 2009；中西 2012a）をあげているものが多く、二木（1983b）と同様の結果を示している。

　また、疾患内容については、がんが占める割合が高いこと（前田ら 2001）、心不全の既往や重症度が関連していること（伊藤ら 1997；長岡ら 2011）が指摘されている。一方で、心機能や心不全の重症度には有意差が認められなかったとしているものもあった（斎藤ら 2012）。さらに、満武ら（2002）は、在院日数の短縮と転帰（死亡率）および再入院率の関連を分析した結果、「虚血性心疾患では、10年間に新しい医療技術の導入によって治療形態に大きな変化があったことが再入院率の上昇」をもたらしたとしている。

　なお、全国の病院の退院支援部門を対象に行った患者実態調査の結果をもとに、再入院患者数を推計したものとしては、印南（2009：138-9）をあげることができる。「入院医療の継続が望ましいにもかかわらず早期に退院（以下、未完退院－林）したため、1ヵ月以内に再入院してきた患者を『社会的再入院』と定義し」、その原因を以下の3点にカテゴリー化している。①未完退院による病状悪化・ADL低下、②未完退院以外の理由（退院後の在宅医療介護体制の不備など）による病状悪化・ADL低下、③上記2つ以外の理由によるものである。そのうえで、一般病床における「新規入院高齢患者に占める社会的再入院患者の割合は、いずれも1～2%程度で低いが、とくに未完退院による病状悪化・ADL低下を原因とする社会的再入院はあってはならないものであろう」としている。

　以上、再入院患者の実態についての先行研究を検討した。再入院の要因としてあがっているのは、病状悪化・医学的処置の必要、患者本人のADL低下、家族介護上の問題、医療者側の認識不足である。とりわけ問題視されているのは、「未完退院による病状悪化・ADL低下を原因とする社会的再入院」である。

7. 再入院の促進要因と抑制要因

　中央社会保険医療協議会（2006：55-6）は、DPC（Diagnosis Procedure Combination）導入によって、「無理な退院や中途半端な退院が増加した」と回答した医師が7.8％であったと報告している。加えて、中央社会保険医療協議会（2014：4-9）の調査結果からは、DPC病院における平均在院日数の短縮化や治癒率の低下にともない、「予期せぬ再入院」の割合が上昇傾向にあり、「無理な退院や中途半端な退院が増加した」ことが原因であると読み取れなくもない。事実、中央社会保険医療協議会（2015：1）も、上記の調査結果を受けて、以下のように指摘している。「平均在院日数の短縮を診療報酬上で誘導している中で、『治癒』が継続的に減少しており、『予期せぬ再入院』が経年的に増加傾向にある、という傾向を重く見るべきではないか」。

　さらに、退院計画や自宅退院支援を行うことが再入院の抑制につながるかどうかについて言及している論文が3点見つかった（白山ら 2004；角川ら 2009；小林ら 2010）。しかし、再入院防止効果の有無については、見解が分かれている。

　たとえば、小林ら（2010）は、国外文献の知見をもとに、「再入院の背景には複雑な要因があり、〈中略〉社会経済学的要因や地域的要因が影響している可能性もあり、また退院計画の遂行を推進するだけでは再入院防止効果は見込めない」としている。一方、白山ら（2004）は、悪性腫瘍患者への適切な退院支援を行った群とそうでない群に分けて在宅診療期間の比較をしたところ、後者群では「不安が強いために早い時期に再入院が必要となり」、在宅診療期間が有意に短くなっていると報告している。さらに、角川ら（2009）は、末期がん患者の再入院に関連する要因についての調査結果をふまえて、以下のように述べている。「退院前に行われた支援に関しては、退院前に病棟看護師が清潔ケアに関する指導を行っていることが、再入院を減少させる関連要因として示された」。

　以上、再入院の促進要因と抑制要因に関わる先行研究を検討した。DPC

病院における治癒率の低下や平均在院日数の短縮化によって、「無理な退院や中途半端な退院が増加」したことで、「予期せぬ再入院」の割合が高まっている可能性がある。また、退院計画の遂行のみでは、再入院防止効果は見込めないとしている研究（小林ら 2010）がある一方で、退院支援による防止効果を支持する研究（白山 2004；角川ら 2009）もあり、この点については意見が分かれているといえる。ただし、小林ら（2010）は、社会経済学的要因や地域的要因も含めて総合的に効果を検証する必要性を述べたものであり、退院計画自体を否定しているわけでないことには留意する必要がある。

8. 自宅退院後の再入院または施設入所にいたるまでの経過

　本書のテーマである効果的な支援方法という観点から考えると、再入院を防ぐための自宅退院支援や退院計画のあり方を検討していく作業が重要になってくる。そのため、表層的な実態を把握することを目的とした研究よりも、再入院にいたるまでの経過が詳細に把握できる事例研究が望ましい。ここでは、こうした事例研究を中心に取り上げ、検討していくこととする。

　自宅退院後の再入院事例または施設入所事例をもとに、再入院・施設入所にいたるまでの経過について調査している研究はわずかにあるものの、いずれもサンプルサイズ（1～3例）が小さく、現状把握の域にとどまっている（椎名 2009；中西 2012a；中西 2012b；小谷ら 2013）。一方、これらのうち、介護者（家族−林）と看護師（医療関係者−林）の双方を対象にしているものは、「退院後の施設入所を選択した家族介護者と病棟看護師の介護負担に関する思いのずれ」を調査している小谷ら（2013）のみである。それ以外では、医療関係者への聞き取り調査または看護記録の分析にとどまっており、患者や家族の視点が、十分に反映されているとはいえない。加えて、患者・家族側と医療・介護関係者側とでは、同じ再入院という現象であっても、異なるとらえ方をしている可能性があり、双方を対象にした調査を実施することで、多面的な分析が可能になることが期待

できる。

　以上、自宅退院後の再入院または施設入所にいたるまでの経過についての先行研究を検討した。こうした経過に焦点をあてた場合、相当数の事例を用いて分析している研究は、少なくともわが国の先行研究では確認できなかった。一方、この点について、患者・家族側と医療・介護関係者側の双方を対象にしている研究はごくわずかであり、今後さらなる研究が必要である。

第6節　効果的な転院支援が求められる背景と動向

　第5節では、自宅退院支援の質向上が求められる背景とそれについての先行研究を中心に検討した。ただし、自宅退院できないまたはそれを望まない患者が、一定数存在することにも留意する必要がある。そのため、転院支援もまた、MSWにとって重要な業務であるといえる。

　そこで、効果的な転院支援が求められる背景として、自宅退院できないまたはそれを望まない患者等の実態を示す。さらに、転院先をなかなか確保することができない事例がみられる現状を説明しつつ、このような事例に対処するために必要な考え方を検討する。次に、転院支援を行っている側のMSWのジレンマに注目して、先行研究の検討を行う。最後に、このようなジレンマを軽減するためには、効果的な支援のあり方を模索していく必要があるという観点から、MSWによる転院支援の方法についての先行研究の検討を行う。

1.　効果的な転院支援が求められる背景

　ここでは、効果的な転院支援が求められる背景を、以下の2つの側面から示す。①自宅退院できない・望まない患者等の実態、②転院困難事例の実態とその対処法である。

(1) 自宅退院できない・望まない患者等の実態

 前出の**表 1-4**（59 頁）は、厚生労働省「受療行動調査」（2002・2005・2008・2011・2014・2017 年）の結果を用いて、「病院の種類別にみた退院の許可が出た場合の入院患者の自宅（在宅）療養の見通し」をまとめたものである。これによると、「自宅（在宅）で療養できない」と回答している割合（総数）が、2 割強から 4 割弱の間で推移している。これらの数値は、自宅退院が困難なために、転院を選択せざるを得ない患者が、相当数存在することを示唆するものである。

 さらに、厚生労働省（2014：17）は、年をとって「介護を必要とする場合」に、どのような場所で生活したいかを尋ねている。その結果、「住み続けた自宅（子どもの家への転居を含む）」などの在宅での生活を望む者が 43.1％いる一方で、「特別養護老人ホームなどの施設」が 29.8％、「病院などの医療機関」が 9.2％となっている。

 一方、社会保障審議会（2014：45）は、老人保健施設の退所困難者を対象にした調査のなかで、利用者本人に希望する退所先を尋ねている。施設タイプごとで多少結果が異なるものの、「自宅」が約 2〜3 割、「このまま老健にいたい」が 2 割前後、「意思表示困難／特に希望なし」が約 4 割弱であったことを報告している。

 前に示した**表 1-1**（38 頁）は、1996〜2014 年の「退院後の行き先」別推計退院患者数・構成割合をまとめたものである。〈退院後の行き先／総数〉の「家庭」の割合が、一貫して低下し続けていることは注目に値する。たとえば、1996 年と 2014 年を比較すると、4.7 ポイント下がっている。その一方で、同期間内では、「他の病院・診療所」と「老人保健施設」の割合がそれぞれ 2.2 ポイント、0.7 ポイント増えている。そのため、上記の病院・施設等への入院・入所者数が増加していることで、「家庭」の割合が低下していることも考えられる。事実、〈入院前の場所〉では、「他の病院・診療所」が 2.7 ポイント、「老人保健施設」が 0.6 ポイント増えている。しかし、入院前の場所が家庭であったものに限定した〈退院後の行き先／家庭〉でも、2002 年以外は「家庭」の割合が低下している。これら

の内容からは、家族介護力の低下といった、上記の病院・施設等への入院・入所者数の増加以外の要因も影響を及ぼしている可能性がうかがえる。

以上、自宅退院できないまたはそれを望まない患者等の実態を示した。自宅退院が困難なために、転院を選択せざるを得ない患者が相当数存在する一方で、「退院後の行き先」(1996～2014年)での「家庭」の割合が低下し続けている。そのため、転院支援の需要は今後ますます高まることも予想され、需要増に適切に対応していくうえでも、これまで以上に支援の効果・効率性を意識していくことが必要である。

(2) 転院困難事例の実態とその対処方略

多くの先行研究で、転院先をなかなか確保することができない患者の実情が報告されている(加藤ら 1996；中宮ら 1998；横田ら 1998；神奈川県大学病院ソーシャルワーカー連絡会 1999；木舟ら 1999；愛敬ら 2001；柳田 2001；大内ら 2002；転院問題を考える会 2003；城谷 2004；笠藤ら 2006；笹岡ら 2006；堀井ら 2006；積田ら 2007；恵濃ら 2009；太田 2009；黒川ら 2009；大植ら 2010；大沢 2010；上山崎 2010；橋本 2010；柳澤 2010；稲原ら 2011；篠田 2011；東京都社会福祉協議会 2011；福森ら 2011；石原ら 2014；藤澤ら 2014)。

たとえば、木舟ら(1999)は、転院相談援助の集計を行っており、気管切開やMRSA保菌者といった医療ケアの高いケースでは、転院先の確保が難しいために、相談連絡回数が増加し、結果的にMSWによる介入数も多くなっていることを示している。東京都社会福祉協議会(2011：94)は、調査結果にもとづいて、「認知症の患者は問題も多く、受け入れてくれる所がなかなか見つからない」、「医療区分1の受け入れ先が無い」、「支払い能力のない方はとにかく行き場が無い」ことなどを報告している。

転院困難事例への対処方略を考える際にまず必要なのが、転院制約要因を有することで生じる困難性を、データにもとづいて実証的に示すことである。こうしたデータは、どのような方法やタイミングでMSWが支援を行うことが効果的なのかを、客観的に評価・分析する指標になり得るからである(関原 2009)。

さらに、関原（2009）は、実際の MSW 業務データ分析結果をふまえて、次のように述べている。「MSW が患者の置かれている状況を早期から十分に把握してこそ、在宅サービスや施設等の社会資源を活用することによって、患者は安心して退院できる」。このことは、転院困難事例への対処方略を考える際に欠かせない視点だと考える。在院日数短縮や円滑なベッドコントロール等の病院組織の要請に応えつつも、患者と家族が不安を抱えることなく転院できるよう尽力することが MSW には求められているからである。

　一方、田村（1996）による「家族が追い詰められてからでは遅い。そうなると家族に余裕ができるまでどうしようもなくなってしまう」という指摘は、早期からの関わりの重要性を示している。横田ら（1998）の調査でも、転院支援ケースを短期と長期ケースに分類したうえで、長期ケースでは入院日から相談依頼日までの期間が長かったという結果を報告している。そのうえで、「医師は、急性期治療の段階で自宅退院の可能性を早期から的確に見通し、退院に様々な困難が予測されるケースを、MSW 相談へつなげることが必要である」と述べている。

　以上、転院先の確保が難しい患者の現状とその対処方略としての考え方を示した。多くの先行研究で、転院困難患者の実態が報告されている。対処方略としては、転院困難事例が抱える問題構造を把握することや MSW による早期からの関わりがあがっている。今後は、上記内容をふまえた実践を行うことで、実際にどのような効果が得られるのかを、実証的に示していくことが課題である。

2. 転院支援から生じる MSW のジレンマ

　昨今の在院日数短縮化等の影響にともない、「クライエントの希望が叶えられない」、「ジレンマの多い」、「葛藤が顕著に垣間見られる」、「専門性の活かせない」、「気の進まない」業務であるという理由から、転院支援について MSW としてのやりがいを感じにくいとの声があがっている（取出 1999；伊藤 2006；小滝ら 2009；上山崎 2010）。

なお、MSWが抱えるジレンマについては、転院問題を考える会（2003）が実施した調査結果のなかで詳述されている。そこでは、患者を取り巻く医療環境が変化するなかで、前回調査（転院問題調査を考える会 2000）に比して、「入院してから転院依頼までの日数や、平均在院日数がかなり短縮される傾向にある」ことが記されている（同上 2003：24）。そのうえで、「転院に納得がいかない患者・家族の思いと病院方針との板ばさみになりながら、MSWの専門性を転院業務には見出しにくく、自己矛盾を感じているMSWも多い」としている（同上 2003：73）。

一方、転院という選択が、「患者の希望に係わらず、その治療を委ねる医師や療養生活を支える家族などの他者の意向によって決定されることがある」としている（同上 2003：145）。野口（1996）でも同様に、事例をふまえて、病院の経営面での事情と在宅での介護がままならない家族の事情によって、患者の意思のすべてを優先できない状況に直面する苦悩が述べられている。いずれも、病院や家族の事情で転院が進められていることに対するジレンマをうかがわせるものである。

八尾（2010）は、転院相談をスムーズに進めることができなかった事例を振り返り、その結果を以下のように述べている。「時間的制約があろうとも、もう少し時間をかけてじっくりと面談の回数を重ね、家族とMSWとの間にしっかりとした信頼関係（ラポール）を形成する事ができていれば双方にとって納得した良い転院ができていたのではないか」。植木（2013）は、研究動向の概観から、MSWによる退・転院支援の課題をあげている。その一つとして、「医療ソーシャルワーカーがジレンマを抱えやすい転院支援に焦点を当て、転院支援について実証的な方法によって明確にして」いく必要性を指摘している。八尾（2010）と植木（2013）で共通しているのは、転院支援から生じるジレンマをふまえつつも、そこからMSWの専門性を追求しようとする姿勢がみられることである。

以上、転院支援から生じるMSWのジレンマについての先行研究を検討した。昨今の在院日数短縮化等の影響にともない、多くの先行研究のなかで、転院支援に対するMSWとしてのジレンマや悩みが語られている。そのなかには、病院や家族の事情で転院が進められていることに対するジレ

ンマも示されている。ただし、一部の研究では、ジレンマを抱えつつも、転院支援のなかから MSW の専門性を見出そうとする姿勢がみられる。

3. MSW による転院支援の方法

田村（1996）は自身の経験にもとづいて、苦情を出さない転院支援の方法として、以下の5点が重要だとしている。①患者や家族自身が選択・決定するように何ヵ所か紹介する。②費用・交通の便は調べて説明する。③待機期間、入院できる期間を確認しておく。④一度は MSW が見学しておく。⑤長期的な見通しをもって考える。一方で、「痴呆症の患者本人の選択、決定権はどうするのか、本人と家族が対立したらどうするのか、そもそも本人も家族も退院そのものを拒否したらどうするのかなど難しい問題がたくさんある」と述べている。

竹中（1996）は、自身の経験にもとづいて、転院相談に対応する際の留意点として、以下の3点が重要だとしている。①クライエントが転院や病状をどの様に理解しているかとらえる。②自院の特徴や限界を説明する。③患者本人の転院に関する意志の確認。

大本（1997）は、「転院援助において実施すべきであると考えられる行為」を 27 項目抽出し、東京・神奈川・埼玉の病院に勤務する MSW を対象に質問紙調査を行っている。その結果、「転院について医師が患者や家族に説明したか医師に確認する」、「医師が未説明の場合は必ず医師に説明してもらう」、「患者や家族が転院に納得できないときには、病院の機能を説明している」といった項目は達成度が高く、「日頃利用している病院を見学している」は非常に低かったとしている。

笠藤ら（2006）は、自身の経験や先行研究の知見をふまえて、「MSW が具体的に行う転院援助面接のプロセス」を、以下の 11 段階に分類したうえで、これらをしっかり押さえることで、効果的な援助が可能になるとしている。①自己紹介の仕方、②面接の意味の明確化、③情報収集、④受容、⑤傾聴、⑥受容、⑦説明能力、⑧傾聴、⑨感情の表出、⑩共感的態度と要約、⑪現実吟味である。

立石（2009）は、急性期病院から回復期リハビリ病院への転院を例にあげたうえで、MSWによる転院支援の方法とその効果を、以下のように述べている。「まずMSWは、『利用者理解』や転院先の回復期リハビリ病院に関する『社会資源の理解』など、利用者を取り巻く『状況理解』を行う。それらの理解にもとづいて、転院に関するソーシャルワーク支援を行う。その結果、『回復期リハビリ病院の利用ができない』という問題発生が回避される。そして『問題発生の予測』を行いながら支援することで早期に対処できるよう促すという効果がある」。

　一方、転院支援のプロセスを見直し、MSWによる早期把握・介入を実現する方法を追求することで、在院日数の短縮化につながることを示す研究も散見される（段上ら 2005；宮川ら 2007）。段上ら（2005）は、ケースワーク業務工程の見直し前後のデータ比較を通して、在院日数の短縮化が図られたとしている。在院日数の短縮化については、「対象ケースの疾病が大きく影響していると思われ、一概に本取り組みの成果と言うことはできない」と述べつつ、取り組みの成果として、入院から転院支援の必要性を医師より確認・把握するまでの所要日数が短くなったとしている。宮川ら（2007）も同様に、MSWが転院支援を行った患者データをもとに、在院日数を短縮するためには、介入日から退院までの日数ではなく、入院日から介入日までの日数を短くする必要があることを指摘している。

　また、「迅速で綿密な生物・心理・社会的アセスメントにより困難ケースの問題の本質を見抜き、時間的制約、資源の制約のなかで最適な介入を構築する援助スキル」として、統合的短期型援助（ISTT）が注目されている（Goldstein & Noonan 2014）。これは、短期間でいかにクライエント自身の潜在的な解決能力を引き出すかに焦点をあてたものであり、転院相談の場面で活用した事例がいくつか報告されている（柳田 2007；柳田ら 2011）。さらに、MSWの職能団体である日本医療社会福祉協会でも、ISTTのワークショップが定期開催されており、その報告がなされている（柳田 2007；小滝ら 2009；柳田ら 2011）。

　ここまでの内容を振り返ると、MSWによる転院支援の方法についての研究調査の蓄積が、進みつつある現状がうかがえる。ただし、著者自身の

経験談や限られた事例をもとにまとめられたものが少なくなく、これらの方法によって得られる効果を実証的に示した研究は、段上ら（2005）と宮川ら（2007）の2つのみである。加えて、前述した「本人と家族が対立したらどうするのか」、または先の2で述べた「病院や家族の事情で転院が進められている」といった難しい課題に対してどのように対処すべきなのかが、これらの先行研究からは十分見えてこない[7]。

第7節　転院支援からみる保証人問題への対応が求められる背景と動向

　第6節では、転院困難事例の現状と転院支援の方法を中心に検討した。それらのなかで、方法の一つとして示されていたのが、「早期からの関わり」である。ただし、序章第3節1（1）で述べたように、「保証人なし」や「経済的困難あり」といった社会経済的要因を有する場合、早期にMSWが関わったとしても、使える社会資源に限りがあるために、効果が発揮しにくい事例が少なくない。そこで、本節では、保証人問題を取り上げることとする。社会的な視点をより重視する立場にあるMSWにとっては、避けては通れない問題だと考えるからである。

　まず、先行研究や官庁統計の内容、私のMSW経験等にもとづいて、転院支援からみる保証人問題への対応が求められる背景について検討する。次に、身寄りのない患者への支援の実態を把握することを目的に、MSWによる支援に焦点をあてて先行研究を概観する。さらに、保証人問題の全容を把握することを目的に、その実態と取り組みの現状に言及している先行研究の検討を行う。

1. 転院支援からみる保証人問題への対応が求められる背景

　いくつかの先行研究によって、多くの療養型病院・施設等が患者または利用者の受け入れの際に、保証人をつけることを求めている現状が報告されている（伊賀市社会福祉協議会 2009；阿部ら 2012；成年後見セン

ター・リーガルサポート 2013；江村ら 2014；林ら 2014；林 2015；田部 2016)。加えて、保証人の代行を有償で行っている NPO 法人等（以下、保証人代行団体）がいくつかあり、ここ数年こうした法人が増えてきており、マスコミで取り上げられる場面もしばしば目にするようになった（NHK「無縁社会プロジェクト」取材班 2010)。病院・施設への入院・入所をはじめとしたさまざまな状況下で保証人を求められる等、保証人の代行業務に対するニーズが高まっていることが、その一因として考えられる。ただし、保証人代行団体については、「契約内容が煩雑」、「監視・監督者の不在」、「預託金保全の不完全」等の問題点を抱えていることも指摘されている（池田 2016；太田 2016；熊田 2016；内閣府消費者委員会事務局 2016；山本 2016)。

　保証人を依頼できる親族等がいない場合、患者または利用者本人が上記の問題点を了解したうえで、保証人代行団体と契約できれば支障はないのかもしれない。ただし、経済的な事情などで、契約できない人がいることにも留意する必要がある。私のこれまでの MSW 経験のなかでも、借金があったために、契約自体を断られてしまったことがある。さらに、数万円〜数十万円の契約料に加えて、諸経費や利用料等が必要になるため、分割払いの相談が可能とはいえ、低所得層にとっては大きな負担であり、契約自体に躊躇する方も少なくない。そのため、契約することを断念し、患者本人の意に反して、（保証人不在でも受け入れてもらえる）遠方の病院・施設へ移らざるを得ないこともある。

　一方、NHK スペシャル取材班（2013：1-4）が、身寄りのいない低所得高齢者が施設を転々とせざるを得ない状況を「老人漂流社会」と命名し、「自らの老後を、自らで選ぶ」ことができない社会の実情を伝えている。千葉県（2012：39）が作成した「『生活保護実務に関する県市協議会』協議結果報告書」のなかでも、「身元引受人がいない場合の施設入所について」が協議事項としてあがっており、「福祉事務所、特にケースワーカーにかかる負担が大きい」としている。

　加えて、世帯主が 65 歳以上の世帯数について、2040 年にかけて「単独世帯」が 1.43 倍（2015 年：625 万世帯→2040 年：896 万世帯）に増加す

るという推計がなされている（国立社会保障・人口問題研究所 2018）。このような世帯の増加にともない、保証人を誰にも依頼できない患者の増加が予想される。特に、大都市部を中心に、インフォーマルなサポートを得られない低所得高齢者の増大が懸念されており、「経済的貧困と関係的貧困が複雑な形で入り交じっているのが、都市部における高齢化問題の特徴」（高橋 2014b）であることが指摘されている。

　さらに、成年後見制度の市区町村長申立の事例件数が、23件（2000年4月～2001年3月実績）から7037件（2017年1月～12月実績）まで急増しており、身寄りがいないかつ判断力の低下がみられる人が増えてきている状況がうかがえる（最高裁判所事務総局家庭局 2001；最高裁判所事務総局家庭局 2018）。一方、多くの先行研究が、成年後見の実務面で、成年後見人等が入院や施設入所にあたっての保証人になることが要請される場面があることを問題視している（前田 2005；第一東京弁護士会成年後見センター 2008；池田ら 2010；上山 2010；小賀野ら 2013；日本社会福祉士会 2013a；赤沼 2014）。ただし、いずれの文献でも、原則的には成年後見人が保証人に就任することは望ましくないとしている。

　また、このような状況を受けて、日本社会福祉士会も厚生労働省宛てに、「施設入所にともなう身元保証人の取り扱いについて（要望）」を出している。具体的には、保証人がいないことを理由に入所契約拒否をしてはならないこと、成年後見人等に保証人になることを要請しないことを、国として自治体および関係機関に周知徹底を図ってほしい旨を記している（日本社会福祉士会 2013b）。

　以上、先行研究や官庁統計の内容、私のMSW経験等をふまえつつ、転院支援からみる保証人問題への対応が求められる背景について検討した。多くの療養型病院・施設が患者または利用者の受け入れの際に、保証人をつけることを求めている現状がある。それにともない、保証人代行団体のニーズが高まっているものの、経済的な理由で契約できない患者が存在することにも留意する必要がある。将来的に、65歳以上の単独世帯が増加する見込みであり、成年後見制度の市区町村長申立の事例件数が急増している実態は、保証人問題への対応が今後ますます求められてくる状況を示

しているといえる。

2. 身寄りのない患者に対する MSW の支援の実態

　一病院・施設単位でみると、この問題はレアケースの域を脱しないのかもしれない。しかし、そのインパクトは絶大で、身寄りのない患者（≒保証人不在者）への支援は、多くの MSW が関心をよせているテーマの一つになっている。事実、身寄りのない患者に対する MSW の支援の実態にふれている先行研究を数多く確認することができた（佐原 1999；松山ら 2001；堀井ら 2006；遠藤 2010；石丸 2011；谷 2011；前田ら 2011；福田 2012a；福田 2012b；小藪ら 2013；寺田ら 2014；立松 2015；宮内ら 2015；山田 2016）。

　佐原ら（1999）は、身寄りのない患者の対応に苦慮した事例を紹介したうえで、「単身で身寄りがないという貧困状態にある患者に対して、有効な社会資源がなく、その対応は個々の病院にまかされている」ことを問題視している。堀井ら（2006）は、身寄りがなく判断能力が不足している患者の事例をもとに、成年後見制度につなげるだけでは、不十分な点があることを指摘している。具体的には、成年後見人等は保証人になれないために転院先が制約されていること、成年後見人等が医療行為に対する同意ができないために病院スタッフが判断に迷うことをあげている。

　小藪ら（2013）は、身寄りのない患者の対応事例を分析した結果、同患者を援助するにあたっては、「制度のみに依存した援助では限界がある」、「ソーシャルワーク援助方針に共感・容認を得ることの難しさ」があることを指摘している。さらに、佐原ら（1999）・堀井ら（2006）・小藪ら（2013）以外にも、こうした身寄りのない患者の対応事例をもとにまとめた研究が存在する（遠藤 2010；石丸 2011；谷 2011；前田ら 2011；福田 2012a；福田 2012b；立松 2015）。

　松山ら（2001）は、日本医療社会事業協会（現・日本医療社会福祉協会）会員を対象にした質問紙調査を実施し、「身寄りの無い方」が、「身寄りのある方」の約 2 倍の比率で、MSW 支援（「金銭管理」・「代理・代行」・

「財産管理」）の対象になっていたことを報告している。さらに、宮内ら（2015）は、急性期病院におけるソーシャルワーカー（SW）の介入について全国調査を行い、社会的要因とSWの介入の有無との関連を分析した結果、SW介入の優先度が最も高い要因が「身寄りなし」であったと説明している。

加えて、寺田ら（2014）は、自院の患者データを用いて、熱中症による脳障害をきたした患者の背景と転帰を報告している。そのなかで、「高齢者の熱中症患者は住所不定、生活困窮者など社会的弱者に多い」としたうえで、「独居・住所不定でキーパーソン不在の場合は、金銭管理の問題や入院時の保証人がいないため、入院相談の時点で難色を示す病院が多かった」としている。また、山田（2016：174）は、大都市の2次・3次救急医療機関のMSWを対象に質問紙調査を行っており、「ホームレス患者の退院支援で困ること」を尋ねている。その結果、「転居・転院・転所する際に身元保証人がいない」ことが、最も多かったとしている。

以上、身寄りのない患者に対するMSWの支援の実態について、先行研究をもとに検討した。身寄りのない患者に対するMSWの支援の実態に言及している研究は、事例報告や調査報告を中心に研究蓄積が進みつつある。こうした患者の対応に苦慮しやすい理由としてあがっているのは、社会資源や制度の不備、金銭管理の問題や転居・転院・転所時の保証人がいないことなどである。

3. 保証人問題の実態と取り組み

保証人不在者の受け入れ状況については、医療経済研究機構と成年後見センター・リーガルサポートが全国調査を行っている。医療経済研究機構（2011：9）、（2012：50）は、介護保険3施設や有料老人ホーム、グループホームの全国データをもとに、「家族や身元引受人がいない」事例を「全く受け入れていない」施設の割合を示している。一方、成年後見センター・リーガルサポート（2013）は、全国の療養型病院・施設や有料老人ホーム、グループホーム、サービス付き高齢者向け住宅を対象にした調査

結果をまとめている。

　なお、成年後見センター・リーガルサポート（2013）については、保証人不在者の受け入れ状況や保証人に求める役割といった実態把握にとどまらず、新たな保証制度の必要性といった多岐にわたる調査項目が含まれている点が新しいといえる。ただし、いずれの調査報告でも、保証人問題の解決に向けて必要な具体的な取り組み内容を示すまでにはいたっていない。

　野田（2010）は、MSWの立場から、「保証人を理由に入所できるところが限られることが退院支援の弊害になっている」としたうえで、その大きな理由として、受け入れ施設側が、施設入所後の「入院などの緊急対応時にすぐに家族に対応してほしい」ことをあげている。そのうえで、以下のような問題提起を行っている。「『入院時の情報提供のあり方』に関しては、入院する時に家族の事情や正しい情報が医療機関に伝われば、家族がいなくても病院が困らないということをきちんと整備し、どんな情報があれば医療機関としては助かるのかを提示していく必要がある」。

　吉田（2014）は、法学者の立場から、保証人への就任と成年後見人としての職務の不整合、保証人問題のジレンマや社会的背景について述べたうえで、対応策として2つの方法を示している。1つは、「身元保証人を求める病院・施設等に対して、そのニーズを満たすために、身元保証という制度は必ずしも整合的でないということを丁寧に説明すること」をあげている。もう1つは、「既存の日常生活支援事業、介護・福祉・医療サービスの利用、地域住民による見守り活動など」を活用することで、「病院・施設等が身元保証人を求める必要性を事実上減少させること」としている。しかし、野田（2010）・吉田（2014）ともに、保証人問題への対処法は示しているが、いずれもこの問題の限られた部分へのアプローチ内容にとどまっている。

　一方、伊賀市社会福祉協議会による取り組みが、先進的なものとしてあげることができる。これは、社会福祉協議会がコーディネーター的な役割を担い、地域関係機関の役割分担によって、包括的な観点から、保証人問題の解決を図ろうというものである（伊賀市社会福祉協議会 2009；2010）。多機関協働で問題解決にあたるという、まさに理想的な方法とい

える。平野（2014）も、自身が関わった研究プロジェクトの成果をふまえて、社会的孤立と高齢者福祉の課題に対しては、「地域福祉の強化をもって実施することを選択する考え」を示しており、今後の流れの一つであることには違いない。

他面、社会福祉協議会側にそこまでの役割を担う熱意と力量があるかどうかも問われてくるため、地域によっては普及させにくい方法といえなくもない。また、足立区社会福祉協議会権利擁護センターあだち（2010）は、保証人がいない高齢者のための取り組みとして行っている、高齢者あんしん生活支援事業の内容を紹介しているが、数十万円の預託金が必要とされており、経済的困窮者には利用しづらいことが予想される。

布施（2013）は、保証人代行団体の現状や伊賀市社会福祉協議会での取り組みをふまえたうえで、「保証人問題には、地域包括支援センターを始めとした自治体関係者の相談・支援への積極的な取り組みが重要だ」としている。ただし、日本総合研究所（2014：154）が、公的保証人制度について自治体の考え方を尋ねているものの、「導入が難しい」が36.5％、「不要である」が9.1％を占め、「導入している」（3.0％）や「導入を検討している」（6.7％）ところはわずかであることを示している。

さらに、高齢者住宅財団（理事長：国際医療福祉大学大学院・高橋鉱士教授）がまとめた調査報告書のなかにも、低所得高齢者の住宅確保が困難になる要因・特徴の一つに「保証人の不在」があげられている（高齢者住宅財団 2012：42）。ただし、保証人がいない人への対応について、先進地域・事業者の取り組みが紹介されているが、いずれも民間賃貸住宅等への入居・居住継続支援に関わるものである。療養型病院・施設へ入院・入所する際に求められる保証人については、「介護保険施設においても同様であり、身よりのない単身高齢者が住まいに困窮する大きな要因になっている」という記載があるのみである（同上 2012：38）。

以上、保証人問題の実態と取り組みについての先行研究を検討した。保証人問題の実態については、全国調査も含めて研究蓄積が進みつつある。しかし、保証人問題の解決に向けた取り組みについては、一部の先進的な地域の報告にとどまっているのが現状である。

第8節　研究課題の整理と調査枠組みおよび論理モデルの提示

本節では、第2～7節での先行研究の検討結果をもとに、研究課題を整理する。さらに、本書の第3～5章では、上記課題を達成するために、7つの調査（以下、第1～7調査）を行っていることから、これらの調査枠組みと論理モデルおよび仮説を示す。

1. 研究課題の整理

先行研究を検討した結果、いくつかの研究課題がみえてきた。ここでは、従来の先行研究で得られている主な知見と私自身のこれまでのMSW経験等にもとづいて、研究課題を3点に整理する。

なお、これらの内容は、序章第2節2（2）で設定した、以下の3つの課題に対応したものになっている。①患者と家族の退・転院先についての合意形成が困難な事例の実態を示しつつ、患者と家族の特性や状況に応じた効果的な支援方法を可視化する。②自宅退院後の患者と家族が有している不安・困り事の実態を示しつつ、患者と家族の安心感や満足感を向上させるための支援方法を可視化する。③転院困難患者が抱えている問題の構造を示しつつ、それへの有効な支援方法を可視化する。以下、①～③の流れに沿って、それぞれの課題を示していくこととする。

（1）1つ目の研究課題

第1に、患者と家族の退・転院先の意向に関連する要因とそれが及ぼす影響を示すことである。そのうえで、両者の意向に異同があったり、患者の意向が把握できなかったりするために、合意形成が難しい事例に対して、MSWのどのような支援が効果的なのかを見出すことである。

前述したように、患者と家族の意向や意思決定などについての研究は、看護領域を中心に進んでいる。しかし、患者と家族の退・転院先の意向が

どのようなときに一致するのか、または一致しないのか、その要因については十分に検討されていない。この点について、身体的要因を中心に分析した研究（小山ら 2012）はあるものの、心理社会的要因を含めていないといった課題を抱えている[8]。

一方で、不安などの心理的状況や経済状況、および家族形態といった心理社会的要因を含めた研究（日比野 2015）はあるものの、研究対象を患者と家族の意向が一致しない事例群に限定しているために、他事例群との比較検討ができていないという課題を有している。今後は、患者と家族の意向が一致する事例や患者の意向が把握できない事例を含めるなどして、研究対象の範囲を拡大しつつ、心理社会的要因を含めた総合的な研究を行うことが必要である[9]。

さらに、患者と家族の退・転院先の意向を検討するにあたっては、家族状況をより詳細に分析する必要がある。家族形態や患者と家族の関係が、退・転院先の意向にどのような影響を及ぼすのかを把握することで、画一的ではない、家族状況に合わせた関わり方が可能になると考えるからである。このような視点は、患者だけでなく、家族を含めた支援を行う側面がより強いとされる MSW にとって重要なものである。

これまでの先行研究でも、家族形態や患者と家族の関係に注目したものがある。たとえば、日比野（2015：39）が行った事例調査では、家族形態別にみる要介護高齢者の意向と家族の意向の異同の分析結果を、以下のように示している。「『夫婦のみの世帯』『子と同居』の家族形態では、家族内での検討が重ねられ『単独世帯』に比べると時間をかけて『居所選択』していく過程が確認された」。さらに、白川ら（2016）は、自宅から入院し急性期医療を終えた患者についての医療機関を対象にした調査結果をふまえて、以下のように指摘している。「元の自宅に退院する上で、同居者がいて、主たる介護者は就労していない配偶者という条件が重要になっている」。

また、樅野ら（2000）は、長期入院高齢者の家族の在宅ケア意向に影響する要因についての調査を実施し、在宅ケア意向と「配偶者の有無」、「息子の有無」、「娘の有無」との関連を検討している（ただし、ロジスティッ

ク回帰分析の結果、これらの要因との関連は認められていない）。加えて、「面会頻度で患者と介護予定者の人間関係を測定」したうえで、在宅ケア意向に影響を与える要因として、「家族の面会頻度が高い」ことをあげている。一方、永田ら（2002）は、高齢者の退院支援に関わる研究レビューを行った結果、「高齢者の場合、患者と家族の意思が一致しないことも多い」としたうえで、以下の課題提起を行っている。「家族形態や自立意識などが欧米と異なる日本では、どのように退院に関する意思決定を支えていくのが望ましいのか、さらなる検討が必要であろう」。以上の内容をふまえると、今後は家族形態や患者と家族の関係をより深くとらえた研究が必要である。

　加えて、ソーシャルワーク支援を行うにあたって、バイステックの7原則等の「利用者の自己決定」だけでは、限界があることを指摘している研究がある（岩本 2007；衣笠 2011；空閑 2014）。それらのなかでは、理論と現実の乖離を埋める研究の必要性が、課題としてあがっている。理念的には、患者の意思が最優先されるべきであるが、患者と家族の共同決定または家族の意向によって退・転院先が選定されている事例が少なくない。このような事例に対して、ソーシャルワークの原則である「利用者の自己決定」のみを求めることは、「日本人にとっては大切な人との『間柄』の切断、かつ大切な『場』の喪失に向けて、その実践が働くことになりかねない」という指摘は重要である（空閑 2014：138）。アメリカ流のソーシャルワークの原則が、現実的にどこまで適用可能なのか、わが国の医療現場の実情に即して「適応と禁忌」を探ることは、ソーシャルワークの「日本モデル」を具現化するうえで、欠かせない作業である。

　本章第6節3でも述べたように、「本人と家族が対立したらどうするのか」、「病院や家族の事情で転院が進められている」といった難しい課題に応える研究が、十分でないことも課題にあがっている。今後は、患者本人と家族の対立構造・要因を明らかにし、合意形成に向けて必要な事柄を把握する。そのうえで、患者と家族への適切な支援の方向性を見出していくことが緊要な課題である。

(2) 2つ目の研究課題

　第2に、自宅退院後の患者と家族が有している不安・困り事から、退院計画や自宅退院支援の内容を評価することを通じて、MSWを含めた支援者側（病院スタッフやケアマネジャー）の関わりの現状や課題を示す。そのうえで、退院計画や自宅退院支援の質を向上させるために、MSWにはどのような役割が求められているのかを見出すことである。

　MSWによる退・転院支援の評価研究は、MSW自身が評価するものを中心に進展している。昨今では、評価尺度開発の試みもなされている。しかし、MSWの退・転院支援実践の評価については、実践者であるMSW自身による評価以外にも、患者と家族または他のスタッフによる評価などが存在するが、とりわけ患者と家族側から検証した研究が少ないことが緊要な課題である。さらに、退院計画やMSW以外の専門職による退・転院支援についての文献を体系的にレビューしている研究でも、患者や家族の満足度といった指標での評価が不十分であることが、今後の課題としてあがっている（中谷1997；坂井2015）。

　一方、看護領域では、自宅退院後の患者と家族の不安・困り事を中心とした評価研究が、積極的に行われている。ただし、MSW領域では、自宅退院後も続いている患者と家族の生活に対する評価やフォローがほとんどなされておらず、これらを通じて支援の質を高めるための要因を探ることが急務である。退院後のフォローアップと事後評価は、「これまでの援助をさまざまな観点から評価し直すことによって、次に続く患者に対する退院計画プログラムを充実させるために行われるべきもの」（堀越1997）であり、今後さらなる研究が必要である。

　そのため、退院計画や自宅退院支援の内容が、実際の退院後の患者と家族の生活状況と比較して、どの程度適切だったのかを系統的に評価しつつ、フォローアップと事後評価をMSWが担うことで、ソーシャルワーク実践にどのような課題があるのかについて研究することが必要である。こうした支援者側が提供するサービスの質の継続的な向上を検討するにあたって、「どういうアセスメントに従って、どういうアウトカムが得られ

たのかということに関するデータの蓄積と、それを通じたケアマネジメントの標準化が不可欠」だとされているからである（社会保障審議会2014：4）。

　また、自宅退院後に再入院した患者の実態についての研究蓄積が進みつつある。ただし、再入院の原因・リスク要因や疾患内容、および再入院患者数（推計値）といった表層的な実態は示されているものの、再入院にいたるまでの経過を、相当数の事例をもとに分析した研究はなく、この点に関わる大きな指標を得られている段階ではない。今後は、再入院患者のより丁寧な実態分析を行うことで、退院計画の改善に向けての足がかりになる研究への取り組みが重要になってくる。

　さらに、「退院後の施設入所を選択した」事例をもとに、「家族介護者と病棟看護師の介護負担に関する思いのずれ」を調査している研究（小谷ら2013）はあるものの、再入院患者または家族側と支援者（医療・介護関係者）側の双方を対象にしている研究は見当たらない。再入院の実態を多面的にとらえるという意味でも、今後さらなる研究が必要である。

　一方、中央社会保険医療協議会が実施した調査結果は、DPC導入によって、無理な退院や中途半端な退院が増加したこと、治癒率の低下や平均在院日数短縮化にともない、再入院率の割合が上昇したことを示している（中央社会保険医療協議会2006；2014）。今後、診療報酬改定等によるさらなる在院日数の短縮化が予想されるなかで、再入院を予防するという観点での研究が、ますます求められてくるのではないかと考える。

(3) 3つ目の研究課題

　第3に、転院制約要因を有することで生じる困難性を把握しつつ、それへの対処方略を示す。そのうえで、患者または家族の意向に沿った転院を実現するためには、MSWとしてどのように支援するのが効果的なのかを見出すことである。

　多くの先行研究で、転院先をなかなか確保することができない患者の実情やMSWの転院支援の方法については報告されている。それらのなかでは、転院制約要因を有することで生じる困難性がデータにもとづいて示さ

れていたり、MSW が早期から関わったりすることが、対処方略としてあげられている。

　ただし、MSW の転院支援の方法については、著者自身の経験談や限られた事例をもとにまとめられたものが少なくない。MSW による転院支援の方法を見直すことで得られる効果を、実証的に示した研究は限られているのが現状である。そのため、転院支援の効果を明確に示していくうえでも、たとえば MSW が転院制約要因を有する患者の特性に合わせた取り組みをすることで、どのような効果が得られるのかを、実証的に示していくことが今後の課題である。

　一方、身寄りのない患者（≒保証人不在者）に対する MSW の支援や保証人問題の実態と取り組みについての先行研究を中心に、研究蓄積が進みつつある。これらのなかでは、保証人不在者の療養型病院・施設等の利用が、制限されている現状が報告されている。ただし、今後「単身急増社会」（藤森 2010）によって、このような患者の増加が予想されているにもかかわらず、保証人問題の解決に向けた取り組みは、一部の先進的な地域の報告にとどまっている。

　特に、経済的困窮者にとっては、より深刻な問題になりつつあり、保証人問題にふれる機会の多い MSW 側から発信することが緊要な課題である。今後は、同問題の全体像をしっかりととらえつつ、問題を引き起こしている要因を把握するといった、効果的な支援に向けての足がかりになる研究への取り組みが重要になってくると考える。

2. 調査枠組みの提示

　図 1-2 は、本研究の調査枠組みを示したものである。序章第 2 節 2 （2）と先の 1 で整理した 3 つの研究課題の内容に対応させつつ、以後の各章の内容に沿って作成したものである。なお、後述の 3 のなかで提示している仮説が、どの調査に対応しているかについても追記した。表 1-5 は、これらの仮説を一覧にまとめたものである。

　第 3 章では、患者と家族の退・転院先の意向についての 2 つの調査を行

図1-2 本研究における調査枠組み

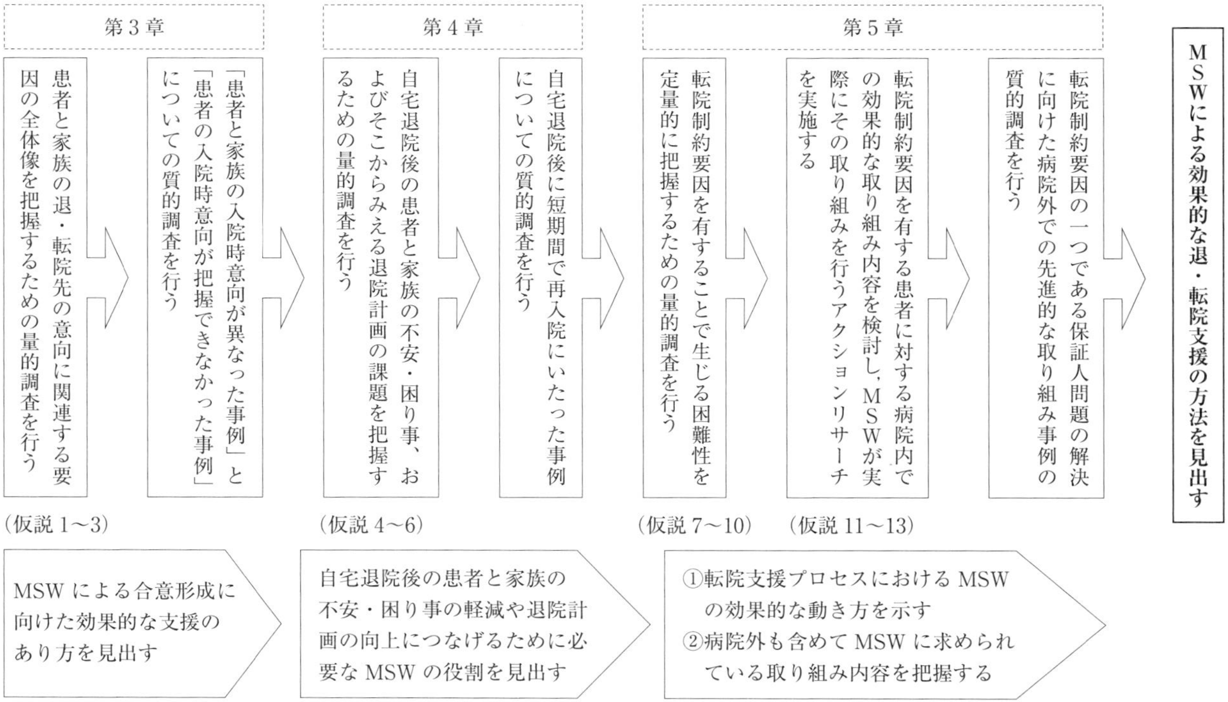

```
                                            ┌─────────────────────────────┐
                                            │ MSWによる効果的な退・転院支援の方法を見出す │
                                            └─────────────▲───────────────┘
                                                          │
```

第3章
- 患者と家族の退・転院先の意向に関連する要因の全体像を把握するための量的調査を行う
- 「患者と家族の入院時意向が把握できなかった事例」と「患者と家族の入院時意向が異なった事例」についての質的調査を行う

（仮説1～3）

MSWによる合意形成に向けた効果的な支援のあり方を見出す

第4章
- 自宅退院後の患者と家族の不安・困り事、退院計画の課題を把握するための量的調査を行うおよびそこからみえる退院計画の課題を把握する
- 自宅退院後に短期間で再入院にいたった事例についての質的調査を行う

（仮説4～6）

自宅退院後の患者と家族の不安・困り事の軽減や退院計画の向上につなげるために必要なMSWの役割を見出す

第5章
- 転院制約要因を有することで生じる困難性を定量的に把握するための量的調査を行う
- 転院制約要因を有する患者に対する病院内でのアクションを検討し、MSWが実施する際のその取り組み内容を行う効果的な取り組みを実施する
- 転院制約要因の一つである保証人問題の解決に向けた病院外での先進的な取り組み事例の質的調査を行う

（仮説7～10）　　　　（仮説11～13）

①転院支援プロセスにおけるMSWの効果的な動き方を示す
②病院外も含めてMSWに求められている取り組み内容を把握する

出所：筆者作成。
注）（　）内は、表1-5の仮説がどの調査に対応しているかについて記したものである。

表 1-5 本研究で検証する仮説

第 1 調査の仮説
（仮説 1）家族は患者本人と比較して，多様な視点から退・転院先を検討している。
（仮説 2）家族の退・転院先の意向は，患者の退・転院先の意向と比べて変動しやすい。
（仮説 3）患者と家族の退・転院先の意向において，配偶者と成人した子では異なる影響を及ぼしている。

第 3 調査の仮説
（仮説 4）退院計画に関わる病院スタッフが評価していた以外の自宅退院後の患者と家族の不安・困り事（以下，退院計画のなかで評価されていた以外の不安・困り事）があると，医療・介護サービス計画の変更が生じやすい。
（仮説 5）退院計画のなかで評価されていた以外の不安・困り事や医療・介護サービス計画の変更があると，退院計画に対する患者の満足度が低下しやすい。
（仮説 6）退院計画のなかで評価されていた以外の不安・困り事や医療・介護サービス計画の変更があったり，退院計画に対する患者の満足度が低くなったりすると，自宅退院後の患者の生活満足度が低下しやすい。

第 5 調査の仮説
（仮説 7）転院制約要因を有する患者群は，有しない患者群と比べると，医師が転院を指示してから転院までに時間を要している。
（仮説 8）転院制約要因を有する患者群は，有しない患者群と比べると，病院・施設からの受け入れ不可の返答割合が高い。
（仮説 9）転院制約要因を有する患者群は，有しない患者群と比べると，患者または家族の第 1 希望の転院先へ移ることができていない割合が高い。
（仮説 10）「保証人なし」や「経済的困難あり」といった社会経済的要因を有する場合，医療的要因や認知面に関わる要因を有する場合と比べると，患者または家族の第 1 希望の転院先へ移ることができていない。

第 6 調査の仮説
（仮説 11）MSW による転院制約要因の早期把握に向けた取り組み（毎朝の申し送り・カンファレンスに参加するなかでの積極的な情報収集）によって，MSW の早期把握率がアップする。
（仮説 12）MSW による転院制約要因の早期把握に向けた取り組みによって，MSW の介入時期が早まる。
（仮説 13）MSW による転院制約要因の早期把握に向けた取り組みによって，患者または家族の第 1 希望の転院先へ移れる割合が高まる。

出所：筆者作成。

う。1つ目は、患者と家族の退・転院先の意向に関連する要因の全体像を把握するための量的調査（以下、第1調査）である。2つ目は、「患者と家族の退・転院先の入院時意向が異なった事例」と「患者の退・転院先の入院時意向が把握できなかった事例」についての質的調査（以下、第2調

査）である。これらの調査目的は、患者と家族の意向に関連する要因とそれが及ぼす影響を把握し、主に両者の異同に注目することで、MSWによる合意形成に向けた効果的な支援のあり方を見出すことにある。

　第4章では、自宅退院後の患者と家族の不安・困り事の実態を把握するための2つの調査を行う。1つ目は、自宅退院後の患者と家族の不安・困り事からみえる退院計画の現状と課題を把握するための量的調査（以下、第3調査）である。さらに、補足的に、上記の調査結果を受けて、退院計画のなかで果たしているMSW部門の役割の現状と課題にどのような変化が生じるのかについての分析を行う。2つ目は、自宅退院後に短期間（3ヵ月以内）で再入院にいたった事例についての質的調査（以下、第4調査）である。これらの調査目的は、自宅退院後の患者と家族の不安・困り事をふまえて、支援者（病院スタッフやケアマネジャー）側の支援内容や認識内容を振り返ることで、退院後の患者と家族の不安・困り事の軽減や退院計画の向上につなげるために必要なMSWの役割を見出すことにある。

　第5章では、療養型病院・施設等への転院制約要因とそれを有する患者への取り組みについての3つの調査を行う。1つ目は、転院制約要因を有することで生じる困難性を定量的に把握するための量的調査（以下、第5調査）である。2つ目は、転院制約要因を有する患者に対する病院内での効果的な取り組み内容を検討し、MSWが実際にその取り組みを行うアクションリサーチ（以下、第6調査）である。3つ目は、転院制約要因の一つである保証人問題の解決に向けた病院外での先進的な取り組み事例の質的調査（以下、第7調査）である。これらの調査目的は、以下の2点である。第1に、転院制約要因による困難性の把握を試みつつ、転院支援プロセスにおけるMSWの効果的な動き方を示すことにある。第2に、転院支援プロセスの見直しといった病院内の取り組みだけにとどまることなく、効果的な転院支援を実現するために、病院外も含めてMSWに求められている取り組み内容を把握することにある。

　最後に、上記の7つの調査を通して、本書の目的であるMSWによる効果的な退・転院支援の方法を見出すという一連の流れを示している。

3. 論理モデルと仮説の提示

ここでは、先行研究の知見や私の MSW 経験等にもとづいて設定した、第1〜7調査の論理モデルを示す。あわせて、第1・3・5・6調査では量的調査を行うことから、仮説（**表 1-5**）を設定する。

(1) 第1調査の論理モデルと仮説

第1調査（第3章第1節）では、患者と家族の退・転院先の意向に関連する要因とその全体像を示すうえで、患者と家族の意向はどのようなときに一致するのか、または一致しないのかという点に注目する。

私のこれまでの経験では、退・転院支援のなかで、患者と家族の退・転院先の意向を確認すると、患者の意向は ADL 状況にかかわらず自宅になりやすいのに対して、家族は ADL 状況が思わしくない場合、自宅は難しいという意向になりやすいことを感じている。実際に、患者は「自分の体はもっと良くなるはずだ」という思いがあるのに対して、家族は「この状態だと、介護できる人がいないので、トイレに1人で行けるようにならないと難しい」という場面をよく目にする。

一方で、配偶者がいることで、患者本人は「夫（妻）のことが気になるので家に帰りたい」という意向になりやすく、配偶者からも「できれば家に帰ってきてほしい」という意向になりやすいことも感じている。ただし、こうした患者と家族の立場や考え方の違い、また家族状況によって、患者と家族の意向に異同が生じやすいあるいは一致が得られやすいのかもしれないと直感的には理解しつつも、エビデンスにもとづいたものでない。そのため、エビデンスにもとづいたソーシャルワーク支援を実現するためにも、これらの内容を量的かつ実証的に示していくことが必要だと考える。

患者と家族の意向の異同を検討するにあたって、参考になりそうなのが、名倉ら（1995）の分析結果である。ここでは、がん患者を対象にした調査を行い、「家族は患者自身より『ほぼ治る』見通しの割合は有意に低

表1-6　第1調査の論理モデル

立場・視点	退・転院先の意向	
患者	限られた情報をもとに退・転院先を検討している	→ 時間が経過しても、退・転院先の意向は変動しにくい
家族	情報入手がしやすい立場であり、多様な視点から退・転院先を検討している	→ 時間の経過とともに、退・転院先の意向は変動しやすい
患者と家族	同じ家族であっても配偶者と成人した子では異なる影響を及ぼしている	→ 家族形態によって、患者と家族の退・転院先の意向に違いがある

出所：筆者作成。

率で、逆に『ほぼ治らない』と考える割合は有意に高率であった」と報告しており、その理由を以下のように述べている。「これは医師から予後不良である説明が十分なされていることと患者の症状から客観的に判断できるためであると考えられる」。

　上記の内容をふまえると、患者は家族と比べて医療を受けることで回復・改善するのでないかという期待をより強く持っている一方で、家族は患者と比べて十分な医療情報が得られやすいまたは介護をする立場から、多様な視点から退・転院先を検討していることが予想される。一方で、さまざまな状況をふまえて検討しているため、家族の退・転院先の意向は、患者の意向と比べて、時間の経過とともに変動しやすいことが考えられる。

　さらに、田中（2016）は、「家族とは主に配偶者」であり、「独立家計を営む成人した子供は別な主体」であるという考え方を提唱している。そのため、患者と家族の退・転院先の意向でも、配偶者と成人した子では異なる影響を及ぼしていることが予想される。

　そこで、以上の内容をふまえて、次の3つの仮説を設定した。**表1-6**（第1調査の論理モデル）は、（仮説1）〜（仮説3）を一連の流れとして示したものである。退・転院支援のなかで大きな比重を占める意向調整に焦点をあてつつ、患者と家族の退・転院先の意向に関わる仮説①〜③を検証することができれば、患者と家族の特性に応じた、MSWによる効果的な支援

のあり方を見出すための重要なエビデンスになり得ると考える。
　（仮説1）家族は患者本人と比較して、多様な視点から退・転院先を検討している。
　（仮説2）家族の退・転院先の意向は、患者の退・転院先の意向と比べて変動しやすい。
　（仮説3）患者と家族の退・転院先の意向において、配偶者と成人した子では異なる影響を及ぼしている。

(2) 第2調査の論理モデル

　第2調査（第3章第2節）では、「患者と家族の退・転院先の入院時意向が異なった事例」と「患者の退・転院先の入院時意向が把握できなかった事例」を取り扱う。

　私のこれまでの経験では、退・転院支援を行っている際に、患者本人は自宅退院を希望しているものの、家族が転院を希望しているために、双方の意向調整が必要になる場面に遭遇することが少なくない。加えて、疾患の発生を機に患者本人の判断能力が低下してしまい、本人の退・転院先についての意向確認が不十分なまま、家族の意向のみで転院に向けた話が進められることも珍しくない。また、入院当初は判断能力の低下がみられても、その後回復し、自身の意向を示せるようになることもある。そのため、これらの事例は、患者や家族のみならず、医療スタッフ等の周囲の関係者も含めてジレンマが生じやすく、それぞれの意向に関わる要因や動きが端的に表れやすいことが想像できる。

　さらに、これらの事例は、いくつかの先行研究が指摘しているように、患者や家族の意思決定を支えるうえで困難がともなうものである（松村2008；吉田2011）。そのため、MSWによる効果的な意思決定支援または合意形成支援の方法を検討するうえで、これらの事例の特徴を把握する作業が欠かせない。

　以上の内容をふまえて設定した論理モデルが、図1-3（第2調査の論理モデル）である。これは、「患者と家族の退・転院先の入院時意向が異なった事例」と「患者の退・転院先の入院時意向が把握できなかった事

図 1-3　第 2 調査の論理モデル

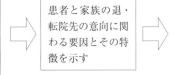

出所：筆者作成。

例」の実態を把握することで、患者と家族の退・転院先の意向に関わる要因とその特徴を示し、最終的には、MSW による効果的な意思決定支援または合意形成支援のあり方を見出すことにつながるというものである。

(3)　第 3 調査の論理モデルと仮説

　第 3 調査（第 4 章第 1 節）では、退院計画の内容が、自宅退院後の患者の生活状況にどのような影響を及ぼしているのかという点に注目する[10]。

　退院計画の内容を検討するにあたって、参考になりそうなのが、手島(1997b) による退院計画のプロセスである。具体的には、以下の 4 つから成り立っているとしている。①対象者の発見と特定、②ニーズのアセスメント、③退院援助プランの策定と援助の実施、④フォローアップと事後の評価である。さらに、中谷(1997) は、退院計画のアウトカム指標の代表的なものとして、「在院日数の減少」、「患者・家族の満足度」、「患者・家族のニーズの充足」をあげている。一方、千葉(2001) は、「高齢者への退院計画とその効果」についての海外文献をレビューした結果、患者の満足度や QOL、退院後のサービス利用、在院日数、再入院率といったアウトカム指標が用いられていたとしている。

　一般的にプロセスの質が低いと、アウトカムも低くなるといわれている。退院計画でも同様に、プロセスに不備が生じることで、これらのアウトカム指標の低下につながると考えられる。私のこれまでの経験でも、退院計画のプロセスであるアセスメントの部分が不十分であると、その後の支援に支障をきたし、患者や家族のニーズが充足しきれないことがあると

感じている。ただし、前述の（1）と同様に、直感的な理解に基づくものであり、エビデンスにもとづいたソーシャルワーク支援を実現するためにも、これらの内容を量的かつ実証的に示していくことが必要だと考える。

そこで、上記の内容をふまえて、以下の3つの仮説を設定した。なお、ここでの不安・困り事とは、「自宅退院後の生活を送るなかで、患者と家族が不安を感じていたり、困っていたりすること」を指している。さらに、**図1-4**（第3調査の論理モデル）は、後述するA医療法人B病院（回復期リハビリテーション病棟）の退院計画プログラム内容を参考にして、入院から自宅退院後にいたるまでの一般的な流れに沿ってまとめたものである。

具体的には、退院計画に関わるストラクチャー・プロセス・アウトカムを一体的に示しており、（仮説4）～（仮説6）が一連の流れとして組み込まれている。

（仮説4）退院計画に関わる病院スタッフが評価していた以外の自宅退院後の患者と家族の不安・困り事（以下、退院計画のなかで評価されていた以外の不安・困り事）があると、医療・介護サービス計画の変更が生じやすい。

（仮説5）退院計画のなかで評価されていた以外の不安・困り事や医療・介護サービス計画の変更があると、退院計画に対する患者の満足度が低下しやすい。

（仮説6）退院計画のなかで評価されていた以外の不安・困り事や医療・介護サービス計画の変更があったり、退院計画に対する患者の満足度が低くなったりすると、自宅退院後の患者の生活満足度が低下しやすい。

(4) 第4調査の論理モデル

第4調査（第4章第2節）では、自宅退院後に短期間（3ヵ月以内）で再入院にいたった事例を取り扱う。

この事例を用いる理由は、本章第5節5のところで述べた通りである。現実的には、成功よりも失敗を通して学ぶことのほうが多いことをふまえると、自宅退院はしたものの、その後自宅療養が継続できず、わずかな期

図1-4　第3調査の論理モデル

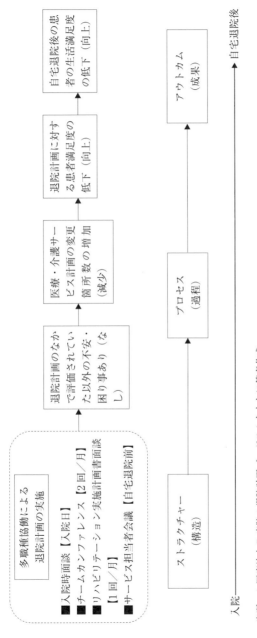

出所：A医療法人B病院の退院計画プログラムをもとに筆者作成。
注1）それぞれの構成メンバーは以下の通り。[　]内は開催時期・回数。
　　入院時面談：患者と家族，医師，看護職，リハビリテーションスタッフ，MSW
　　チームカンファレンス：医師，看護職，介護職，リハビリテーションスタッフ，MSW
　　リハビリテーション実施計画書面談：患者と家族，医師，看護職または介護職，リハビリテーションスタッフ，MSW
　　サービス担当者会議：医師，看護職または介護職，リハビリテーションスタッフ，MSW，ケアマネジャー，在宅サービス事業者
注2）ここでの「不安・困り事」とは，自宅退院後の生活を送るなかで，患者と家族が不安を感じていたり，困っていたりすることを指している。

第1章　退・転院支援についての動向と課題　103

図 1-5 第 4 調査の論理モデル

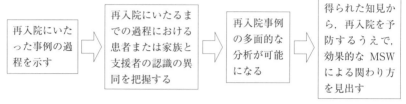

出所：筆者作成。

間で再入院になったといった、失敗事例に焦点をあてた研究が必要である。失敗事例を抽出して、その理由を分析することは、自宅退院支援の質を高めるだけでなく、退院計画の機能全体を見直すうえでも役に立つことが予想される。

さらに、本章第5節に示した通り、再入院についての先行研究の数自体は少なくない。しかし、自宅退院後の再入院や施設入所にいたった経過に着目した場合、少数事例を用いた分析にとどまっているのが現状である。加えて、再入院患者または家族側と支援者（医療・介護関係者）側の双方を対象にしている研究は見当たらないが、再入院という同じ出来事であっても、それぞれの立場によって認識が異なる可能性がある。そのため、再入院事例を多面的にとらえるうえで、再入院にいたるまでの過程における患者または家族と支援者の認識の異同を把握する作業が欠かせない。

以上の内容をふまえて設定した論理モデルが、図 1-5（第4調査の論理モデル）である。これは、再入院にいたった事例の過程を示し、そのなかでの患者または家族と支援者の認識の異同を把握することで、多面的な分析が可能になる。さらに、分析により得られた知見から、再入院を予防するうえで、効果的な MSW による関わり方を見出すことにつながるというものである。

(5) 第5調査の論理モデルと仮説

第5調査（第5章第1節）では、転院制約要因を有することで生じる困難性に注目する。

本章第6節1（2）でも述べたように、転院困難事例への対処方略を考える際に、転院制約要因を有することで生じる困難性を、データにもとづいて実証的に示す作業が欠かせない。こうしたデータは、どのような方法やタイミングでMSWが支援を行うことが効果的なのかを、客観的に評価・分析する指標になり得るからである（関原2009）。

　転院制約要因による困難性を検討するにあたって、参考になりそうなのが、木舟ら（1999）が行った調査結果である。ここでは、MRSAや気管切開を転院制約要因と仮定したうえで、これらを有する患者は有しない患者と比べて、MSWによる紹介（問い合わせ）病院数や連絡・調整数が多い傾向があったことを報告している。さらに、林（2009）は、先行研究の検討や自身のMSW経験から、要介助患者の療養型病院・施設への転院を阻む要因とその領域を示している。そのなかでの一領域としてあげられているのが、医師・看護・介護体制や診療・介護報酬上の問題で、患者の受け入れを制限している「転院先の事情」である。

　上記の内容をふまえると、転院制約要因を有している場合、転院先の受け入れ制限によって、転院までに時間がかかったり、受け入れ自体を拒否されたりする確率が高まるといったことが予想される。さらに、その結果として、患者や家族が希望する転院先に移りくくなるといったことも考えられる。

　一方、これまでの代表的な先行研究を概観する限り、どの研究でも、転院制約要因として取り上げているのは、以下の3点である（神奈川県大学病院ソーシャルワーカー連絡会1999；転院問題を考える会2003；東京都社会福祉協議会2011）。①医療的要因、②認知面に関わる要因、③社会経済的要因である。しかし、性質が異なる要因である以上、それぞれが及ぼす影響力も異なっていると考えられる。さらに、序章第3節1（1）で述べたように、「保証人なし」や「経済的困難あり」といった社会経済的要因を有するときに、より高い困難性を感じることがある。そのため、③の社会経済的要因を有する場合、①②の要因を有する場合と比べると、転院先がより制約されやすく、結果的に患者または家族の第1希望の転院先へ移ることができていないことが予想される。

表1-7 第5調査の論理モデル

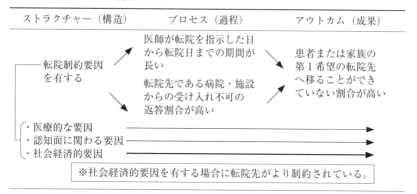

出所:筆者作成。

そこで、上記内容をふまえて、以下の4つの仮説を設定した。表1-7（第5調査の論理モデル）は、（仮説7）～（仮説9）を一連の流れとして示したものに、（仮説10）の内容を付け加えたものである。

（仮説7）転院制約要因を有する患者群は、有しない患者群と比べると、医師が転院を指示してから転院までに時間を要している。

（仮説8）転院制約要因を有する患者群は、有しない患者群と比べると、病院・施設からの受け入れ不可の返答割合が高い。

（仮説9）転院制約要因を有する患者群は、有しない患者群と比べると、患者または家族の第1希望の転院先へ移ることができていない割合が高い。

（仮説10）「保証人なし」や「経済的困難あり」といった社会経済的要因を有する場合、医療的要因や認知面に関わる要因を有する場合と比べると、患者または家族の第1希望の転院先へ移ることができていない。

(6) 第6調査の論理モデルと仮説

第6調査（第5章第2節）では、転院困難事例への効果的な取り組み内容に注目する。

こうした取り組み内容を検討するにあたって、参考になりそうなのが、

図1-6 第6調査の論理モデル

出所:筆者作成。

　先の（3）と同様に、手島（1997b）による退院計画のプロセスであり、具体的には以下の4つから成り立っているとしている。①対象者の発見と特定、②ニーズのアセスメント、③退院援助プランの策定と援助の実施、④フォローアップと事後の評価である。さらに、中谷（1997）は、退院計画のアウトカム指標の代表的なものとして、「在院日数の減少」と「患者・家族の満足度」、および「患者・家族のニーズの充足」をあげている。一般的にプロセスの質が高いと、アウトカムも向上するといわれており、転院支援でも同様に、プロセス改善に向けた取り組みをすることで、これらのアウトカム指標の向上につながることが予想される。

　一方、田中（1997）は、前述の「①対象者の発見と特定」における課題として、MSWは「日頃援助を行う中で、〈中略〉もっと早期に発見できていれば、援助結果が変わっていただろうと思われる事例を多く経験している」ことをあげている。さらに、「適切な地域サービスや転入所が行われるように援助プロセスを踏むには、時間的要素を考慮することが重要である」としたうえで、対象者の発見・特定方法の改善に向けた提起を行っている。

　私のこれまでの経験でも、早期に関わることで、先を見越した支援が展開しやすく、転院先が確保しやすいことを感じている。ただし、前述の（1）（3）と同様に、直感的な理解にもとづくものであり、エビデンスにもとづいたソーシャルワーク支援を実現するためにも、これらの内容を量的かつ実証的に示していくことが必要だと考える。

　そこで、上記内容をふまえて、先の「（5）第5調査の論理モデルと仮

図1-7 第7調査の論理モデル

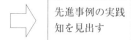

| 先進事例の実態を把握する（具体的には，伊賀市と常滑市の社会福祉協議会の取り組み実態を把握するための調査を行う） | ⇒ | 先進事例の実践知を見出す | ⇒ | 実践知から保証人問題への効果的な対処方略を示す |

出所：筆者作成。

説」の内容をふまえつつ、以下の3つの仮説を設定した。図1-6（第6調査の論理モデル）は、（仮説11）～（仮説13）を一連の流れとしてまとめたものである。

（仮説11）MSWによる転院制約要因の早期把握に向けた取り組み（毎朝の申し送り・カンファレンスに参加するなかでの積極的な情報収集）によって、MSWの早期把握率がアップする。

（仮説12）MSWによる転院制約要因の早期把握に向けた取り組みによって、MSWの介入時期が早まる。

（仮説13）MSWによる転院制約要因の早期把握に向けた取り組みによって、患者または家族が希望した転院先へ移れる割合が高まる。

(7) 第7調査の論理モデル

第7調査（第5章第3節）では、保証人問題の解決に向けた先進的な取り組み事例を取り扱う。

本章第7節で述べたように、保証人問題への対応が今後ますます求められてくる状況にある。こうしたなかで、いくつかの社会福祉協議会が、保証人に関わる一連の問題の解決に向けた取り組みを始めているという情報を得た。その最たるものが、三重県の伊賀市社会福祉協議会の取り組みであり、厚生労働省の社会福祉推進事業に採択され、報告書としてまとめられている（伊賀市社会福祉協議会 2009；2010）。一方、愛知県内の養護老人ホームの生活相談員より、常滑市社会福祉協議会が保証人の役割の一部を担うことで、保証人がいなくても療養型病院・施設等で受け入れている

実態があるという情報を入手した。

　私のこれまでの経験でも、困難事例を解決するためには、自治体や社会福祉協議会、地域包括支援センター等の地域の関係機関の協力が欠かせないと感じている。そのため、伊賀市社会福祉協議会と常滑市社会福祉協議会で、実際にどのような取り組みがなされているのかを把握することは、保証人問題の解決に向けて、MSWとしてどのようなアプローチが求められているのかを見出す端緒となる可能性もある。

　以上の内容をふまえて設定した論理モデルが、図1-7（第7調査の論理モデル）である。これは、先進事例の実態を把握することで、先進事例の実践知を見出すことにつながり、最終的には、実践知から保証人問題への効果的な対処方略を示すというものである。

〔注〕
1) 具体的には、MSWの投稿論文を多数掲載している『医療と福祉』27年分（Vol.24.No.1〜Vol.50.No.1）、『医療社会福祉研究』25年分（Vol.1.No.1〜Vol.24）の文献タイトルすべてを確認した。さらに、『社会福祉学』27年分（Vol.31.No.1〜Vol.57.No.3）、『ソーシャルワーク研究』27年分（Vol.15.No.4〜Vol.42.No.3）、『ソーシャルワーク学会誌（旧『社会福祉実践理論研究』）』25年分（No.1〜No.32）、『日本医療・病院管理学会誌（旧『病院管理』）』27年分（Vol.27.No.1〜Vol.53.No.4）、『家族看護』12年分（Vol.1.No.1〜Vol.12.No.2）、『病院』誌連載の「医療ソーシャルワーカーの働きを検証する」（Vol.65.No.6〜Vol.72.No.4）のタイトルにも、すべて目を通した。
2) ここで記した文献数は、本章第2〜7節で検討した文献数（重複分を除く）と一致している。
3) 清水（2007）も、臨床倫理研究者の立場から、同様の見解を示している。具体的には、医療現場における意思決定の実情をふまえつつ、「たてまえとしては患者なんだけど、〈中略〉家族が前面に出てきていて、たてまえが通らない」ことを指摘している。そのうえで、「外国から入ってきた倫理は、家族を正当に位置づけていないので、現場で参照するものがない」とし、「理論と現実とが乖離」してしまっている現状を問題視している。
4) 東京都社会福祉協議会（2013）が調査対象とした病院・施設等は、①介護老人保健施設、②介護療養型医療施設、③医療療養病床、④有料老人ホーム（特定施設）、⑤サービス付き高齢者向け住宅、⑥認知症グループホーム、⑦小規模多機能型居宅介護、⑧宿泊デイサービスである。
5) 「自宅（在宅）療養を可能にする条件」で「家族の協力」をあげている割合は、2002年から2017年までの期間でみると、2008年に一旦上昇しているものの、それ以外は減少傾向にある（表1-4）。こうした傾向がみられる背景には、自宅療養に関わるサービスの普及にともない、家族の協力が得られなくても、自宅療養が可能で

あるという考え方の広がりがあるのかもしれない。
6) 現在は、全日本病院協会が東京都病院協会の取り組みを引き継いでおり、分析結果の一部をホームページ内に公開している。
7) 患者本人と家族が対立した場合の対応については、「医療ソーシャルワーカー倫理綱領」に以下の記載がある。「医療ソーシャルワーカーは、クライエントとその関係者の間で利害が異なり、ときに矛盾しあうときにおいても、利益を最優先すべきクライエントを変更することなく、クライエント－ワーカー関係を相互に確認したそのクライエントの利益を最優先することに終始心を配る」(日本医療社会事業協会 2007：6)。
 しかし、大谷（1997）は、わが国の倫理綱領について、以下のように指摘している。「基本的な態度・理念についてとどまることが多く、実践での具体的問題の指針を与えるようなガイドラインが今後必要となる」。なお、現在の「医療ソーシャルワーカー倫理綱領」は、日本医療社会事業協会（現・日本医療社会福祉協会）の2007年総会で採択されたものである。ただし、依然として「実践での具体的問題の指針を与える」ところまではいたっていないというのが、私の見解である。
8) 身体的要因が重視される背景には、病院から自宅と長期療養施設の「どちらに退院する可能性が高いかを予測できる因子としていちばん影響が大きい」のが、ADLであることが関連していると思われる（二木1983a；近藤 2006）。ただし、二木（1983a）は、脳卒中の入院患者データをもとに、「特に全介助患者の場合には、常時（日中）介護者の存在が不可欠であること」を示しつつ、「患者の退院先は、退院時自立度と家族状況によってほぼ決定され」るとしている。
9) 現実的には、さまざまな要因が関与していることが予想され、そのなかでも「単独で大きい影響を及ぼすものもあれば、その他の要因と組み合わせた相乗作用によって、はじめて明らかになるものもある」と考えられる（中村 2011：184）。このような多因子決定的な状況を示すためには、「多くの要因を同時に取り上げて、多変量解析を通して複雑な現象に潜む構造を探ることが必要」であり、とりわけ量的調査を進めることが重要になってくる（同上 2011：189)。

第2章
本研究の調査計画

　本章の目的は、第1章で提示した調査枠組みや論理モデル等にもとづいて、実際に調査を行うにあたっての計画内容を示すことである。より具体的にいえば、本章の調査計画は、上記の調査枠組み等の内容を、どのように具現化していくのかという視点でまとめたものである。
　第1節では、調査全体の目的を述べる。第2節では、次章以降で実施する7つの調査の主なフィールドとなるA医療法人B病院の概要を示しつつ、各調査の具体的内容とそれぞれの調査の相互関係を説明する。第3節では、上記の7つの調査実施にあたっての倫理的配慮をまとめている。

第1節　調査目的

　本研究の調査目的は、MSWによる退・転院支援に関わる病院現場等の実態を量的・質的の両側面から示しつつ、一部にアクションリサーチを取り入れることで、MSWの効果的な退・転院支援のあり方を見出すことである。

第2節　調査計画

　本研究では、私と関わりのあるA医療法人をフィールドの中心とし、そのなかでも同法人B病院の回復期リハビリテーション病棟を取り扱う

こととする。ただし、調査内容によっては、これらだけでは不十分なこともあり、その際はフィールドを拡大し、調査計画を立案する。ここでは、退・転院支援を取り巻く病院現場等の現状と課題を示し、それへの対処方略を検討するために7つの調査（以下、第1〜7調査）を計画する。

1. A医療法人B病院の概要

A医療法人B病院は、1996年に介護力強化病院として開設され、1999年には療養型病床群へ転換、その後2004年に回復期リハビリテーション病棟と介護療養型医療施設へと転換し、現在にいたっている。「だれでも気軽にかかれて、きちんと診てもらえる自分たちの病院を自分たちの手でつくろう」という地域の運動のなかから設立された病院であり、設立以後は、地域に根ざした医療活動を積極的に展開している。

さらに、困難な状態におかれている人びとの命と人権を守る立場から、「いのちの平等」や「無差別・平等」の医療をめざした活動を行っている。より具体的にいえば、他院では受け入れを断られてしまうような患者の貴重な受け皿になる、差額ベッド代を徴収しないといったことである。

本研究では、回復期リハビリテーション病棟を主に取り扱っているため、同病棟の概要のみを以下に示す。2016年10月時点で、回復期リハビリテーション病棟入院料2であり、休日リハビリテーション提供体制加算とリハビリテーション充実加算を算定している。病床数60床に対して、配置されている人員は、医師2人、看護職20人、介護職13人、理学療法士20人、作業療法士13人、言語聴覚士5人、MSW3人である。

2015年度の平均在院日数は68.5日であり、退・転院経路（計299人）の内訳は、以下の通りである。自宅62.2%（186人）、急変・死亡15.1%（45人）、老人保健施設14.0%（42人）、療養型病院4.3%（13人）、居宅系施設3.7%（11人）、特別養護老人ホーム0.7%（2人）。

回復期リハビリテーション病棟協会（2016：36）が調査した「退院経路」の全国データ（2015年度実績）と比較すると、「自宅」が7.2ポイント低いのに対して、「急変・死亡」が9.8ポイント高い。これは、A医療

法人B病院の同病棟に、病状が不安定な患者が、相対的に多く入院している可能性を示している。一方で、「老健施設」が6.5ポイント高いのに対して、「居宅系施設」が2.6ポイント低い。一般的には、老人保健施設の入所にかかる費用よりも、居宅系施設の費用のほうが高く、低所得者層ほど入所が制約されやすい（落合2014；芝田2014；高橋2014a）。そのため、上記結果は、A医療法人B病院の同病棟に、所得の低い患者が、相対的に多く入院していることを示唆するものになっている。一方で、急変・死亡を除いて、割合の大きさを比較すると、双方ともに自宅＞老人保健施設＞居宅系施設の関係になっており、全国データとの共通点も見出すことができる。

2. 各調査の具体的内容

ここでは、第1章で示した調査枠組みや論理モデル等にもとづいて、序章で設定した次の3つの課題を達成するために、3種類、合計7つの調査を計画する。①患者と家族の退・転院先についての合意形成が困難な事例の実態を示しつつ、患者と家族の特性や状況に応じた効果的な支援方法を可視化する。②自宅退院後の患者と家族が有している不安・困り事の実態を示しつつ、患者と家族の安心感や満足感を向上させるための支援方法を可視化する。③転院困難患者が抱えている問題の構造を示しつつ、それへの有効な支援方法を可視化する。以下、①〜③の番号順に沿って、各調査の具体的内容を示す。

第1に、患者と家族の退・転院先に関わる意向の異同に着目した2つの調査（第1・2調査）を実施する。第1調査では、A医療法人B病院のカルテ・ソーシャルワーク記録を用いた量的調査を行い、患者と家族の退・転院先の意向に異同が生じる要因とそれが及ぼす影響を把握する。第2調査では、A医療法人B病院のカルテ・ソーシャルワーク記録を用いて、「患者と家族の退・転院先の入院時意向が異なった事例」と「患者の退・転院先の入院時意向が把握できなかった事例」に特化した質的調査を行い、両事例における患者と家族の退・転院先の意向に関わる要因とその特徴を分

析する。

　第2に、自宅退院後の患者と家族の不安・困り事に着目した2つの調査（第3・4調査）を実施する。第3調査では、実際にA医療法人B病院から自宅退院した事例を対象にした量的調査を行い、上記の不安・困り事の実態を確認しつつ、退院計画の問題点とそれによる患者への影響を把握する。加えて、補足的に、上述の調査結果を振り返ることで、退院計画のなかで果たしているMSW部門の役割の現状と課題にどのような変化が生じるのかを分析する。第4調査では、A医療法人B病院から自宅退院したにもかかわらず、その後短期間（3ヵ月以内）で再入院にいたった事例に焦点をあてた質的調査を行い、再入院にいたった理由や経過を分析する。

　第3に、転院制約要因に着目した3つの調査（第5・6・7調査）を実施する。第5調査では、A医療法人B病院のカルテ・ソーシャルワーク記録を用いた量的調査を行い、転院制約要因を有することで生じる困難性を把握する。第6調査では、転院制約要因を有する患者に対するMSWの効果的な取り組み内容を検討し、それにもとづいて、A医療法人B病院でアクションリサーチを行うことで、実際に効果があるのかどうかを、各種指標を用いて検証する。第7調査では、転院制約要因の一つである保証人問題への解決法を検討するために、同問題に対して先進的な取り組みをしている伊賀市社会福祉協議会と常滑市社会福祉協議会を対象にした質的調査を行う。

3. 各調査の相互関係

　第1～7調査の各調査の相互関係は、表2-1に示した通りである。
　第1・2調査は、入院中に行われる退・転院支援のなかで大きなウエイトを占める患者と家族の意向調整に焦点をあてたものであり、患者と家族の退・転院先の意向に関わる要因やその特性を量的・質的の両側面で示すものになっている。
　第3調査は、入院中の退院計画を受けて、患者と家族が自宅退院後に安定した生活が送れているのか、または不安定な生活に陥っているのかの全

表2-1 各調査（第1〜7調査）の相互関係

【本研究の調査目的】
MSWによる退・転院支援に関わる病院現場等の実態を量的・質的の両側面から示しつつ，一部にアクションリサーチを取り入れることで，MSWの効果的な退・転院支援のあり方を見出すことである。

		【入院中】 →	【退・転院時またはその後の状況】 →	【特殊事例】
退・転院先	自宅退院	【第1・2調査の目的】 ・入院中に行われる退・転院支援のなかで大きなウエイトを占める患者と家族の意向調整に焦点をあて，患者と家族の退・転院先の意向に関わる要因やその特性を量的・質的の両側面で示す。	【第3調査の目的】 ・入院中の退院計画を受けて，患者と家族がどのような生活を送っているのかの全体像を把握する。 ・自宅退院後の患者と家族の不安・困り事を把握することで，MSW部門の役割にどのような変化が生じるのかを検証する。	【第4調査の目的】 ・自宅退院後のより不安定な生活状況に注目する。 ・自宅退院後に短期間（3ヵ月以内）で再入院にいたった事例を取り上げ，事例の実際とその過程を示す。
	転院		【第5・6調査の目的】 ・転院制約要因を有する場合に，患者または家族の意向に沿った転院がどの程度できているのかどうかの実態を示す。 ・上記実態をふまえたうえで，MSWによる効果的だと思われる取り組みを行うことで，その効果を検証する。	【第7調査の目的】 ・患者の意向に沿った転院がより困難な事例に注目する。 ・保証人問題を取り上げ，現状と課題を示す。

出所：筆者作成。

体像を示すものになっている。加えて、自宅退院後の患者と家族の不安・困り事を把握することで、MSW部門の役割にどのような変化が生じるのかを検証するものになっている。第4調査は、自宅退院後により不安定な生活状況に陥っているといえる、短期間（3ヵ月以内）で再入院にいたった事例に注目することで、事例の実際とその過程を示すものになっている。

第5・6調査は、転院制約要因を有する場合に、患者または家族の意向に沿った転院がどの程度できているのかどうかの実態を示し、そのうえでMSWによる効果的だと思われる取り組みを行うことで、その効果を検証するものなっている。第7調査は、患者の意向に沿った転院がより困難といえる保証人問題を取り上げ、現状と課題を示すものになっている。

全体でみると、第1～7調査は、相補的な関係になっているといえる。第1・2調査は、入院から退・転院に向けた患者と家族の入院中の状況を扱っているのに対して、第3調査は自宅退院後、第5・6調査は転院時の状況に焦点をあてたものになっている。さらに、これらの特殊事例として、第4調査と第7調査を位置づけることが可能である。そのため、入院中→退・転院時またはその後の状況→特殊事例という流れに沿って、調査の番号付けを行った。

第3節　倫理的配慮

　第1～4調査は、A医療法人の倫理委員会と同法人B病院の管理部の了解、第5・6調査は、B病院の病棟運営会議（医師、看護・介護・リハビリテーションスタッフ等の職責者が参加している会議）と管理部の了解を得たうえで実施している。この点については、日本福祉大学大学院倫理ガイドラインのなかで、「文献研究ないしは現場資料の使用にあたっては、その資料の入手・分析において、本人もしくは関係機関・組織の承諾を受けて行う」ことが定められているからである。なお、倫理的配慮としては、以下の3点を遵守した。①調査で得たデータは、本調査の目的以外に使用しない。②患者と家族の個人情報が特定されないよう、細心の注意を払う。③調査で得たデータは、厳重に管理する。
　さらに、第3・4調査については、調査協力をお願いする際に、調査目的と上記①～③に加えて、次の2点を説明したうえで、了承が得られた者からは、文書にて同意を得ている。（ⅰ）調査による時間的な負担等がかかることが予想される。（ⅱ）調査への協力は任意で、断っても不利益が生じない。また、第4調査の逐語化したデータ、カルテ・ソーシャルワーク記録や看護サマリーより収集したデータのうち、文章として掲載する部分については、事前に調査協力者の内容確認を受けたうえで掲載している。
　第7調査については、調査への協力は任意であることを伝えたうえで、調査で得たデータはその管理を徹底し、本調査の目的以外に使用しないこ

とを、調査協力者に口頭で説明したうえで実施している。さらに、逐語化したデータのうち、文章として掲載する部分については、事前に調査協力者の内容確認を受けたうえで掲載している。なお、調査協力者である田邊寿氏（伊賀市社会福祉協議会）と山下圭一氏（常滑市社会福祉協議会）からは、事業所名および氏名を出すことについて、事前に了解を得ている。

第3章
患者と家族の退・転院先の意向についての調査

　本章の目的は、患者と家族の退・転院先の意向についての2つの調査を行うことで、これらの意向に関わる要因の全体像を示しつつ、効果的な意向調整・意思決定支援を実現するための方法を見出すことである。

　第1節では、A医療法人B病院のカルテ・ソーシャルワーク記録を用いた量的調査を実施する。患者と家族の意向がどのようなときに一致するのか、または一致しないのか、その要因を探るとともに、それがどのような影響を及ぼすのかを検証する。第2節では、A医療法人B病院のカルテ・ソーシャルワーク記録を用いた質的調査を行う。「患者と家族の退・転院先の入院時意向が異なった事例」と「患者の退・転院先の入院時意向が把握できなかった事例」における患者と家族の意向にどのような特徴がみられるのかを把握しつつ、これに関わる要因を示す。さらに、それぞれの調査結果をふまえて、MSWによる合意形成に向けた効果的な支援のあり方を検討することとする。

第1節　患者と家族の退・転院先の意向についての量的調査
　　　──A医療法人B病院のカルテ・ソーシャルワーク記録調査（第1調査）

1. 調査目的

　本節では、A医療法人B病院のカルテ・ソーシャルワーク記録を用い

て、患者と家族の退・転院先の意向の異同や動向、およびそれぞれの意向に関連する要因とそれが及ぼす影響を把握することを目的とした、量的調査を実施する。さらに、これらの内容をふまえつつ、MSW が患者と家族に対して効果的な支援を行うために必要な視点や役割を示す。

2. 調査対象・方法

（1）調査フィールドと対象

調査フィールドは、A 医療法人 B 病院の回復期リハビリテーション病棟である。本調査では、詳細かつ実践現場に即したデータの入手が不可欠であり、かつ現場の実態に即した分析を行ううえで適したフィールドだと判断し、私と関わりのある B 病院を選択した経緯がある。さらに、回復期リハビリテーション病棟の入院患者は、家族や多種多様な専門職との関わりのなかで、退・転院先の選択をしなければならない側面を有している。加えて、入院料の算定日数上限が設けられているために、限られた時間内での意思決定が求められることになる。以上のことから、患者と家族の意向の異同や動向を取り扱う本調査の目的達成には、適したフィールドだと考える。

調査対象は、2015 年 4 月 1 日～2016 年 1 月 31 日に B 病院へ新たに入院した回復期リハビリテーション病棟入院料算定の患者とその家族 204 例である。ただし、家族不在または音信不通の家族の存在しか確認できなかった患者 15 例は除外している。家族不在者を除外した理由は、今回の調査が、患者と家族の意向の異同に注目したものになっているためである。

（2）調査方法

①患者と家族の退・転院先の意向に関わる要因の選定および評価方法

本調査を実施するにあたって、2015 年 3 月 1 日～同年 3 月 31 日の B 病院・回復期リハビリテーション病棟入院料算定の患者と家族 26 例を対象にしたパイロットスタディを行った。具体的には、臨床倫理 4 分割法

（Jonsen et al. 2006）の分析枠組みに沿って、B病院のカルテ・ソーシャルワーク記録より、患者と家族の退・転院先の意向に関わる要因データを収集した。臨床倫理4分割法を用いた理由は、この方法が「医学的適応」、「患者の意向」、「QOL」と「周囲の状況」に分けて情報を収集・整理するものであり、退・転院先の意向に関わるさまざまなデータを漏れなく収集するうえで、適した枠組みと判断したためである。

　さらに、これらの収集した要因データを、「身体状況」、「介護者に関わる状況」、「家族状況」、「サービス利用の姿勢」、「自宅の家屋状況」と「経済力の有無」の6つの領域に整理し、それぞれの領域から代表的な要因を選定し、本調査で用いる要因とした。加えて、こうした調査を行う際には、性別と年齢は必須項目であるため、性別と年齢は含めることにした。

　「身体状況」については、患者のADLレベルを測るデータとして、FIMを使用した。さらに、医療行為の有無も含めることとした。ここでは、経管栄養、酸素療法、気管切開、喀痰吸引、褥瘡の処置、インスリン注射、バルーンカテーテルのうちいずれか1つを行っている場合を、医療行為ありと評価した。これらの状況は、時期によって変動するため、入院時と入院1ヵ月時それぞれのデータを用いた。

　「介護者に関わる状況」については、杉山ら（2013）の介護力変数で評価したものを使用した。具体的には、①介護力なし、②①と③の間、③常時、介護に専念できる者1人分に相当、④③と⑤の間、⑤常時、介護に専念できる者2人分以上に相当の5区分で評価した。ただし、分析の際には、①②を「常時介護者1人未満」、③④⑤を「常時介護者1人以上」の2群に分けて行った。また、主介護者の介護不安の有無も含めることとし、B病院の担当MSWがカルテ・ソーシャルワーク記録をもとに評価したものを用いた。「家族状況」については、家族関係を示す指標として、拒否的な家族員の有無を使用した。具体的には、カルテ・ソーシャルワーク記録に、同居嫌悪や情緒的関係不良に関わる記載がある場合を、拒否的な家族員ありと評価した。さらに、同居配偶者と同居子および別居子の有無を、家族形態を示す指標として用いた。

　「サービス利用の姿勢」については、患者の介護・福祉サービス利用の

拒否の有無と主介護者の介護・福祉サービス利用に対する積極性を使用した。いずれもB病院の担当MSWが、患者やキーパーソンである家族員に対して質問し、回答を得たものがソーシャルワーク記録に残っていた。具体的には、患者の介護・福祉サービス利用の拒否の有無は2件法（あり／なし）、主介護者の介護・福祉サービス利用に対する積極性は3件法（積極的／どちらでもない／消極的）で回答を得ており、それを用いた。

「自宅の家屋状況」については、B病院の担当MSWがキーパーソンである家族員に対して、患者が住んでいる家屋とその周辺で、段差が問題になるかどうか確認したものがソーシャルワーク記録に残っており、段差が問題になる場合を、住環境の困難ありと評価した。さらに、「経済力の有無」については、B病院の担当MSWがキーパーソンである家族員に対して暮らし向きについての質問をし、3件法（恵まれている／普通／苦しい）で回答を得ているデータが存在したため、それを使用した。

②対象事例データの収集・分析方法

まず、対象事例の基本情報（性別、年齢、主病名、ADLレベル、退・転院先、家族形態、家族員の就労状況）に関わるデータを、B病院のカルテ・ソーシャルワーク記録から収集し単純集計した。

さらに、患者と家族の退・転院先の意向とそれに関わるデータを、B病院のカルテ・ソーシャルワーク記録から収集した。患者と家族の退・転院先の意向は、B病院入院時点と入院1ヵ月時点に、担当MSWが図3-1を用いて確認したものを、データとして使用した。図3-1は、退・転院先として自宅を希望している度合いを0～10で確認するものであり、数値が大きいほど自宅意向が強いことを示している。なお、家族の意向は、キーパーソンである家族員に確認したものを用いることとした。ただし、患者本人に意向を確認しても、意識障害や認知症等で回答が得られないときがあったため、このような事例は「不明」とした。

次に、患者と家族の退・転院先の意向に関わるデータを単純集計したうえで、両者の入院時と入院1ヵ月時の意向の推移を整理した。ここでは、意向の変動がみられる場合を「変動あり」とし、「自宅へ増加」と「自宅

図 3-1 「患者と家族の退・転院先の意向」を確認するためのシート

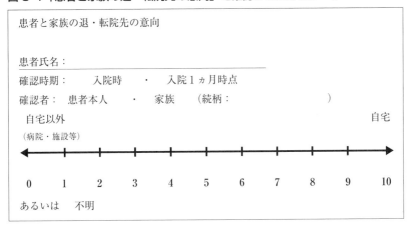

出所：筆者作成。

以外に増加」の2つに分類し、変動がみられない場合を「変動なし」とした。

また、患者と家族の入院時および入院1ヵ月時の退・転院先の意向（不明は除く）を2つの群に分け、2変量解析を行うために、図 3-1 の数値が中央値以上であったものを「自宅≧中央値」群とし、中央値未満であったものを「自宅<中央値」群に分類した。そのうえで、これに関わる要因との関連を探ることを目的に、Mann-Whitney の U 検定と χ^2 検定を用いて分析した。

さらに、患者と家族の退・転院先の意向（ここでは、図 3-1 を用いて確認した0～10の数値を用いた）を従属変数、上記の2変量解析にて有意差があった要因を独立変数とした重回帰分析を実施した。あわせて、B 病院のソーシャルワーク記録より、患者本人にとって家族がどの程度助けになるのかといった家族機能を測定するための家族アプガー（長嶺 1989；山田 1997）[1] スコア値と家族の協力度（堀口ら 2013）[2] を抽出したうえで、上記の重回帰分析で有意差を認めた家族形態に関わる要因との関連を探ることを目的に、Mann-Whitney の U 検定と χ^2 検定を用いて分析した。な

お、これらの分析の際には、SPSS Statistics ver.23 を使用した。

3. 調査結果

(1) 対象事例の基本情報

　本調査では、入院時204例、入院1ヵ月時183例のデータを収集することができた。入院時に204例であったにもかかわらず、入院1ヵ月時183例に減少した理由は、入院期間が1ヵ月を過ぎる前に退・転院してしまった事例があるためである。対象事例の基本情報（性別、年齢、主病名、ADLレベル、退・転院先、家族形態）は、**表3-1**に示した通りである。

　患者の性別は、入院時・入院1ヵ月時ともに、女性が半数強を占めていた。患者の平均年齢は、入院時と入院1ヵ月時でほとんど差はなかった。主病名は、入院時と入院1ヵ月時ともに、大腿骨骨折や胸・腰椎圧迫骨折等の骨折関連が最も多く、次いで脳梗塞や脳出血といった脳関連の疾患が多かった。一方、入院1ヵ月時FIMは、入院時FIMよりも20.9点高かった。退・転院先は、入院時と入院1ヵ月時ともに、自宅が最も多かった。

　家族形態については、「家族とは主に配偶者」であり、「独立家計を営む成人した子供は別な主体」としている田中（2016）の考え方を参考に、配偶者（内縁関係の夫婦を含む）と原則として成人した子（大学生・高校生・中学生・小学生および小学生未満の子を除く）の組み合わせで分類した。さらに、配偶者と同居している場合を「配偶者同居」、配偶者と別居または配偶者が施設入所している場合を「配偶者別居」、配偶者が死別・離別で不在またはもともと配偶者がいない場合を「配偶者なし」とした。加えて、別居子の有無にかかわらず同居子がいる場合を「子同居」、同居子はいないが別居子がいる場合を「子別居」、子が死別・離別で不在または成人した子がいない場合を「子なし」とした。配偶者と子の組み合わせは、全部で9通りであり、それぞれの数と割合を算出した。その結果、入院時・入院1ヵ月時ともに、①配偶者同居＋子同居、②配偶者同居＋子別居、③配偶者なし＋子同居、④配偶者なし＋子別居の4類型に集中していた。

表 3-1　対象事例の基本情報

単位：例（%）

	入院時 (n = 204)	入院1ヵ月時 (n = 183)
・性別		
男性	89 (43.6)	78 (42.6)
女性	115 (56.4)	105 (57.4)
・年齢	76.5 ± 13.2 歳	76.9 ± 13.2 歳
・主病名		
脳梗塞	50 (24.5)	47 (25.7)
脳出血	13 (6.4)	12 (6.5)
その他脳関連の疾患	21 (10.3)	18 (9.8)
大腿骨骨折	50 (24.5)	45 (24.6)
胸・腰椎圧迫骨折	26 (12.7)	25 (13.7)
その他骨折	16 (7.8)	12 (6.6)
上記以外の疾患	28 (13.7)	24 (13.1)
・ADL レベル（FIM 合計）	56.0 ± 18.5 点	76.9 ± 13.2 点
・退・転院先		
自宅	127 (62.3)	112 (61.2)
老人保健施設	35 (17.2)	35 (19.1)
上記以外の病院・施設	21 (10.3)	20 (10.9)
急変・検査による転院	20 (9.8)	16 (8.7)
死亡	1 (0.5)	0 (0.0)
・家族形態		
配偶者同居＋子同居	33 (16.2)	31 (16.9)
配偶者同居＋子別居	41 (20.1)	36 (19.7)
配偶者同居＋子なし	9 (4.4)	8 (4.4)
配偶者なし＋子同居	44 (21.6)	37 (20.2)
配偶者なし＋子別居	46 (22.5)	43 (23.5)
配偶者なし＋子なし	22 (10.8)	20 (10.9)
配偶者別居＋子同居	0 (0.0)	0 (0.0)
配偶者別居＋子別居	7 (3.4)	6 (3.3)
配偶者別居＋子なし	2 (1.0)	2 (1.1)

出所：筆者作成。
注）年齢（単位：歳）と ADL レベル（FIM 合計，単位：点）は平均 ± 標準偏差で表示。これら以外は，事例数を表記したうえで，（　）内には全事例数に占める割合を示した。

最後に、入院時204例をもとに、家族員である配偶者と子供の就労状況を調べた結果を示す。配偶者（n = 92）の就労状況は、就労ありが25.0％、就労なしが75.0％であった。一方、子供（n = 344）の就労状況は、就労ありが65.4％、就労なしが25.9％、就労状況不明が8.7％であっ

た。配偶者と比べると、子供の就労ありの割合が4割程度高くなっていた。

(2) 患者と家族の退・転院先の意向とそれに関わるデータの分析結果

①患者と家族の退・転院先の意向およびそれらの推移

患者と家族の退・転院先の意向は、**表3-2**に示した通りである。患者の入院時意向と入院1ヵ月時の意向および家族の入院1ヵ月時の意向の中央値は10であったのに対して、家族の入院時意向の中央値は8.3であった。ただし、いずれの意向群でも、「患者の意向＝10」または「家族の意向＝10」が最も多く、全体の半数弱から7割程度を占めていた。

さらに、**表3-3**は、患者と家族の退・転院先の入院時意向および入院1ヵ月時意向の推移をまとめたものである。**表3-2**からも大まかな推移を読み取ることはできるものの、厳密には入院時と入院1ヵ月時の両時点の意向が確認できている患者と家族のデータを比較することが必要である。そこで、入院1ヵ月時183例のうち、「患者の意向不明」21例と入院時に「患者の意向不明」だった2例を除いた160例を分析した結果、患者と家族では異なる傾向がみられた。具体的には、家族の意向は患者の意向と比べて、「自宅へ増加」と「自宅以外へ増加」を合わせた「変動あり」の割合が18.1ポイント上回っていた。特に、「自宅へ増加」については、両者の割合の差が15.6ポイントと顕著であった。一方、患者の意向は家族の意向と比べて、「変動なし」の割合が高くなっていた。

②統計分析の結果

患者と家族の退・転院先の意向とそれに関わるデータを、Mann-WhitneyのU検定とχ^2検定を用いて分析した結果を以下に示す。ここでは、いずれも有意確率p値が0.05未満だったものを、患者の退・転院先の意向と関連がある要因とした。

患者の退・転院先の入院時意向（n＝182）と関連がある要因は、年齢、入院時FIM、介護力、主介護者の介護不安の有無であった（**表3-4、5**）。患者の退・転院先の入院1ヵ月時意向（n＝162）と関連がある要因は、年齢、入院1ヵ月時FIM、介護力、主介護者の介護不安の有無、同

表 3-2　患者と家族の退・転院先の入院時意向および入院 1 ヵ月時意向

単位：例（%）

退・転院先の意向	入院時 （n = 204）	入院 1 ヵ月時 （n = 183）
患者の意向 = 10	143（70.1）	123（67.2）
5＜患者の意向＜10	8（3.9）	6（3.3）
0＜患者の意向≦5	20（9.8）	20（10.9）
患者の意向 = 0	11（5.4）	13（7.1）
患者の意向不明	22（10.8）	21（11.5）
家族の意向 = 10	97（47.5）	110（60.1）
5＜家族の意向＜10	29（14.2）	10（5.5）
0＜家族の意向≦5	44（21.6）	26（14.2）
家族の意向 = 0	34（16.7）	37（20.2）

出所：筆者作成。

表 3-3　患者と家族の退・転院先の入院時意向および入院 1 ヵ月時意向の推移

単位：例（%）

退・転院先の意向の推移	入院時と入院 1 ヵ月に意向が 確認できている患者と家族 （n = 160）
・患者の意向（入院時→入院 1 ヵ月時） 　変動あり 　　自宅へ増加 　　自宅以外へ増加 　変動なし	 14（8.8） 17（10.6） 129（80.6）
・家族の意向（入院時→入院 1 ヵ月時） 　変動あり 　　自宅へ増加 　　自宅以外へ増加 　変動なし	 39（24.4） 21（13.1） 100（62.5）

出所：筆者作成。

居配偶者の有無であった（表 3-4、6）。さらに、表 3-4～6 では、参考値として「不明」群の数値も掲載している。

　家族の退・転院先の入院時意向（n = 204）と関連がある要因は、年齢、入院時 FIM、医療行為（入院時）の有無、介護力、主介護者の介護不安の有無、同居配偶者の有無、住環境の困難の有無であった（表 3-4、7）。家族の退・転院先の入院 1 ヵ月時意向（n = 183）と関連がある要因は、

表3-4 患者と家族の退・転院先の意向とそれに関連する要因（Mann-WhitneyのU検定の結果）

	要因	退・転院先の意向	事例数	中央値	有意確率	〈参考〉「不明」群中央値
患者の入院時意向	年齢	「自宅≧中央値」群	143	79.0	*	82.0 (n = 22)
		「自宅＜中央値」群	39	84.0		
	入院時FIM	「自宅≧中央値」群	143	62.0	***	25.5 (n = 22)
		「自宅＜中央値」群	39	53.0		
患者の入院1ヵ月時意向	年齢	「自宅≧中央値」群	123	78.0	***	80.0 (n = 21)
		「自宅＜中央値」群	39	85.0		
	入院1ヵ月時FIM	「自宅≧中央値」群	123	101.0	***	26.0 (n = 21)
		「自宅＜中央値」群	39	82.0		
家族の入院時意向	年齢	「自宅≧中央値」群	102	77.0	***	
		「自宅＜中央値」群	102	83.0		
	入院時FIM	「自宅≧中央値」群	102	66.0	***	
		「自宅＜中央値」群	102	47.5		
家族の入院1ヵ月時意向	年齢	「自宅≧中央値」群	110	78.0	**	
		「自宅＜中央値」群	73	84.0		
	入院1ヵ月時FIM	「自宅≧中央値」群	110	102.0	***	
		「自宅＜中央値」群	73	46.0		

出所：筆者作成。
注）有意確率 p 値は Mann-Whitney の U 検定で算出。***p < 0.001, **p < 0.01, *p < 0.05, n.s.：有意差なし。

表 3-5 患者の退・転院先の入院時意向とそれに関連する要因（χ²検定の結果）

単位：例（％）

要因		「自宅≧中央値」群 n = 143	「自宅<中央値」群 n = 39	合計 n = 182	有意確率	〈参考〉「不明」群 n = 22
性別	男性	64 (83.1)	13 (16.9)	77 (100)	n.s.	12
	女性	79 (75.2)	26 (24.8)	105 (100)		10
医療行為（入院時）の有無	要する	17 (77.3)	5 (22.7)	22 (100)	n.s.	13
	不要	126 (78.8)	34 (21.2)	160 (100)		9
介護力	常時介護者 1 人以上	50 (87.7)	7 (12.3)	57 (100)	*	11
	常時介護者 1 人未満	93 (74.4)	32 (25.6)	125 (100)		11
主介護者の介護不安の有無	あり	59 (69.4)	26 (30.6)	85 (100)	**	20
	なし	84 (86.6)	13 (13.4)	97 (100)		2
患者本人に対する拒否的な	あり	18 (69.2)	8 (30.8)	26 (100)	n.s.	5
	なし	125 (80.1)	31 (19.9)	156 (100)		17
家族員の有無	あり	61 (84.7)	11 (15.3)	72 (100)	n.s.	11
	なし	82 (74.5)	28 (25.5)	110 (100)		11
同居配偶者の有無	あり	57 (82.6)	12 (17.4)	69 (100)	n.s.	8
	なし	86 (76.1)	27 (23.9)	113 (100)		14
同居子の有無	あり	100 (76.3)	31 (23.7)	131 (100)	n.s.	17
	なし	43 (84.3)	8 (15.7)	51 (100)		5
別居子の有無	あり	46 (76.7)	14 (23.3)	60 (100)	n.s.	3
	なし	97 (79.5)	25 (20.5)	122 (100)		19
患者の介護・福祉サービス利用拒否の有無	あり	78 (78.0)	22 (22.0)	100 (100)	n.s.	8
	なし	55 (80.9)	13 (19.1)	68 (100)		13
主介護者の介護・福祉サービス利用に対する積極性	積極的				n.s.	
	どちらでもない・消極的	10	4	14		1
	非該当	31 (73.8)	11 (26.2)	42 (100)		6
住環境の困難の有無	あり	112 (80.6)	27 (19.4)	139 (100)	n.s.	16
	なし	0	1	1		0
暮らし向き	恵まれている	23 (82.1)	5 (17.9)	28 (100)	n.s.	7
	普通	82 (78.1)	23 (21.9)	105 (100)		10
	苦しい	38 (77.6)	11 (22.4)	49 (100)		5

出所：筆者作成。

注）有意確率 p 値は χ² 検定で算出。**p < 0.01、*p < 0.05、n.s.：有意差なし。
（　）内には、それぞれの要因ごとに「自宅≧中央値」群もしくは「自宅<中央値」群に占める割合（％）を算出した。

第 3 章　患者と家族の退・転院先の意向についての調査

表3-6 患者の退・転院先の入院1ヵ月時意向とそれに関連する要因（χ²検定の結果）

単位：例（%）

要因		「自宅≧中央値」群 n = 123	「自宅＜中央値」群 n = 39	合計 n = 162	有意確率	〈参考〉「不明」群 n = 21
性別	男性	52 (77.5)	16 (22.5)	68 (100)	n.s.	10
	女性	71 (75.5)	23 (24.5)	94 (100)		11
医療行為（入院1ヵ月時）の有無	要する	16 (76.2)	5 (23.8)	21 (100)	n.s.	13
	不要	107 (75.9)	34 (24.1)	141 (100)		8
介護力	常時介護者1人以上	46 (90.2)	5 (9.8)	51 (100)	**	11
	常時介護者1人未満	77 (69.4)	34 (30.6)	111 (100)		10
主介護者の介護不安の有無	あり	53 (67.1)	26 (32.9)	79 (100)	*	19
	なし	70 (84.3)	13 (15.7)	83 (100)		2
患者本人に対する拒否的な	あり	15 (62.5)	9 (37.5)	24 (100)	n.s.	4
家族員の有無	なし	108 (78.3)	30 (21.7)	138 (100)		17
同居配偶者の有無	あり	57 (89.1)	7 (10.9)	64 (100)	**	11
	なし	66 (67.3)	32 (32.7)	98 (100)		10
同居子の有無	あり	46 (76.7)	14 (23.3)	60 (100)	n.s.	8
	なし	77 (75.5)	25 (24.5)	102 (100)		13
別居子の有無	あり	84 (72.4)	32 (27.6)	116 (100)	n.s.	17
	なし	39 (84.8)	7 (15.2)	46 (100)		4
患者の介護・福祉サービス利用拒否の有無	あり	39 (76.5)	12 (23.5)	51 (100)	n.s.	5
	なし	84 (75.7)	27 (24.3)	111 (100)		16
主介護者の介護・福祉サービス利用に対する積極性	積極的	69 (74.2)	24 (25.8)	93 (100)	n.s.	7
	どちらでもない・消極的	46 (80.7)	11 (19.3)	57 (100)		13
	非該当	8	4	12		1
住環境の困難の有無	あり	28 (71.8)	11 (28.2)	39 (100)	n.s.	5
	なし	95 (77.2)	28 (22.8)	123 (100)		16
暮らし向き	恵まれている	18 (64.3)	10 (35.7)	28 (100)	n.s.	3
	普通	68 (77.3)	20 (22.7)	88 (100)		12
	苦しい	37 (80.4)	9 (19.6)	46 (100)		6

出所：筆者作成。
注）有意確率p値はχ²検定で算出。**$p < 0.01$, *$p < 0.05$, n.s.：有意差なし。
（ ）内には、それぞれの要因ごとに「自宅≧中央値」群もしくは「自宅＜中央値」群に占める割合（%）を算出した。

表 3-7 家族の退・転院先の入院時意向とそれに関連する要因（χ^2 検定の結果）

単位：例（%）

要因		「自宅≧中央値」群 n = 102	「自宅＜中央値」群 n = 102	合計 n = 204	有意確率
性別	男性	43 (48.3)	46 (51.7)	89 (100)	n.s.
	女性	59 (51.3)	56 (48.7)	115 (100)	
医療行為（入院時）の有無	要する	9 (25.7)	26 (74.3)	35 (100)	**
	不要	93 (55.0)	76 (45.0)	169 (100)	
介護力	常時介護者1人以上	43 (63.2)	25 (36.8)	68 (100)	**
	常時介護者1人未満	59 (43.4)	77 (56.6)	136 (100)	
主介護者の介護不安の有無	あり	33 (31.4)	72 (68.6)	105 (100)	***
	なし	69 (69.7)	30 (30.3)	99 (100)	
患者本人に対する拒否的な	あり	11 (35.5)	20 (64.5)	31 (100)	n.s.
家族員の有無	なし	91 (52.6)	82 (47.4)	173 (100)	
同居配偶者の有無	あり	49 (59.0)	34 (41.0)	83 (100)	*
	なし	53 (43.8)	68 (56.2)	121 (100)	
同居子の有無	あり	37 (48.1)	40 (51.9)	77 (100)	n.s.
	なし	65 (51.2)	62 (48.8)	127 (100)	
別居子の有無	あり	75 (50.7)	73 (49.3)	148 (100)	n.s.
	なし	27 (48.2)	29 (51.8)	56 (100)	
患者の介護・福祉サービス	あり	34 (54.0)	29 (46.0)	63 (100)	n.s.
利用拒否の有無	なし	68 (48.2)	73 (51.8)	141 (100)	
主介護者の介護・福祉サー	積極的	58 (53.7)	50 (46.3)	108 (100)	n.s.
ビス利用に対する積極性	どちらでもない・消極的	36 (44.4)	45 (55.6)	81 (100)	
	非該当	8	7	15	
住環境の困難の有無	あり	18 (37.5)	30 (62.5)	48 (100)	*
	なし	84 (54.2)	71 (45.8)	155 (100)	
	非該当	0	1	1	
暮らし向き	恵まれている	15 (42.9)	20 (57.1)	35 (100)	n.s.
	普通	66 (57.4)	49 (42.6)	115 (100)	
	苦しい	21 (38.9)	33 (61.1)	54 (100)	

出所：筆者作成。
注）有意確率 p 値は χ^2 検定で算出。***$p < 0.001$、**$p < 0.01$、*$p < 0.05$、n.s.：有意差なし。
（ ）内には、それぞれの要因ごとに「自宅≧中央値」群もしくは「自宅＜中央値」群に占める割合（%）を算出した。

第3章　患者と家族の退・転院先の意向についての調査

表 3-8　家族の退・転院先の入院 1 ヵ月時意向とそれに関連する要因（χ^2 検定の結果）

単位：例（％）

要因		「自宅≧中央値」群 n = 110	「自宅＜中央値」群 n = 73	合計 n = 183	有意確率
性別	男性	44 (56.4)	34 (43.6)	78 (100)	n.s.
	女性	66 (62.9)	39 (37.1)	105 (100)	
医療行為（入院 1 ヵ月時）の有無	要する	13 (38.2)	21 (61.8)	34 (100)	**
	不要	97 (65.1)	52 (34.9)	149 (100)	
介護力	常時介護者 1 人以上	46 (74.2)	16 (25.8)	62 (100)	**
	常時介護者 1 人未満	64 (52.9)	57 (47.1)	121 (100)	
主介護者の介護不安の有無	あり	43 (43.9)	55 (56.1)	98 (100)	***
	なし	67 (78.8)	18 (21.2)	85 (100)	
患者本人に対する拒否的な家族員の有無	あり	10 (35.7)	18 (64.3)	28 (100)	**
	なし	100 (64.5)	55 (35.5)	155 (100)	
同居配偶者の有無	あり	53 (70.7)	22 (29.3)	75 (100)	*
	なし	57 (52.8)	51 (47.2)	108 (100)	
同居子の有無	あり	44 (64.7)	24 (35.3)	68 (100)	n.s.
	なし	66 (57.4)	49 (42.6)	115 (100)	
別居子の有無	あり	79 (59.4)	54 (40.6)	133 (100)	n.s.
	なし	31 (62.0)	19 (38.0)	50 (100)	
患者の介護・福祉サービス利用拒否の有無	あり	35 (62.5)	21 (37.5)	56 (100)	n.s.
	なし	75 (59.4)	52 (40.9)	127 (100)	
主介護者の介護・福祉サービス利用に対する積極性	積極的	64 (64.0)	36 (36.0)	100 (100)	n.s.
	どちらでもない・消極的	39 (55.7)	31 (44.3)	70 (100)	
	非該当	7	6	13	
住環境の困難の有無	あり	20 (45.5)	24 (54.5)	44 (100)	*
	なし	90 (64.7)	49 (35.3)	139 (100)	
暮らし向き	恵まれている	16 (51.6)	15 (48.4)	31 (100)	n.s.
	普通	66 (66.0)	34 (34.0)	100 (100)	
	苦しい	28 (53.8)	24 (46.2)	52 (100)	

出所：筆者作成。

注：有意確率 p 値は χ^2 検定で算出。***p < 0.001, **p < 0.01, *p < 0.05, n.s.：有意差なし。
（　）内には、それぞれの要因ごとに「自宅≧中央値」群もしくは「自宅＜中央値」群に占める割合（％）を算出した。

表3-9 変数の定義

・退・転院先の意向	担当 MSW が図3-1のシートを用いて，患者またはキーパーソンである家族員に確認して得られた数値。
・年齢	患者本人の年齢。
・性別／男性ダミー	患者が男性の場合に1，女性の場合に0をとるダミー変数。
・FIM	患者のFIM点数（運動項目と認知項目を合計したもの）。
・医療行為の有無	経管栄養，酸素療法，気管切開，喀痰吸引，褥瘡の処置，インスリン注射，バルーンカテーテルのうちいずれか1つ以上を行っている場合を1，それ以外の場合を0とするダミー変数。
・介護力／常時介護者1人以上ダミー	杉山ら(2013)の介護力変数を用いて評価。「常時，介護に専念できる者1人分に相当」以上の場合に1，それ未満の場合に0をとるダミー変数。
・主介護者の介護不安の有無	担当 MSW からみて，主介護者が介護不安を抱えていると判断した場合に1，それ以外の場合に0をとるダミー変数。
・患者本人に対する拒否的な家族員の有無	担当 MSW からみて，患者に対して拒否的（同居嫌悪あるいは情緒的関係不良）な家族員がいると判断した場合に1，それ以外の場合に0をとるダミー変数。
・同居配偶者の有無	配偶者（内縁関係を含む）と同居している場合に1，別居または配偶者不在の場合に0をとるダミー変数。
・住環境の困難の有無	担当 MSW がキーパーソンである家族員に対して，患者が住んでいる家屋とその周辺（外から玄関先までのアプローチ）で，段差が問題になるかどうか確認したものを用いて評価。問題ありの場合に1，それ以外の場合に0をとるダミー変数。

出所：筆者作成。

年齢、入院1ヵ月時FIM、医療行為（入院1ヵ月時）の有無、介護力、主介護者の介護不安の有無、患者本人に対する拒否的な家族員の有無、同居配偶者の有無、住環境の困難の有無であった（表3-4、8）。

次に、患者と家族の退・転院先の入院時意向または入院1ヵ月意向を従属変数、上記の有意差を認めた要因と性別を独立変数とし、それぞれの変数を定義（表3-9）したうえで、重回帰分析を行った。なお、性別は有意

差がなかったものの、このような分析で性別は必須項目であるため、独立変数に性別を含めることにした。

他方、経済力の有無についても、有意差はなかったが、退・転院先の意向を考えるうえで重要な項目であり、独立変数に含めるかどうかを検討した。しかしながら、対象事例を詳細に検討したところ、とりわけ患者のADLが低い事例で、以下の傾向がみられた。経済的に余裕があるので、あえて自宅ではなく高額な施設（有料老人ホーム等）を希望している事例がある一方で、経済的に余裕がないために、主介護者が仕事を辞めることができず自宅を断念し、費用の捻出ができそうな施設（老人保健施設等）を希望している事例がみられた。つまり、経済状況に応じた施設が存在することで、結果的に経済力の有無による有意差が生じなかったと考え、本調査では独立変数に含めないことにした。

重回帰分析の結果を、以下に示す。患者の退・転院先の入院時意向と関連がある要因は、入院時FIMであった（表3-10）。患者の退・転院先の入院1ヵ月時意向と関連がある要因は、年齢、入院1ヵ月時FIM、同居配偶者の有無であった（表3-11）。家族の退・転院先の入院時意向と関連がある要因は、入院時FIM、医療行為（入院時）の有無、介護力、同居配偶者の有無であった（表3-12）。家族の退・転院先の入院1ヵ月時意向と関連がある要因は、入院1ヵ月時FIM、介護力、患者本人に対する拒否的な家族員の有無、同居配偶者の有無であった（表3-13）。

さらに、表3-11〜13のなかで有意差を認めた同居配偶者の有無と、家族アプガースコアおよび家族の協力度との関連を探るために、Mann-WhitneyのU検定とχ^2検定を用いて分析した。これらの分析の結果、家族アプガーと家族協力度ともに有意差があった（表3-14、15）。具体的には、家族アプガースコア中央値が、同居配偶者あり（n = 64）で8.5であったのに対して、同居配偶者なし（n = 104）で7.5であった。なお、家族アプガースコアは、合計10点満点であり、点数が高いほど家族機能が高いことを示している。加えて、同居配偶者ありの「家族の協力度が高い」割合は、同居配偶者なしの同割合と比べて、17.3ポイント高くなっていた。

表3-10 患者の退・転院先の入院時意向の規定要因（重回帰分析の結果）

	回帰係数	標準化回帰係数	有意確率
年齢	− 0.02	− 0.10	n.s.
性別／男性ダミー	0.20	0.04	n.s.
入院時 FIM	0.04	0.23	**
介護力／常時介護者1人以上ダミー	0.82	0.07	n.s.
主介護者の介護不安の有無	− 0.15	− 0.03	n.s.
定数	7.80		***
N	182		
決定係数	0.11		
自由調整済み決定係数	0.08		
回帰のF検定	F値 4.15　有意確率 0.001		

出所：筆者作成。
注）有意確率 p 値は重回帰分析で算出。***p<0.001，**p<0.01，n.s.：有意差なし。

表3-11 患者の退・転院先の入院1ヵ月時意向の規定要因（重回帰分析の結果）

	回帰係数	標準化回帰係数	有意確率
年齢	− 0.05	− 0.21	*
性別／男性ダミー	− 0.54	− 0.09	n.s.
入院1ヵ月時 FIM	0.03	0.21	*
介護力／常時介護者1人以上ダミー	0.91	0.14	n.s.
主介護者の介護不安の有無	− 0.20	− 0.03	n.s.
同居配偶者の有無	1.15	0.19	*
定数	9.53		***
N	162		
決定係数	0.19		
自由調整済み決定係数	0.15		
回帰のF検定	F値 5.71　有意確率 0.000		

出所：筆者作成。
注）有意確率 p 値は重回帰分析で算出。***p<0.001，*p<0.05，n.s.：有意差なし。

表3-12　家族の退・転院先の入院時意向の規定要因（重回帰分析の結果）

	回帰係数	標準化回帰係数	有意確率
年齢	− 0.03	− 0.09	n.s.
性別／男性ダミー	− 0.22	− 0.03	n.s.
入院時 FIM	0.09	0.41	***
医療行為（入院時）の有無	− 1.48	− 0.15	*
介護力／常時介護者1人以上ダミー	1.63	0.20	**
主介護者の介護不安の有無	− 0.64	− 0.08	n.s.
同居配偶者の有無	1.35	0.18	**
住環境の困難の有無	− 0.52	− 0.06	n.s.
定数	3.72		n.s.
N		204	
決定係数		0.40	
自由調整済み決定係数		0.37	
回帰のF検定		F 値 15.8　有意確率 0.000	

出所：筆者作成。
注）有意確率 p 値は重回帰分析で算出。***p<0.001，**p<0.01，*p<0.05，n.s.：有意差なし。

表3-13　家族の退・転院先の入院1ヵ月時意向の規定要因（重回帰分析の結果）

	回帰係数	標準化回帰係数	有意確率
年齢	− 0.03	− 0.11	n.s.
性別／男性ダミー	0.22	0.03	n.s.
入院1ヵ月時 FIM	0.06	0.45	***
医療行為（入院1ヵ月時）の有無	− 0.58	− 0.05	n.s.
介護力／常時介護者1人以上ダミー	1.86	0.21	**
主介護者の介護不安の有無	− 0.46	− 0.06	n.s.
患者本人に対する拒否的な家族員の有無	− 2.36	− 0.21	**
同居配偶者の有無	1.14	0.14	*
住環境の困難の有無	− 0.62	− 0.06	n.s.
定数	4.05		n.s.
N		183	
決定係数		0.42	
自由調整済み決定係数		0.39	
回帰のF検定		F 値 13.8　有意確率 0.000	

出所：筆者作成。
注）有意確率 p 値は重回帰分析で算出。***p<0.001，**p<0.01，*p<0.05，n.s.：有意差なし。

表 3-14 同居配偶者の有無と家族 APGAR（家族機能）スコアの関係

	同居配偶者あり n = 64	同居配偶者なし n = 104
家族 APGAR スコア 中央値	8.5	7.5

出所：筆者作成。
注1) 有意確率 $p < 0.001$（統計：Mann-Whitney の U 検定）。
注2) 2015 年 4 月 1 日～2016 年 1 月 31 日の入院患者（家族不在者を除く）204 例のデータをもとに作成した。無回答 36 例を除いて算出した。

表 3-15 同居配偶者の有無と家族の協力度の関係

単位：例（％）

	同居配偶者あり	同居配偶者なし
家族の協力度が高い	61（73.5）	68（56.2）
家族の協力度が高くない	22（26.5）	53（43.8）
合計	83（100）	121（100）

出所：筆者作成。
注1) 有意確率 $p < 0.05$（統計：χ^2 検定）。
注2) 2015 年 4 月 1 日～2016 年 1 月 31 日の入院患者（家族不在者を除く）204 例のデータをもとに作成した。

4. 考察

(1) 家族は患者本人と比較して、多様な視点から退・転院先を検討している

本調査では、患者と家族の退・転院先の意向に関連する要因の抽出を試みた。その結果、患者の退・転院先の意向と比較して、家族の退・転院先の意向でより多くの関連要因が抽出された（表3-10～13）。以上の内容は、家族は患者に比べて、より多くの要因をもとに、退・転院先を検討していることを示している。これは、第1章で示した表1-5（96頁）の仮説1を支持する結果といえる。

さらに、患者と家族の入院時・入院1ヵ月時ともに、ADLレベルを示すFIMが有意な要因として抽出された一方で、介護力は家族でのみ抽出

された。自宅退院できるかどうかは、患者のADLが最も影響力の大きい因子であり、ADLレベルによっては、介護条件がそろっているかどうかが重要になってくるとされている（二木1983a；近藤ら 2006）。一方、本調査では、患者と家族の意向を区別して分析したことで、退・転院先を検討する際に、患者と家族では介護力の位置づけが異なっていることが示された。この点は、これまでの先行研究にない新しい知見だと考える。以上の内容をふまえると、MSWとしては、介護力の位置づけの違いに着目することで、患者と家族の意向に異同が生じている背景をより正確にアセスメントできるのではないかと考える。

ただし、本調査では、患者の退・転院先の意向に関わる要因を、十分にとらえることができていない可能性があることには留意する必要がある。患者の意向を従属変数とした重回帰式のR^2が0.11〜0.19、調整済みR^2が0.08〜0.15にとどまっていたのに対して、家族の意向を従属変数とした重回帰式のR^2は0.40〜0.42、調整済みR^2は0.37〜0.39であったためである。患者の意向についての説明モデルのR^2または調整済みR^2の値が、家族の意向についての説明モデルと比べて低かった理由として考えられることは、以下の2点である。①本調査はカルテ・ソーシャルワーク記録にもとづいて行っているために、こうした記録には残りくい潜在的な要因を見逃している可能性がある。②患者の退・転院先の意向には、今後のADL回復への期待といった主観的な要因が、より強く影響を及ぼしている可能性があり、主観的な要因は数値化しづらいために、量的研究の結果には反映されにくい。

(2) 家族の退・転院先の意向は、患者の退・転院先の意向と比べて変動しやすい

本調査では、患者と家族の退・転院先の入院時意向および入院1ヵ月時意向の推移を分析した結果、患者と家族では異なる傾向がみられた(表3-3)。具体的には、家族の意向は患者の意向と比べて、「自宅へ増加」と「自宅以外へ増加」を合わせた「変動あり」の割合が高くなっており、とりわけ「自宅へ増加」へ推移している割合が高くなっていた。以上の内容は、家

族の退・転院先の意向は、患者の退・転院先の意向と比べて、時間の経過とともに自宅へ増加しやすい傾向にあり、意向自体も変動しやすいことを示している。これは、第1章で示した**表1-5**の仮説2を支持する結果といえる。

　この点は、MSWが退・転院支援を行ううえで、大いに参考になる。家族が入院時に「自宅退院は難しいかもしれない」という意向を表明していたとしても、その後の患者本人の回復具合をふまえつつ、介護保険サービス等の自宅で看ていくための制度的手段の情報を得ることで、家族の意向が自宅退院へ移行し得ることを裏付けるデータだと考えるからである。先述したように、家族は患者本人と比較して、多様な視点から退・転院先を検討しており、とりわけ介護力の位置づけが高くなっていた。そのため、介護保険制度等を利用して、いかに介護力を補完していくのかについて、家族側にわかりやすく提示していく役割がMSWに求められている。

　また、家族の入院時意向には、医療行為の有無が関連していたものの、入院1ヵ月時には消失し、患者本人に対する拒否的な家族員が、新たな関連要因として抽出されていた点にも注目する必要がある。入院当初は、医療行為の有無といった見た目上わかりやすい部分で退・転院先を検討しており、時間の経過とともに、それが拒否的な家族員といった表面上わかりにくい要因へと移行していく流れが、想定できるからである。そのため、MSWが退・転院支援を展開していく際には、こうした家族の意向の変化にある背景をとらえた関わり方が求められている。

(3) 患者と家族の退・転院先の意向において、配偶者と子では異なる影響を及ぼしている

　本調査では、患者と家族の退・転院先の意向と家族形態に関連があるかどうかを検討した。その結果、患者の入院1ヵ月時意向、および家族の入院時と入院1ヵ月時意向に関連する要因として、同居配偶者の有無が抽出された（**表3-11～13**）。一方、同居子や別居子の有無については、関連がみられなかった。以上の結果は、同じ家族であっても、同居配偶者の存在は、患者と家族の退・転院先の意向に影響を及ぼす一方で、同居子や別居

子はこれらの意向に影響を及ぼさないことを示している。これは、第1章で示した表1-5の仮説3を支持する結果といえる。

　今回得られた結果の最たる特徴は、介護力要因の影響を除いても、同居配偶者がいることで、家族機能や家族の協力度が高く、患者と家族の退・転院先の意向ともに自宅になりやすいという点にある。これは、MSWが自宅退院の可否を評価する際に、家族に介護力があるかどうかという観点からだけではなく、どのような家族員が同居しているのかといった家族形態も含めて、多面的に評価する必要性を示唆するものである。

　さらに、従来の先行研究とは異なる結果が得られている。たとえば、黒田ら（1992）は、要介護老人の処遇場所に影響を及ぼす因子についての調査を行っており、子との同居や配偶者の有無が、在宅群と施設群を判別する有用要因であったと報告している。しかし、本調査では、同居子や別居子の有無については、有意差を認めなかった。

　その理由の一つとして、配偶者に比して、子世代の就労ありの割合が高いことが考えられる。内閣府（2007）の調査でも、「労働時間が増えるほど家族との会話が減る」という結果が示されており、家族とのつながりが弱い人の特徴の一つとして、「長時間労働」があげられているからである。つまり、子世代の就労ありの割合が高いことで、患者と子とのつながりが弱くなっているために、退・転院先の意向の関連要因として、同居子や別居子の有無が抽出されないという結果にいたったと考える。

　以上の結果をふまえると、MSWが家族評価をする際には、家族員を介護力としての側面だけでなく、多面的な側面でとらえること、同じ家族であっても配偶者と成人した子では、異なる影響を及ぼしているという点をふまえたうえで、評価することが不可欠であるといえる。たとえば、同居配偶者がいることで、患者と家族ともに自宅退院の意向になりやすい一方で、同居配偶者に対して介護以外の部分での過大な役割を求めていることになっていないか留意する必要がある。あるいは、支援者側は退・転院先を検討する際に、とかく同居子や別居子に目が行きがちであるが、子としての役割を過大に求めることになっていないかという点にも配慮が欠かせない。家族状況の表層にとどまることなく、深く正確にとらえることで、

患者と家族の実情に即した細かな退・転院支援が可能になると考える。

第2節　「患者と家族の退・転院先の入院時意向が異なった事例」と「患者の退・転院先の入院時意向が把握できなかった事例」の質的調査
―― A医療法人B病院のカルテ・ソーシャルワーク記録調査（第2調査）

1. 調査目的

本節では、A医療法人B病院における「患者と家族の退・転院先の入院時意向が異なった事例」（以下、「患者と家族の入院時意向が異なった事例」）と「患者の退・転院先の入院時意向が把握できなかった事例」（以下、「患者の入院時意向が把握できなかった事例」）の分析を通して、両事例にどのような特徴がみられるのかを示しつつ、退・転院先の意向に関わる要因を把握することを目的とする。さらに、これらの内容をふまえつつ、MSWに求められる意思決定支援のあり方についても示す。

2. 調査対象・方法

(1) 調査フィールドと対象

調査フィールドは、A医療法人B病院の回復期リハビリテーション病棟である。B病院を調査フィールドに選択した理由は、本章第1節と同様であるため、ここでは省略する。

調査対象は、2014年6月1日～同年11月30日にB病院を退・転院した患者と家族で、入院時にMSWが退・転院先の意向を確認した事例のうち、「患者と家族の入院時意向が異なった事例」10例と「患者の入院時意向が把握できなかった事例」14例の計24例である。

表3-16は、上記期間に退・転院した全患者118例（急変・検査等の医

表 3-16　入院時における患者と家族の退・転院先の意向

単位：例（%）

		患者の意向			合計
		自宅	自宅 or 自宅以外 自宅以外	不明	
家族の意向	自宅	69（58.5）	0（0）	2（1.7）	71（60.2）
	自宅 or 自宅以外 自宅以外	10（8.5）	7（5.9）	12（10.2）	29（24.6）
	上記以外	14（11.9）	2（1.7）	2（1.7）	18（15.3）
合計		93（78.9）	9（7.6）	16（13.6）	118（100）

出所：筆者作成。
注1）2014年6月1日～2014年11月30日の退・転院患者から，急変・検査等の医学的理で転院した患者（17例）を除いた118例を対象とした。本表は，これらの患者と家族の入院時における退・転院先の意向ごとに集計したものである。
注2）表内の数値は事例数であり，（　）内には全118例に占める割合を示した。
注3）「自宅」は自宅を希望した，「自宅 or 自宅以外」は自宅か自宅以外かで迷っていた，「自宅以外」は自宅以外を希望した，「不明」は意向を尋ねても確認できなかった場合を指している。「上記以外」には，家族の意向の確認ができなかった場合や意向を確認する家族がいなかった場合が含まれている。太枠の囲いは，本調査で対象にした事例であることを示している。

学的理由で転院した患者17例を除く）の入院時での退・転院先の意向をまとめたものである。なお、本調査では、患者の入院時意向が自宅で、家族の入院時意向が自宅と自宅以外で迷っている（以下、自宅 or 自宅以外）または自宅以外であったものを、「患者と家族の入院時意向が異なった事例」とした。さらに、患者の入院時意向が不明であったもの（家族の入院時意向が確認できなかった場合や家族がいなかった場合は除く）を、「患者の入院時意向が把握できなかった事例」とした。

(2)　調査方法

本調査では、まず対象事例の基本情報（性別、年齢、主病名、ADLレベル、在院日数、退・転院先）に関わるデータを、B病院のカルテ・ソーシャルワーク記録から収集し単純集計した。次に、B病院のカルテ・ソーシャルワーク記録より、入院時から退・転院時までの退・転院先選定に関わる意思決定の経緯やプロセスに沿ったかたちで、24例すべての事例に関わるデータを収集したうえで、臨床倫理4分割法（Jonsen et al. 2006）

にもとづいて整理した。

　患者と家族の意向が異なる事例または患者の意向が把握できない事例は、いずれも患者や家族の意思決定を支えるうえで困難がともなうものだとされている（松村 2008；吉田 2011）。臨床倫理4分割法は、このような事例に対して「医学的適応」、「患者の意向」、「QOL」、「周囲の状況」の4つに分けて問題点を整理・分析し、解決しようとするものだからである（全日本民主医療機関連合会 2005：13）。なお、カルテ・ソーシャルワーク記録の記述があいまいな部分については、担当MSWに確認した。

　加えて、上記の4つの枠組みに整理されたデータから、患者と家族の入院中の退・転院先の意向変化、患者と家族の退・転院先の意向に影響を及ぼしていると思われる要因を抽出した。さらに、抽出した要因を、自宅促進要因（退・転院先の意向を自宅へ促進する要因）と自宅以外促進要因（退・転院先の意向を自宅以外へ促進する要因）に分けて、整理した。一方、これらのデータを収集・整理および抽出する際の経過と結果については、私のみにとどめるのではなく、B病院のMSW2人を含めて集団的に共有・検討することで、データ分析の信頼性・妥当性を確保した。また、上記とは別に、後述する介護者数や自宅退院困難基準に関わるデータ収集も行った。これについては、ソーシャルワーク記録を参考にした。

3. 調査結果

　本調査の対象事例である「患者と家族の入院時意向が異なった事例」10例と「患者の入院時意向が把握できなかった事例」14例の計24例の基本情報をまとめたものが、表3-17である。さらに、臨床倫理4分割法等にもとづいて、対象事例の状況（入院中の意向の変化、自宅促進要因、自宅以外促進要因、介護者数、自宅退院困難基準、退・転院先）をまとめたものが、表3-18である。

　以下、これらの表に沿ったかたちで、結果の概要を示していく。ここでは、特に断りのない限り、「患者と家族の入院時意向が異なった事例」10例と「患者の入院時意向が把握できなかった事例」14例を合わせた計24

表3-17 対象事例の基本情報

単位：例（％）[注]

性別（n=24）	男性 15（62.5），女性 9（37.5）
年齢（n=24）	40歳代 1（4.2），60歳代 1（4.2），70歳代 9（37.5） 80歳代 11（45.8），90歳代 2（8.3）
主病名（n=24）	〈脳関連疾患〉 脳梗塞 5（20.8），脳出血 5（20.8），硬膜下血腫 4（14.3） 脳炎 1（4.2），水頭症 1（4.2），脳動脈 1（4.2） 〈骨折関連〉 大腿骨頚部骨折 2（8.3），胸腰椎圧迫骨折 1（4.2） 胸椎圧迫骨折 1（4.2），骨盤骨折 1（4.2） 〈廃用症候群〉 肺炎後の廃用症候群 1（4.2），術後の廃用症候群 1（4.2）
ADLレベル（n=24）	入院時FIM 43.5 ± 18.2点 退・転院時FIM 63.0 ± 29.1点
在院日数（n=24）	86.3 ± 36.8日
退・転院先（n=24）	自宅 10（41.7），老人保健施設 8（33.3），一般病院 2（8.3） 医療型療養病棟 1（4.2），介護療養型医療施設 1（4.2） 精神病院 1（4.2），有料老人ホーム 1（4.2）

出所：筆者作成。
注）ADLレベル（入院時と退・転院時のFIM合計，単位：点）と在院日数（単位：日）は，平均±標準偏差で表示。これら以外は，事例数を表記したうえで，（　）内には全事例数に占める割合を示した。

例にもとづいた集計結果を示すこととする。

(1) 対象事例の基本情報（表3-17）

患者の性別は、女性よりも男性が多かった。患者の年齢層は、80歳代が最も多く、次いで70歳代、90歳代の順であった。主病名は、脳梗塞や脳出血などの脳関連疾患が最も多かった。次いで、大腿骨頚部骨折などの骨折関連が多かった。ADLレベルは、入院時と退・転院時FIMの平均および標準偏差を算出したところ、退・転院時の平均値は入院時と比べて、19.5点高くなっていた。在院日数平均は、おおむね3ヵ月であった。最終的な退・転院先は、自宅が4割強、自宅以外が6割弱であった。

(2) 入院時意向と入院中の意向の変化（表3-18）

患者の退・転院先の入院時意向は、自宅10例（41.7％）、不明14例

表3-18 事例の状況 －「患者と家族の入院時意向が異なった事例」と「患者の入院時意向が把握できなかった事例」

事例番号	入院中の意向の変化(患者)	入院中の意向の変化(家族)	自宅促進要因	自宅以外促進要因	介護者数	自宅退院困難基準	退・転院先
1	なし(自宅)	あり(自宅or自宅以外⇒自宅)	・介護者の介護経験 ・患者と家族の関係が好転化	・患者のADLがベッド上生活自立レベル ・患者の医療行為 ・介護者数の不足 ・介護者の介護疲れ・不安	0.5	該当	自宅
2	あり(自宅⇒自宅or自宅以外⇒自宅以外)	あり(自宅or自宅以外⇒自宅以外)	・介護者数の不足 ・介護者の介護経験する不安 ・施設入所先の費用支払いに対する不安 ・施設申し込みの遅れ(回復期リハビリテーション病棟入院基本料の算定日数上限以内に施設へ移ることが困難である)	・患者のADLが全介助レベル ・患者の依存的な面 ・介護者の介護疲れ ・介護者と家族の関係疲れ ・家族間での退・転院先についての意向のズレ	0	非該当	自宅(施設入所待ち)
3	なし(自宅)	あり(自宅or自宅以外⇒自宅)	・患者のADLが屋外歩行レベルまで改善 ・患者の介護サービス利用に対する了解(入院前は利用拒否があった)	・住環境の問題 ・経済的な余格(経済的に居宅系施設への入所が可能である)	1	非該当	自宅
4	あり(自宅⇒自宅以外⇒自宅以外希望が消失)	あり(自宅or自宅以外⇒自宅以外)	・なし	・患者のADLが全介助レベル ・患者の医療行為 ・患者への転倒・転落対策 ・介護者数の不足 ・住環境の問題	0	該当	老人保健施設

第3章 患者と家族の退・転院先の意向についての調査

事例番号	入院中の意向の変化(患者)	入院中の意向の変化(家族)	自宅促進要因	自宅以外促進要因	介護者数	自宅退院困難基準	退・転院先
5	なし(自宅)	あり(自宅or自宅以外⇒自宅)	・介護者数の充足 ・介護者の積極的な姿勢(医師や知り合いに介護のことについて相談している) ・患者と家族のこれまでの関係性(患者から家族へ感謝の言葉がある)	・患者のADLがベッド上生活自立レベル ・介護者への介護不安 ・患者への転倒・転落対策 ・住環境の問題	0.5	非該当	自宅
6	あり(自宅⇒家族や病院スタッフの判断に一任)	あり(自宅or自宅以外⇒自宅)	・介護者の介護経験 ・介護者による介護サービスの積極的利用	・患者のADLがベッド上生活自立レベル ・患者の行動障害 ・介護者数の不足 ・介護者の介護疲れ	1.5	該当	自宅
7	あり(自宅⇒自宅or自宅以外)	あり(自宅or自宅以外⇒自宅以外)	・介護者数の充足	・患者のADLが全介助レベル ・患者への転倒・転落対策不良 ・患者と家族の関係不良	0.5	非該当	老人保健施設
8	なし(自宅)	あり(自宅or自宅以外⇒自宅)	・患者のADLが屋外歩行レベルまで改善 ・介護者以外の家族の介護経験	なし	1	非該当	自宅
9	あり(自宅⇒不明)	あり(自宅or自宅以外⇒自宅以外)	・介護者を支援する家族体制の強さ ・介護者以外の家族の介護経験 ・施設入所先の費用支払いに対する不安	・患者のADLが全介助レベル・転落対策 ・患者への転倒 ・患者の行動障害 ・患者の依存的な面 ・過去の経験(患者にアルコール問題があった) ・介護者数の不足 ・介護者の介護経験なし	1.5	該当	老人保健施設

10	あり（自宅⇒自宅 or 自宅以外⇒自宅以外）	あり（自宅 or 自宅以外⇒自宅以外）	・介護者数の不足 ・介護者の介護経験	・患者のADLがベッド上生活自立レベル ・患者の介護サービス利用に対する抵抗 ・介護者の介護疲れ・不安 ・家族に迷惑をかけたくない介護者の思い ・患者と家族の関係不良 ・ケアマネジャーの見解（自宅退院に消極的な発言がある）	1	非該当	介護療養型医療施設
11	なし（不明）	なし（自宅以外）	・なし	・患者のADLが全介助レベル ・患者の医療行為 ・介護者数の不足 ・家族の医療・介護施設についての理解度の高さ	1	該当	一般病院
12	なし（不明⇒自宅以外）	なし（自宅以外）	・なし	・患者のADLが全介助レベル ・患者の行動障害 ・介護者数の不足 ・過去の経験（自宅に患者を引き取ったことがあるが、家族が限界を感じた経験がある）	1.5	該当	老人保健施設
13	なし（不明）	なし（自宅以外）	・なし	・患者のADLがベッド上生活自立レベル ・患者の行動障害 ・介護者数の不足 ・患者と家族の関係不良	1.5	該当	有料老人ホーム
14	あり（不明⇒自宅以外 or 自宅⇒自宅）	あり（自宅⇒自宅以外⇒自宅）	・患者のADLが屋外歩行レベルまで改善	・患者の精神状態の不安定さ ・介護者の介護不安	1	非該当	自宅

事例番号	入院中の意向の変化（患者）	入院中の意向の変化（家族）	自宅促進要因	自宅以外促進要因	介護者数	自宅退院困難基準	退・転院先
15	なし（不明）	なし（自宅以外）	・なし	・患者のADLが全介助レベル ・患者の行動障害 ・介護者数の不足 ・介護者の健康問題	0	該当	老人保健施設
16	あり（不明⇒自宅）	あり（自宅or自宅以外⇒自宅以外）	・患者の医療行為不要（入院途中より）	・患者のADLの不足 ・経済的な事情（介護者が仕事を辞められない） ・住環境の問題	1	該当	老人保健施設（将来的には自宅を検討）
17	あり（不明⇒自宅以外）	なし（自宅以外）	・なし	・患者のADLが全介助レベル ・患者の医療行為 ・介護者数の不足	0	該当	一般病院
18	なし（不明）	なし（自宅以外）	・介護者数の充足	・患者のADLが全介助レベル ・患者の医療行為 ・介護者の健康問題	1	非該当	医療型療養病棟
19	あり（不明⇒自宅）	あり（自宅or自宅以外⇒自宅）	・患者の医療行為不要（入院途中より） ・介護者数の充足 ・患者と家族のこれまでの関係性（家族から患者へ感謝の言葉がある）	・患者のADLが全介助レベル ・介護者の体調を心配している周囲の家族の存在	0.5	非該当	自宅
20	あり（不明⇒自宅or自宅以外）	あり（自宅or自宅以外⇒自宅以外）	・過去の経験（施設申し込みを検討したことがあるが、家族の患者へのかわいそうという気持ちから申し込みをしなかった）	・患者のADLが全介助レベル ・患者への転倒・転落対策 ・患者の行動障害 ・介護者数の不足 ・患者の介護サービス利用に対する抵抗 ・患者と家族の関係不良 ・住環境の問題	0.5	該当	老人保健施設

	患者意向	家族意向	理由	退院時の状況	ADL	該当/非該当	転院先
21	なし（不明）	なし（自宅以外）	・介護者数の不足	・患者のADLがベッド上生活自立レベル ・患者の行動障害 ・介護者の不安	1.5	非該当	老人保健施設
22	あり（不明⇒自宅）	あり（<u>自宅以外⇒自宅</u>）	・周囲の家族の意見（自宅に連れて帰った方が良いと言われている） ・介護者以外の家族による介護サービスの積極的利用	・患者のADLが全介助レベル ・患者への転倒・転落対策 ・介護者数の不足	0.5	該当	自宅
23	なし（不明）	なし（自宅）	・介護者数の不足 ・介護者の介護経験 ・介護者による介護サービスの積極的利用	・患者のADLがベッド上生活自立レベル ・患者の転倒・転落対策 ・患者の行動障害	0.5	非該当	自宅
24	なし（不明）	あり（<u>自宅or自宅以外⇒自宅以外</u>）	・介護者数の不足	・患者のADLがベッド上生活自立レベル ・患者の転倒・転落障害 ・患者の健康問題 ・介護者の不安	1.5	非該当	精神病院

出所：筆者作成.

注1）事例1～10：「患者と家族の入院時意向が異なった事例」, 事例11～24：「患者の入院時意向が把握できなかった事例」. 下線部は入院時に確認した退・転院先の意向を示している.

注2）患者のADLレベルは, 退・転院時のものを表記し, 二木（1982）の基準「屋外歩行」「屋内歩行」「ベッド上生活自立」「全介助」に沿って分類した. 介護者数については, 介護不在の状態を0人, 就労等で一部の時間帯しか介護できない状態を0.5人, 常時1人の介護者がいる状態を1人とし, サポートしてくれる副介護者がいる状態を1.5人以上でカウントした.

（58.3％）であった。家族の退・転院先の入院時意向は、自宅2例（8.3％）、自宅or自宅以外16例（66.7％）、自宅以外6例（25.0％）であった。

　入院中の意向の変化に注目すると、「患者と家族の入院時意向が異なった事例」10例（事例番号1～10）では、すべての事例で家族の意向に何らかの変化があった。患者の意向が入院時から退・転院時まで一貫して自宅であった事例は4例あり、最終的には4例すべてで、家族の意向が自宅へと転じていた。ただし、入院時に患者が自宅を希望していても、その後の状況変化（認知症の進行、意欲低下）によって、自宅希望が消失した事例、不明へ転じた事例が1例ずつあった。さらに、入院中に患者の意向が変化し、自宅or自宅以外や自宅以外、または家族や病院スタッフの判断に一任する方向へ転じた事例も4例あった。

　一方、「患者の入院時意向が把握できなかった事例」14例（事例番号11～24）のうち、入院中も患者の意向の変化がなく、不明のままの事例が7例あった。これは、「患者の入院時意向が把握できなかった事例」群の半数（14例中7例）は入院時以降の意向も把握できず、家族の意向のみで退・転院先が選定されていることを示す結果といえる。

　ただし、その後の回復によって、患者が意向を表明できるようになった事例も7例あった。しかも、そのうちの4例が自宅希望を表明しており、最終的に3例で、家族の意向が自宅へと変化していた。残りの1例も、家族の最終的な意向が自宅以外ということで、一旦は老人保健施設へ移ったものの、将来的には自宅を検討するものであった。以上の内容は、入院時に患者の意向が確認できなくても、その後の変化をリアルタイムに把握することの重要性を示している。

　なお、全24例の入院中の意向の変化と退・転院先を比較してみると、施設入所待ちの1例を除いた23例（95.8％）で、家族の最終的な意向先が退・転院先になっていた。他方、患者の最終的な意向と退・転院先が合致している事例は、11例（45.8％）にとどまっていた。

(3) 自宅促進要因と自宅以外促進要因（表3-18）

自宅促進要因は、①患者に関わる要因、②介護者に関わる要因、③家族状況に関わる要因、④経済的要因の4つに分類した。

①患者に関わる要因は、「患者のADLが屋外歩行レベルまで改善」3例（12.5%）、「患者の医療行為不要（入院途中より）」2例（8.3%）等であった。②介護者に関わる要因は、「介護者数の充足」が9例（37.5%）で最も多かった。次いで、「介護者の介護経験」5例（20.8%）、「介護者による介護サービスの積極的利用」2例（8.3%）の順であった。

③家族状況に関わる要因は、「患者と家族のこれまでの関係性（患者あるいは家族へ感謝の言葉がある）」が2例（8.3%）で最多であった。その他、「患者と家族の関係が好転化」、「周囲の家族の意見（自宅に連れて帰った方が良いと言われている）」等が1例（4.2%）ずつであった。④経済的要因は、「施設入所先の費用支払いに対する不安」が2例（8.3%）であった。

自宅以外促進要因は、①患者に関わる要因、②介護者に関わる要因、③家族状況に関わる要因、④経済的要因、⑤住環境的な要因の5つに分類した。

①患者に関わる要因は、「患者のADLが全介助レベル」13例（54.2%）、「患者の行動障害」9例（37.5%）、「患者のADLがベッド上生活自立レベル」8例（33.3%）、「患者への転倒・転落対策」8例（33.3%）、「患者の医療行為」7例（29.2%）が多数を占めた。②介護者に関わる要因は、「介護者数の不足」が12例（50.0%）で最多であった。その他、「介護者の介護不安」7例（29.2%）、「介護者の介護疲れ」4例（16.7%）等であった。

③家族状況に関わる要因は、「患者と家族の関係不良」が5例（20.8%）で最も多かった。その他、「家族の医療・介護施設についての理解度の高さ」、「介護者の体調を心配している周囲の家族の存在」等が1例（4.2%）ずつであった。④経済的要因は、「経済的な余裕（経済的に居宅系施設への入所が可能である）」、「経済的な事情（介護者が仕事を辞められない）」が1例（4.2%）ずつであった。⑤住環境的な要因は、「住環境の問題」5

例（20.8％）であった。一方、①～⑤に当てはまらない要因は、「ケアマネジャーの見解（自宅退院に消極的な発言がある）」1例（4.2％）であった。

(4) 介護者数と自宅退院困難基準 （表3-18）

介護者数については、介護者不在の状態を0人、就労等で介護者が一部の時間帯しか介護できない状態を0.5人、常時1人の介護者がいる状態を1人、常時介護者1人とサポートしてくれる副介護者がいる状態を1.5人以上でカウントした。その結果、介護者数0人が4例（16.7％）、介護者数0.5人が7例（29.2％）、介護者数1人が7例（29.2％）、介護者数1.5人以上が6例（25.0％）であった。

さらに、それぞれの事例が、以下の自宅退院困難基準（林 2009）に該当するかどうかを確認した。①屋内歩行ならびに日中・夜間の排泄関連動作が介助を要する状態にもかかわらず、介護者が不在。②日中の排泄関連動作が介助を要する状態にもかかわらず、介護者が1人未満。③起坐・坐位保持動作が介助を要する状態にもかかわらず、介護者が1.5人未満。その結果、該当事例が12例（50.0％）、非該当事例が12例（50.0％）であった。

ただし、実際の退・転院先と比較してみると、自宅退院困難基準に該当しているにもかかわらず、自宅退院している事例が3例あった。逆に非該当であるが、自宅以外へ退院している事例が5例（施設入所待ちを含めると6例）あった。

4. 考察

(1) では、「患者と家族の入院時意向の異なった事例」群と「患者の入院時意向が把握できなかった事例」群の共通点と相違点に注目することで、両事例の特徴を示す。(2) では、本調査で確認された患者と家族の退・転院先の意向に関わる要因について、どのような特徴がみられたのかを検討する。さらに、これらの特徴をふまえつつ、MSWに求められる意思決定支援のあり方についても考察する。

(1)「患者と家族の入院時意向の異なった事例」と「患者の入院時意向が把握できなかった事例」の特徴

①両事例群の共通点

「患者と家族の入院時意向が異なった事例」群と「患者の入院時意向が把握できなかった事例」群を比較したところ、以下の2つの共通点があった。

第1に、患者の入院中の意向に変化が生じた事例が、両事例群に含まれていることである。具体的には、入院時は自宅を希望していても、自宅or自宅以外または自宅以外へ変化した事例、家族や病院スタッフの判断に一任する方向へ転じた事例もあった。これは、入院当初は自宅を希望していたものの、思った以上に回復しなかったことや家族への遠慮から、入院途中で意向を切り替えている可能性があると考えられる。一方で、入院時の意向が不明であっても、その後の回復によって、意思表明できるようになった事例をあげることができる。

先行研究でも、「迷惑を掛けない自分でありたいという自分の存在価値を譲らず、医療者や家族に決定を委ねながら折り合いをつける」過程や、「最終的には、『家族のため』という理由で、その転院の現実を受け止めている現状」が報告されている（大津ら 2004；小楠 2008）。ただし、「主体的に自己決定した高齢者の方が、老健で生き生きと生活していた」という研究報告もあることから、結果的に自宅退院が困難であったとしても、患者本人が納得できるような意思決定支援を行うことが必要である（佐瀬 1997）。

第2に、施設入所待ちの1例を除いて、すべての事例で家族の最終的な意向先が退・転院先になっていることである。ケースワークの原則（Biestek 2006：159-88）では、「クライエントの自己決定を促して尊重する」ことが謳われており、理念的には患者の意向が最優先されるべきであるにもかかわらず、現実的には家族の意向が大きな影響を及ぼしていることが考えられる。

ただし、空閑（2014：3）は、「アメリカのソーシャルワーク理論や方法

は、当然のことながらそれらが日本で暮らす日本人の生活現実を視野に入れたものではない」としたうえで、ソーシャルワークの原則とされる「利用者の自己決定」のみを求めることの危険性を、以下のように指摘している。「いたずらに個人としての『強さ』を利用者に求め、自己決定や自律を強いることになってはいないだろうか。〈中略〉そのような『個人』の強さや自律を求めるソーシャルワークであれば、たとえば『他人に頼らず生きる』ことを利用者に求めることになり、それはややもすると日本人にとっては大切な人との『間柄』の切断、かつ大切な『場』の喪失に向けて、その実践が働くことになりかねない」（同上 2014：137-8）。

　一方、患者の退・転院先の選定に関わる要因については、いくつかの先行研究によって、家族の意向が大きな影響力を有していることが報告されている（渡辺ら 1989；森山ら 1995；石井 1997；転院問題を考える会 2003；西崎ら 2014；日比野 2015；白川ら 2016）。たとえば、日比野（2015：49-50）の実施した質問紙調査では、「居所選択」に関する最終決定者を尋ねており、「家族と相談して決めた」が 41.1％で最も多く、次いで「自分が決めた」が 34.2％、「家族が決めた」が 21.9％という結果が得られている。

　とりわけ、自宅退院をめざすにあたっては、家族の意向は無視できないものであり、介護力や介護意欲などの強化や支持といった家族関係の調整がきわめて重要であると考えられるようになっている（影近 2005；下村 2005；前島ら 2005）。本調査でも、家族の意向が、重要な要因であることが示されており、家族状況や家族関係を視野に入れつつ支援を行うことが求められている。

②両事例群の相違点

　相違点としては、入院中における家族の意向の変化をあげることができる。「患者と家族の入院時意向が異なった事例」群では、入院中に家族の意向が変化しなかった事例はなかった。他方、「患者の入院時意向が把握できなかった事例」群では、入院時のみならず、その後も患者の意向が不明であるために、家族の意向が自宅または自宅以外のままでまったく変化

がなく、家族の意向のみで退・転院先が選定された事例が半数（14例中7例）存在した。

　なお、小山ら（2012）は、「患者と家族の退院先の意向が異なった群（異なる群）」と「患者の意向が把握できなかった群（不明群）」に対して、実際に行われた退・転院支援の内容の違いを、以下のように報告している。異なる群では、合意形成領域の「患者と家族の関係の調整」を多く提供している。一方、不明群では、アセスメント領域の「患者の退院先の希望の把握・確認」、「患者の退院時期の希望の把握・確認」の割合が低かったとしている。これは、患者の希望が把握できない不明群と比べて、異なる群では患者と家族の調整支援の必要性が高いことを示す結果といえる。

　さらに、本調査の「患者と家族の入院時意向が異なった事例」群では、すべての事例で患者の入院時意向が表明されていることもあり、それを受けて、家族の意向が変化している可能性があり、MSWはこうした家族の意向に注目した意思決定支援を行うことが必要である。樅野（2000）の調査でも、「患者が家に帰りたいと意志表示していること」が、家族の在宅ケア意向に影響を及ぼしていることを確認している。そのため、患者と家族の意向の調整をしつつ、両者の合意形成に向けた支援が欠かせないと考える。一方、「患者の入院時意向が把握できなかった事例」群では、入院時に患者の意向の把握が困難であっても、患者の今後の回復によっては、意思表示できることもあるため、リアルタイムな状況把握が不可欠になってくる。本調査でも、入院時に意向が確認できなかったものの、その後の入院生活中に意向を表明できるようになった事例が、14例中7例（50.0％）あった。

　ただし、小山ら（2012）の調査では、不明群のうち、「患者の退院先の希望の把握・確認」ができたのは、15.0％にとどまっていた。これは、本調査のフィールドが回復期リハビリテーション病棟であったのに対して、小山ら（2012）は急性期病院をフィールドに調査を行っており、在院日数に差があったためだと考える。そのため、回復期リハビリテーション病棟では、急性期病院よりも長期に関わることができるといった、「比較優位」

をいかした意思決定支援を行うことが必要である。

仮に、患者の意思表示が難しい場合でも、家族の意向のみで退・転院先が決定されることが、本当に患者本人の尊厳を守ることになるのかという点には、注意を払う必要がある（宮崎 2009）。「最も尊厳が保障されにくい、すなわち自己決定のすべをもたない『個人』の尊厳を第一義的に擁護しつつ、『家庭』の構成員および『社会』との関係性の質が高まるように、『個人』『家庭』『社会』すべてを援助対象として働きかける」ことが欠かせないと考えるからである（同上 2009）。

(2) 患者と家族の退・転院先の意向に関わる要因

本調査では、患者と家族の退・転院先の意向に関わる要因を、自宅促進要因と自宅以外促進要因に分類・整理した。さらに、これらの要因の内訳をみると、患者や家族に関わるものから、経済・住環境的な要因まで多岐にわたっていた。このことは、患者と家族が退・転院先を決定する際には、さまざまな要因が関与していることを示唆している。

一方、退・転院先に影響を及ぼす要因については、数多くの先行研究があり、それらのなかでは、患者のADLとそれに見合った介護力の有無が重要であるとされている（二木 1983a；近藤ら 2006）。そのため、本調査でも、患者のADLレベルと介護者数をもとに設定した、自宅退院困難基準（林 2009）に該当しているかどうかの評価を実施した。

その結果、自宅退院困難基準に該当しているにもかかわらず、自宅退院している事例が3例（12.5％）であった。逆に非該当であるが、自宅以外へ退院している事例が5例（20.8％）あった。そのため、本調査の対象事例の少なくとも3割は、ADLレベルや介護者数のみで退・転院先をとらえることが難しい事例だといえる。実際、これらの事例からは、ADLレベルや介護者数以外の要因も数多く確認されており、患者と家族の退・転院先の意向に関わる要因を多岐にわたってとらえる必要性が示されている。

さらに、上記の非該当事例のうち、患者本人が入院時に自宅を希望していたにもかかわらず、最終的な退・転院先が自宅以外であった2事例（**表3-18**；事例7・10）の自宅以外促進要因に注目すると、「患者と家族の関

係不良」や「家族には迷惑をかけたくない介護者の思い」といった要因が含まれていた。結果として、これらの要因が、患者本人の意向実現の妨げになっているといえなくもない。

　実際に、「家族アプローチでは、家族の価値、家族間パワーの問題など、家族にかかわる根の深い問題は看過できない」ことが指摘されている（平塚 2015）。さらに、患者と家族の「利害が衝突する時に、家族のサバイバルを優先して本人に犠牲を強いるなど、時として医療・介護側からみて不適切に見える対応となる」ことがあげられている（清水ら 2012）。加えて、「複数の人々の価値観がぶつかり合うことで〈中略〉家族に依存しなければならない弱い立場の患者の意思が尊重されにくいといったことが起こる可能性」（影山ら 2015）も考慮する必要がある。

　そのため、このような事例では、患者と家族の緊張関係を意識した支援が欠かせないと考える。たとえば、患者の自宅退院への思いが家族に伝わるよう機会を設けつつも、患者の思いを一方的に押しつけるのではなく、家族側の思いにも耳を傾けることが必要である。あるいは、患者と家族の緊張関係が原因で、患者本人が遠慮して本音を言えない、家族との話し合いがうまくできないこともあり得るため、その場合 MSW が間に入ることで、双方のコミュニケーションを促進する役割が求められているといえる。

〔注〕
1) 家族アプガーは Smilkstein が考案したものであり、家族機能を測定する際に使用される質問票であり、以下の5つの質問で構成されている（長嶺 1989；山田 1997）。①なにか困ったとき家族はあなたの助けになりますか。②あなたは家族と話し合ったり、苦労を分け合うことに満足していますか。③あなたがなにか新しいことをしようとするとき家族は助けになりますか。④あなたの感情（たとえば怒り、寂しさ、愛など）に家族は応えてくれますか。⑤一家団欒の時間がありますか。
2) 家族の協力度は、以下の6段階評価で構成されている（堀口ら 2013）。①主治医からの来院要請に応じようとしない。②主治医から連絡したときのみ来院。③身の回りのこと（洗濯やお金）の手配に来院。④週2回程度の面会。⑤週2回程度の面会＋病後の生活設計について積極的に話しあう姿勢がある。⑥ほぼ毎日面会し、病棟で ADL 訓練に参加。なお、分析を行う際には、⑤⑥を「家族の協力度が高い」、①②③④を「家族の協力度が高くない」の2群に分けて行った。

第4章

自宅退院後の患者と家族の不安・困り事についての調査

　本章の目的は、自宅退院後の患者と家族の不安・困り事に注目した2つの調査を実施することで、退院計画の課題や問題点を探りつつ、これらを克服するための方法を見出すことである。

　第1節では、A医療法人B病院に入院していた患者への自宅退院後調査を行い、退院後の患者と家族の不安・困り事に注視するとともに、患者の退院計画に対する満足度や生活満足度を把握しつつ、退院計画に関わる病院スタッフの支援プロセスと患者アウトカムとの関連を示す。加えて、自宅退院後調査の結果を振り返ることで、退院計画のなかで果たしているMSW部門の役割の現状と課題が実際にどのように変化するのかを検証する。そのうえで、退院計画の質向上に向けたMSWの役割を検討する。

　第2節では、A医療法人B病院に入院していた患者の再入院事例をもとに、患者または家族と再入院時に関わっていたケアマネジャー等を対象にしたインタビュー調査を行う。同法人B病院から自宅退院したにもかかわらず、その後短期間（3ヵ月以内）で再入院にいたった事例についてのデータ収集・分析を行い、その過程を把握することで、退院計画に関わる病院スタッフの支援の課題を探る。そのうえで、第1節と同様に、退院計画の質向上に向けたMSWの役割を検討することとする。

第1節　退院計画に関わる病院スタッフの支援プロセスと患者アウトカムとの関連についての量的調査
――Ａ医療法人Ｂ病院の自宅退院後調査（第3調査）

1. 調査目的

　私とMSW部門が中心になって、自宅退院後の状況を予測できる力を向上させ、患者と家族の自宅退院後の生活に対する安心感や満足感を高めることを目的にした取り組みを、Ａ医療法人Ｂ病院（回復期リハビリテーション病棟）で行うことになった。具体的な取り組み内容は、同法人Ｂ病院でこれまで十分に行われていなかった、自宅退院後調査の実施である。その効果としては、入院中には予測できなかった問題を把握することを通じて、退院計画に関わる病院スタッフの教育効果が期待できる。実際、自宅退院後の家庭訪問を継続的に実施したことで、各看護師が「退院後の生活のイメージができ、在宅での患者の表情の違いが実感できた等の学びが得られていた」という報告もある（藤澤 2013）。

　本節では、上記取り組みから、入院中には予測できなかった自宅での患者と家族の不安・困り事の把握、および患者の退院計画に対する満足度と生活満足度の評価等を通して、退院計画に関わる病院スタッフによる支援プロセスの不備が、患者アウトカムにどのような影響を及ぼしているのかを示すことを目的とする。さらに、この取り組みを通じて、退院計画のなかで果たしているMSW部門の役割の現状と課題に、どのような変化が生じるのかを検証する。

2. 調査対象・方法

(1) 調査フィールドと対象

　調査フィールドは、私と関わりのあるＡ医療法人Ｂ病院の回復期リハ

ビリテーション病棟である。なお、回復期リハビリテーション病棟では、多職種協働による退院計画が展開されており、かつ自宅退院件数の割合が高いことをふまえると、今回の取り組みに適したフィールドだと考える。

　ここでは、入院中には予測できなかった自宅での不安・困り事の把握や患者の退院計画に対する満足度および生活満足度の評価をするために、B病院に入院していた患者への自宅退院後の訪問面接調査を行う。さらに、上記調査の結果を受けて、MSW部門の役割にどのような変化を及ぼすのかについての分析（以下、MSW部門の役割変化についての分析）を行う。なお、ここでの不安・困り事とは、「自宅退院後の生活を送るなかで、患者と家族が不安を感じていたり、困っていたりすること」を指している。

　訪問面接調査の対象は、2014年11月1日〜2015年10月31日にB病院から自宅退院した患者179例である。ただし、調査同意が得られなかった患者と体調悪化等で調査協力が難しくなった患者が合わせて67例あり、調査が実施できた患者は112例である。回答者は、原則として患者本人である。しかし、判断能力の著しい低下等により、患者本人が回答不可能な場合は、家族にお願いした。また、患者本人を対象にしている調査項目に、家族が代理で答えてもらう際には、できる限り本人の思いを想起したうえで、回答していただくよう依頼した。一方、MSW部門の役割変化についての分析対象は、実際に自宅退院後調査に関わったB病院のMSW2人である。

（2）調査方法

①訪問面接調査とデータ収集の方法

　まず、自宅退院日が確定した時点で患者または家族に調査説明をさせていただき、調査同意が得られた場合に限り、退院後3ヵ月経過した日から14日以内の間で患者宅へ訪問し、退院日から退院後3ヵ月時点までの状況を確認するために、構造化された質問紙を用いた面接調査を実施した（訪問調査の実施期間：2015年2月〜2016年1月）[1]。また、調査項目によっては、退院直前（退院までの7日以内の間）または退院時点から退院後3ヵ月経過時点までの時間経過による変化をとらえることを目的に、退

院直前と退院時点のデータを収集した（詳細は後述）。

対象事例の基本情報として、年齢、性別、ADLレベル、経済状況に関する情報を収集した。そのうえで、評価・確認した項目は以下の4点である（第1章第8節3（4）：図1-4、103頁参照）。

1点目は、退院計画のなかで評価されていた以外の不安・困り事の有無である。ここでは、自宅退院後の患者と家族の不安・困り事について、①入院中に退院計画の作成に関わった病院スタッフが退院後を想定して評価した内容と、②退院後の実際の内容を比較・照合することで、退院計画に関わる病院スタッフによる評価精度を検証することとした。上記の不安・困り事については、医療・介護的なものから経済面や住環境といった社会的なものまで含まれている、永田ら（2007）の退院前後に有する不安・困り事に関わる17項目を用いて、評価・確認を行った。

さらに、①は退院直前にB病院のMSWがカルテ・ソーシャルワーク記録や看護サマリーを参考に評価した内容を、担当の医師・看護職・介護職・リハビリテーションスタッフに確認してもらい、変更や追加の指摘があれば、それに従って修正したうえで確定した。②は自宅退院後の訪問面接調査のなかで、患者または家族に直接確認した。そのうえで、①と②を比較して、②のなかに①にない項目が確認された場合を、退院計画のなかで評価されていた以外の不安・困り事ありとした。上記の不安・困り事があると、病院スタッフの評価精度は低いということが考えられる。

2点目は、医療・介護サービス計画の変更箇所数である。ここでは、退院時点と退院後の医療・介護サービス計画を比較・照合し、計画内容が実際に変更された箇所数を計測することで、計画精度を検証することとした。つまり、変更箇所数が多いほど、医療・介護サービス計画の精度は低いということが考えられる。

計画の変更内容とそれぞれの変更理由については、自宅退院後の訪問面接調査のなかで、患者または家族に直接確認した。ただし、患者のADL改善等により、サービス利用の必要性がなくなり、中止した場合については、変更がなかったものとみなすこととした。加えて、介護サービス計画に関わる内容として、自宅退院してから調査時点までの間に、ケアマネ

ジャー（居宅介護支援事業所の介護支援専門員や地域包括支援センターでケアプラン作成を担当する職員）の関与があったかどうかも確認した。

3点目は、退院計画に対する患者の満足度である。ここでは、ラーセンらの開発した患者満足度の測定尺度に、伊藤（2000）が退院計画プログラムの内容を合わせて作成したものを使用した[2]。これについては、退院後3ヵ月の訪問面接調査のなかで、患者または家族に確認した。

4点目は、自宅退院後の患者の生活満足度の増減である。尺度はWHO/QOL26日本語版（田崎ら2007）を使用した[3]。これは、身体・心理・社会・環境の4領域24項目に、全体的なQOLを問う2項目を加えた26項目から構成されており、合計点数が高いほど主観的QOLが高いと評価される。これについては、退院後の訪問面接調査のなかだけでなく、退院直前にも患者または家族に確認した。そのため、退院後の数値から退院前の数値を引いたものを、自宅退院後の患者の生活満足度増減とした。

②データの分析方法

上述の①で収集したデータは、すべて単純集計したうえで、退院計画に対する患者の満足度と自宅退院後の患者の生活満足度の増減については、平均値と標準偏差値を算出した。また、医療サービスと介護サービスの変更理由については、内容分析したうえで、項目ごとに整理した。

さらに、第1章の表1-5（96頁）の仮説4～6を検証するための重回帰分析を行った。分析に用いた変数の定義は、表4-1に示した通りである。なお、自宅退院後の患者と家族の不安・困り事がまったくなかった事例もあり、こうした事例では、上述した退院計画のなかで評価されていた以外の不安・困り事が生じることはない。そのため、統制変数として、年齢、性別、ADLレベル（自宅退院時のFIM合計）、経済状況（生活保護受給の有無）に加えて、自宅退院後の不安・困り事の有無を含めることにした。なお、これらの分析の際には、SPSS Statistics Ver.23を使用した。

③MSW部門の役割変化ついての分析方法

高山（2012）が作成した「保健医療ソーシャルワークプログラム事例分

表4-1 変数の定義

・退院計画のなかで評価されていた以外の不安・困り事の有無	自宅退院後の患者と家族の「不安・困り事」(永田ら 2007)について,①入院中に退院計画の作成に関わった病院スタッフが退院後を想定して評価した内容と,②退院後の実際の内容を比較・照合した際,②の中に①にない不安・困り事があった場合に1,なかった場合に0をとるダミー変数。
・医療・介護サービス計画の変更箇所数	退院時点の医療・介護サービス計画と比較・照合した際,退院後のサービスが変更になっていた数(患者のADL改善等で,サービス利用の必要性がなくなり中止した場合は含めない)。
・退院計画に対する患者の満足度	伊藤(2000)が作成した退院計画に対する患者満足度の評価尺度の合計点数を,質問項目数の12で割った値(平均値)。
・自宅退院後の患者の生活満足度増減	退院後の患者のWHO/QOL26の数値から退院直前のWHO/QOL26の数値を引いたもの。WHO/QOL26は,田崎ら(2007)の日本語版を使用して評価。
・年齢	患者本人の年齢。
・性別／男性ダミー	患者が男性の場合に1,女性の場合に0をとるダミー変数。
・自宅退院時FIM	退院時点での患者のFIM点数(運動項目と認知項目を合計したもの)。
・経済状況／生活保護受給ダミー	患者が生活している世帯が生活保護を受給している場合に1,受給していない場合に0をとるダミー変数。
・自宅退院後の不安・困り事の有無	自宅退院後の患者と家族の「不安・困り事」(永田ら 2007)を,1つでも確認した場合に1,まったく確認しなかった場合に0をとるダミー変数。

出所：筆者作成。

析：ワークシート」にもとづいて、退院計画のなかで果たすMSW部門の役割の現状と課題にどのような変化が生じたのかを分析した。ここでは、高山(2012)のやり方にならって、「退院困難な要因を有する患者群」を実践事例ととらえ、実践内容を整理したうえでワークシートを作成した[4]。「退院困難な要因を有する患者群」におけるMSWの取り組みは、多様で複雑であるために、MSWの役割が端的に表れやすいと考える。

分析手順は、以下の通りである。まずは、訪問面接調査実施前に、MSW部門が果たしている役割の現状と課題を、先のワークシートにまとめた。次に、訪問面接調査で得られたデータをもとに、私とB病院MSW2人で振り返りを行った。具体的には、退院計画に関わる病院スタッフが評価していた以外の不安・困り事の中身を把握することを目的に、実際に評価漏れがあった項目データを収集・集計した。さらに、これらのなかで、MSWからみて、入院中に評価可能だったと思われる項目を抽出し、評価漏れが生じた理由を分析した。最後に、上記の振り返り内容をふまえたうえで、訪問面接調査実施後のMSW部門が果たしている役割の現状と課題を、先のワークシート（同上2012）にまとめた。

なお、ワークシート作成や調査データを用いた振り返りの際には、私とB病院MSW2人で討議しながら、内容分析を行うことで、分析の信頼性と妥当性を高めていく工夫をした。さらに、訪問面接調査の実施前と実施後に作成した、ワークシート内容を比較分析することで、MSW部門の役割に対する認識変化の読み取りを試みることとした。

5. 調査結果

(1) 訪問面接調査の結果

①対象事例の基本情報

対象事例の性別は、男性61人（54.5％）、女性51人（45.5％）であった。年齢は74.6 ± 14.2歳（平均±標準偏差）、自宅退院時FIMは104.8 ± 17.7点（同）であった。経済状況は、生活保護受給ありが14人（12.5％）、生活保護受給なしが98人（87.5％）であった。

②訪問面接調査で確認・評価した項目と医療・介護サービスの変更理由

表4-2は、訪問面接調査で確認・評価した項目（退院計画のなかで評価されていた以外の不安・困り事の有無、医療・介護サービス計画の変更箇所数、ケアマネジャーの関与の有無、退院計画に対する患者の満足度、自

表4-2 訪問面接調査で確認・評価した項目の集計結果　　単位：例（％）[注]

自宅退院後調査で確認・評価した項目	集計結果（n=112）
・退院計画のなかで評価されていた以外の不安・困り事の有無	・退院計画のなかで評価されていた以外の不安・困り事あり　52（46.4） ・退院計画のなかで評価されていた以外の不安・困り事なし　60（53.6）
・医療・介護サービス計画の変更箇所数	変更箇所数0　76（67.9）　変更箇所数1　21（18.8） 変更箇所数2　11（9.8）　変更箇所数3　3（2.7） 変更箇所数4　1（0.9）
・ケアマネジャーの関与（自宅退院してから調査時点までの間）	・関与あり　68（60.7） ・関与なし　44（39.3）
・退院計画に対する患者の満足度	3.0 ± 0.4【最大値：3.9，最小値：1.3】
・自宅退院後の患者の生活満足度増減	0.1 ± 0.4【最大値：0.8，最小値：-1.0】

出所：筆者作成。
注）退院計画に対する患者の満足度と自宅退院後の患者の生活満足度増減は，平均±標準偏差で表記した。【　】内には，それぞれの平均値のうち，最大値と最小値を記した。これら以外は，事例数を表記したうえで，（　）内には全事例数に占める割合を示した。

宅退院後の患者の生活満足度増減）の集計結果をまとめたものである。退院計画のなかで評価されていた以外の不安・困り事の「あり」と「なし」を比べると、「なし」の割合が7.2ポイント上回っていた。

　医療・介護サービス計画については、変更箇所数0の割合が6割弱を占めていた。次いで多かったのが、変更箇所数1であり、それ以降は、変更箇所数2、変更箇所数3、変更箇所数4の順であった。自宅退院してから調査時点の間に、ケアマネジャーの関与があったのは約6割であった。

　退院計画に対する患者の満足度では、病院側が適切な対応をしていたかどうか、自宅退院後の生活は安定したものかどうかといった内容の質問をしたうえで、4段階（1：全くそのとおりでない、2：ほとんどそのとおりでない、3：ややそのとおりである、4：全くそのとおりである）で尋ねて

表 4-3 医療サービスと介護サービスの変更理由
単位：(例)

医療サービス	・入院中にはみられなかった新たな病状出現により変更（4） ・通院困難なため往診へ変更（2） ・内服薬の副作用がみられたため変更（1） ・通院先医師より勧められたため変更（1） ・通院先医師の対応の悪さのため変更（1）
介護サービス	・福祉用具が合わず変更（9） ・住環境の不備による変更（7） ・介護者の負担軽減のため変更（6） ・患者の体を動かす機会を増やすため変更（5） ・患者の家事動作の不具合による変更（4） ・患者のADL悪化による変更（3） ・リハビリテーション充実のため変更（3） ・サービスの必要性が乏しく変更（2） ・サービス回数不具合による変更（3） ・ケアマネジャーより勧められたため変更（2） ・その他の理由で変更（2）

出所：筆者作成。
注）表4-2の医療・介護サービス計画の変更箇所数1～4であった36例の変更理由をまとめたものであり，（　）内には該当事例数を表記している。

おり、数値が大きいほど満足度は高いという評価になる。そのため、今回得られた平均値3.0は、「3：ややそのとおりである」に相当し、全体的には高めの評価だったといえる。

　自宅退院後の患者の生活満足度の増減の内訳をみると、増加が64例（57.1％）、減少が46例（41.1％）、増減なしが2例（1.8％）であった。増加の割合がやや高いものの、減少例も相当数あることから、平均値として算出すると、ほぼ0に近い値であった。

　表4-3は、医療・介護サービス計画の変更があった36例の医療サービスと介護サービスの変更理由をまとめたものである。医療サービスで最も多かったのは、「入院中にはみられなかった新たな症状出現により変更」であり、次に多かったのは、「通院困難なため往診へ変更」であった。介護サービスで最も多かったのは、「福祉用具が合わず変更」であった。それ以外にも「住環境の不備による変更」や「介護者の負担軽減のため変更」等の理由があがっていた。一方、先述したように、ケアマネジャーの関与ありが約6割であったにもかかわらず、「ケアマネジャーにより勧め

られたため変更」は 2 例にとどまっていた。

③重回帰分析の結果

表 4-4 は、医療・介護サービス計画の変更箇所数を従属変数、退院計画のなかで評価されていた以外の不安・困り事の有無を独立変数、年齢、性別、自宅退院時 FIM、経済状況、自宅退院後の不安・困り事の有無を統制変数とした重回帰分析の結果である。有意差を認めたのは、退院計画のなかで評価されていた以外の不安・困り事の有無であり、こうした不安・困り事があった場合に、医療・介護サービス計画の変更箇所数が増加していた（$p<0.001$）。

表 4-5 は、退院計画に対する患者の満足度を従属変数、退院計画のなかで評価されていた以外の不安・困り事の有無、医療・介護サービス計画の変更箇所数を独立変数、表 4-4 と同じ統制変数を投入した重回帰分析の結果である。有意差を認めたのは、退院計画のなかで評価されていた以外の不安・困り事の有無、医療・介護サービス計画の変更箇所数、自宅退院時 FIM、経済状況の 4 つであった。これらのうち、退院計画のなかで評価されていた以外の不安・困り事ありが最も大きな影響を及ぼしており、こうした不安・困り事があった場合に、退院計画に対する患者の満足度が低下していた（$p<0.001$）。医療・介護サービス計画の変更箇所数は、変更が多いほど退院計画に対する患者の満足度が低下していた（$p<0.05$）。

表 4-6 は、自宅退院後の患者の生活満足度増減を従属変数、退院計画のなかで評価されていた以外の不安・困り事の有無、医療・介護サービス計画の変更箇所数、退院計画に対する患者の満足度を独立変数、表 4-4、5 と同じ統制変数を投入した重回帰分析の結果である。有意差を認めたのは、退院計画に対する患者の満足度、経済状況、自宅退院後の不安・困り事の有無の 3 点であった。これらのうち、退院計画に対する患者の満足度が最も大きな影響を及ぼしており、上記の満足度が低いほど、自宅退院後の患者の生活満足度が低下していた（$p<0.05$）。一方、退院計画のなかで評価されていた以外の不安・困り事の有無と医療・介護サービス計画の変更箇所数の 2 点は、有意差を認めなかった。

表4-4 医療・介護サービス計画の変更箇所数の規定要因（重回帰分析の結果）

	回帰係数	標準化回帰係数	有意確率
退院計画のなかで評価されていた以外の不安・困り事の有無	0.75	0.45	***
年齢	0.01	0.14	n.s.
性別／男性ダミー	-0.07	-0.04	n.s.
自宅退院時FIM	0.00	-0.01	n.s.
経済状況／生活保護受給ダミー	0.18	0.07	n.s.
自宅退院後の不安・困り事の有無	0.19	0.09	n.s.
定数	-0.54		n.s.
N		112	
決定係数		0.29	
自由調整済み決定係数		0.25	
回帰のF検定		F値 7.02　有意確率 0.000	

出所：筆者作成。
注）有意確率p値は重回帰分析で算出。***$p<0.001$，n.s.：有意差なし。

表4-5 退院計画に対する患者の満足度の規定要因（重回帰分析の結果）

	回帰係数	標準化回帰係数	有意確率
退院計画のなかで評価されていた以外の不安・困り事の有無	-0.32	-0.38	***
医療・介護サービス計画の変更箇所数	-0.11	-0.22	*
年齢	-0.00	-0.09	n.s.
性別／男性ダミー	-0.04	-0.05	n.s.
自宅退院時FIM	-0.01	-0.20	*
経済状況／生活保護受給ダミー	-0.29	-0.23	**
自宅退院後の不安・困り事の有無	0.07	0.07	n.s.
定数	3.89		***
N		112	
決定係数		0.37	
自由調整済み決定係数		0.32	
回帰のF検定		F値 8.59　有意確率 0.000	

出所：筆者作成。
注）有意確率p値は重回帰分析で算出。***$p<0.001$，**$p<0.01$，*$p<0.05$，n.s.：有意差なし。

表 4-6 自宅退院後の患者の生活満足度増減の規定要因（重回帰分析の結果）

	回帰係数	標準化回帰係数	有意確率
退院計画のなかで評価されていた以外の不安・困り事の有無	-0.14	-0.19	n.s.
医療・介護サービス計画の変更箇所数	0.05	0.11	n.s.
退院計画に対する患者の満足度	0.20	0.23	*
年齢	-0.00	-0.07	n.s.
性別／男性ダミー	0.07	0.09	n.s.
自宅退院時 FIM	0.00	0.14	n.s.
経済状況／生活保護受給ダミー	-0.22	-0.20	*
自宅退院後の不安・困り事の有無	-0.18	-0.21	*
定数	-0.52		n.s.
N		112	
決定係数		0.27	
自由調整済み決定係数		0.21	
回帰の F 検定		F 値 4.71　有意確率 0.000	

出所：筆者作成。
注）有意確率 p 値は重回帰分析で算出。*p<0.05, n.s.：有意差なし。

図 4-1 は、表 4-4～6 の結果をもとに作成したパス・ダイアグラムである。「退院計画のなかで評価されていた以外の不安・困り事がある→医療・介護サービス計画の変更箇所数が増加する→退院計画に対する患者の満足度が低下する→自宅退院後の患者の生活満足度が低下する」という一連の流れを示している。

（2）MSW 部門の役割変化についての分析結果

①訪問面接調査実施前の MSW 部門が果たしている役割の現状と課題

訪問面接調査実施前（以下、調査実施前）の MSW 部門が果たしている役割の現状と課題をまとめたものを、表 4-7 に示す。これは、先の「保健医療ソーシャルワークプログラム事例分析：ワークシート」（高山 2012）をもとに作成したものである（作成日は 2015 年 1 月 27 日）。縦軸は以下の 7 点で構成されており、MSW 部門がどこに向けて役割を果たしてい

図 4-1 パス・ダイアグラム

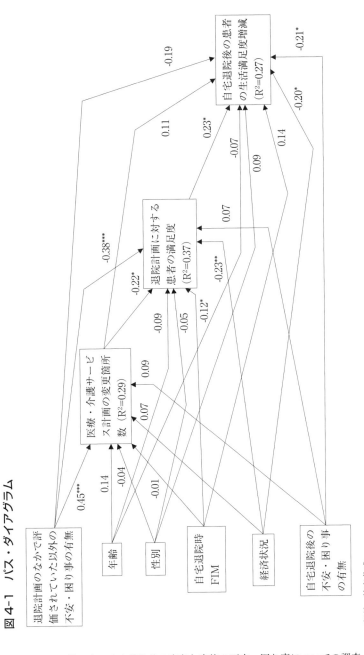

出所：筆者作成。
注1) 矢印の数値（パス係数）は、表4-4〜6の標準化回帰係数であり、* p < 0.05, ** p < 0.01, *** p < 0.001 であることを表している。
注2) ここでの不安・困り事とは、「自宅退院後の生活を送るなかで、患者と家族が不安を感じていたり、困っていたりすること」を指している。

第4章 自宅退院後の患者と家族の不安・困り事についての調査　171

のかを表している。(ⅰ)対患者、(ⅱ)対家族、(ⅲ)対院内スタッフ、(ⅳ)対病院組織、(ⅴ)対地域関係者、(ⅵ)対地域ネットワーク、(ⅶ)対社会全体である。横軸は以下の3点で構成されており、MSW部門が果たしている役割に対する認識を表している。①実際に行っていること、②行っていないが必要であると認識していること、③MSWとして評価されていることと評価されたいこと（以下、MSWとして評価されていること／されたいこと）である。

②訪問面接調査の結果の振り返り

訪問面接調査実施後（以下、調査実施後）のMSW部門が果たしている役割の現状と課題をまとめるにあたって、訪問面接調査で得られたデータをもとに振り返りをした。ここでは、具体的にどの項目に評価漏れがあったのかという点に注目することにした（評価漏れに注目した理由については考察部分で後述する）。

退院計画のなかで評価漏れがあった不安・困り事の項目と該当事例数を、表4-8に示す。上記項目のうち最多だったのは、「治療の方針・見通し」であった。次いで、「体調・病状」が2番目に多く、「住まい・住宅改修」と「在宅サービスの内容」が3番目に多かった。さらに、表4-8内には、評価漏れがあった項目のうち、MSWからみて入院中に評価可能だったと思われる項目の内訳を示している。項目数は、「在宅サービスの内容」が最も多く、次いで多かったのは「緊急時の対応」、「食事・排泄・入浴等」、「住まい・住宅改修」と「今後の療養場所」の4項目であった。

表4-9は、表4-8の退院計画のなかで評価漏れがあった項目をもとに、MSWからみて評価漏れが生じたと思われる理由をまとめたものである。「家族評価が不十分だった」が最も多く、2番目に多くあがった理由は「患者のADL状況の評価が不十分だった」、「患者のIADL状況の評価が不十分だった」と「患者のサービス利用に関わる状況の評価が不十分だった」の3点であった。これら以外にも、「家屋状況の評価が不十分だった」、「患者と家族の経済状況の評価が不十分だった」、「患者の情報収集が不十分だった」、「地域特性の評価が不十分だった」といった理由があがっていた。

表 4-7 訪問面接調査実施の MSW 部門が果たしている役割の現状と課題

	実際に行っていること（◎印）	行っていないが必要があると認識していること（☆印）	MSW として評価されていること（○印）／されていないこと（☆印）
(i) 対患者	◎状況把握のための情報収集 ◎意向の確認 ◎社会資源の情報提供と活用支援 ◎周囲の関係者との合意形成を図る ◎身体介助援助（買い物、金銭管理等） ◎住居の確保と整備に向けた支援 ◎アセスメント	☆MSW 支援計画の書面化 ☆医療・介護知識に関する定期的な学習 ☆疲労援助スキルの向上 ☆自宅退院後の予後予測の状況把握 ☆正確な予後予測の把握とそれをふまえた対応	○経済的支援や社会資源の案内→退院困難要因の軽減 ○意向の把握 ○複雑な患者背景への対応 ○家族との関係調整 ○周囲の関係者との合意形成に向けた支援 ☆専門的アセスメントにもとづいた介入
(ii) 対家族	◎状況把握のための情報収集 ◎意向の確認 ◎アセスメント ◎社会資源の情報提供と活用援助 ◎周囲の関係者との合意形成を図る ◎患者本人との合意形成についての説明	☆MSW 支援計画の書面化 ☆医療・介護知識に関する定期的な学習 ☆家族会の開催 ☆患者本人の意向を伝える方法の工夫 ☆自宅退院後の状況把握 ☆正確な予後予測の把握とそれをふまえた対応	○経済的支援や社会資源の案内→退院困難要因の軽減 ○意向の把握 ○患者本人との関係や家族内関係の調整 ○周囲の関係者との合意形成に向けた支援 ☆専門的アセスメントにもとづいた介入
(iii) 対院内スタッフ	◎MSW 支援に必要な情報収集 ◎多職種間理解の機会・共有 ◎MSW アセスメント内容の伝達 ◎患者と家族のニーズ一人ひとりの対応依頼 ◎周囲の関係者との合意形成を図る	☆他職種理解の機会の創設 ☆MSW 業務の専門性の伝達 ☆患者や家族との感情的な行き違いに対するフォロー	○多職種協働の取りまとめ ○地域関係機関との連絡調整 ☆MSW という職種への理解
(iv) 対病院組織	◎病院理念に沿った支援の実施 ◎病院経営を意識した退・転院支援の実施 ◎質を患者家族満足という貢献 ◎社会資源活用による未収金の防止 ◎病院の貢献内容の伝達	☆MSW 業務の専門性の伝達	○病院理念の具現化 ○病院経営を意識した退・転院支援 ○未収金の防止 ☆MSW という職種への理解 ☆MSW の貢献内容の理解
(v) 対地域関係者	◎患者や家族との橋渡し ◎院内スタッフとの橋渡し ◎社会資源に関する資料の整理と充実	☆地域ネットワークへの定期的な訪問 ☆社会資源の未知な部分の把握	○患者や家族の状況のリアルタイムな伝達 ○院内スタッフへの橋渡し役 ○地域関係機関との連絡調整役 ☆退・転院困難患者への対応力
(vi) 対地域ネットワーク	○地域ネットワーク構築に向けた働きかけ	☆地域ネットワークの形成（孤立防止支援ネットワークなど） ☆地域関係機関との定期的な交流	☆地域ネットワーク構築に向けた働きかけ
(vii) 対社会全体	○患者実態の発信	☆ソーシャルアクションにつなげる実践の充実	○患者実態の発信 ☆発信内容に対する共感的な理解

出所：「保健医療ソーシャルワークプログラム事例分析：ワークシート」（高山 2012）を用いて筆者作成。
注）本表の「MSW として評価されていること（◎印）／されていないこと（○印）／されていないこと（☆印）」は、MSW として評価されていること（○印）と評価されていないこと（☆印）を略したものである。

表4-8 退院計画のなかで評価漏れがあった項目とMSWからみて入院中に評価可能だったと思われる項目

単位：例（%）

不安・困り事項目	退院計画のなかで評価漏れがあった項目	MSWからみて入院中に評価可能だったと思われる項目
体調・病状	15 (13.4)	0 (0.0)
治療の方針・見通し	16 (14.3)	1 (0.9)
通院・受診	4 (3.6)	2 (1.8)
緊急時の対応	9 (8.0)	4 (3.6)
食事・排泄・入浴等	10 (8.9)	4 (3.6)
家事	2 (1.8)	1 (0.9)
経済面	5 (4.5)	2 (1.8)
家族の介護負担	3 (2.7)	1 (0.9)
住まい・住宅改修	12 (10.7)	4 (3.6)
今後の療養場所	5 (4.5)	4 (3.6)
食事内容	6 (5.4)	0 (0.0)
在宅サービスの内容	12 (10.7)	5 (4.5)
服薬	4 (3.6)	3 (2.7)
介護保険等の手続き	1 (0.9)	1 (0.9)
介護用品の手配	7 (6.3)	3 (2.7)
医療処置	0 (0.0)	0 (0.0)
医療機器や薬剤の手配	1 (0.9)	0 (0.0)

出所：永田ら（2007）の「不安・困り事」項目を用いて筆者作成。
注）表内の数値は事例数であり、（　）内には自宅退院後調査を実施した全112例に占める割合を示した。

③訪問面接調査実施後のMSW部門が果たしている役割の現状と課題

上述の②の振り返り内容をふまえて、調査実施後のMSW部門が果たしている役割の現状と課題をまとめたものが**表4-10**である（作成日は2016年2月18日）。なお、調査実施後に新たに追加・変更になった箇所を、太字下線部付きとした。加えて、追加・変更箇所の一連の流れを示すために、矢印を追記した。

以下、**表4-10**の新たに追加・変更になった箇所を中心に、（ⅰ）対患者～（ⅶ）対社会全体の枠組みに沿って順に説明する。ただし、（ⅴ）対地域

表4-9　MSWからみて評価漏れが生じたと思われる理由

単位：（例）

項目	具体的な理由
家族評価が不十分だった（8）	・家族介護力を過大評価していた（3） ・同居家族がいるから大丈夫だと思っていた（3） ・家族対応力を過大評価していた（1） ・家族の介護負担を見落としていた（1）
患者のADL状況の評価が不十分だった（6）	・患者の夜間・排泄関連動作の把握が不十分だった（3） ・患者のADL状況に合わせた環境設定ができていなかった（2） ・患者のADL状況に合わせた介護サービスの設定ができていなかった（1）
患者のIADL状況の評価が不十分だった（6）	・患者のIADL（通院や買い物）状況の把握が不十分だった（3） ・患者の服薬状況の把握が不十分だった（3）
患者のサービス利用に関わる状況の評価が不十分だった（6）	・介護サービス利用の必要性を見落としていた（3） ・介護サービス利用による患者へ及ぼす影響を見落としていた（1） ・患者の介護サービスの利用拒否を見落としていた（1） ・緊急支援サービス利用の必要性を見落としていた（1）
家屋状況の評価が不十分だった（4）	・家屋状況の把握が不十分だった（4）
患者と家族の経済状況の評価が不十分だった（2）	・患者の経済的な不安感を十分把握できていなかった（1） ・患者だけでなく家族全体の経済状況の把握が不十分だった（1）
患者の情報収集が不十分だった（2）	・患者の認知機能低下への不安感を十分把握できていなかった（1） ・在院日数が短く患者の情報収集が不十分であった（1）
地域特性の評価が不十分だった（1）	・退院先の地域特性の把握が不十分だった（1）

出所：筆者作成。
注）（　）内の数値は事例数を示している。

関係者と（ⅶ）対社会全体については、追加・変更箇所がなかったことから、ここでは省略する。

（ⅰ）対患者

（ⅰ）対患者では、調査実施前より、「アセスメント」が実際に行っている役割としてあがっていた。一方、調査実施後では、新たに「中長期的な視点を含めたアセスメントの実施」が、行っていないが必要であると認識

表 4-10 訪問面接調査実施後の MSW 部門が果たしている役割の現状と課題

		実際に行っていること（○印）	行っていないが必要性があると認識していること（☆印）	MSW として評価されていること（○印）／されていないこと（☆印）
(i)	対患者	○状況把握のための情報収集 ○意向の確認 ○アセスメント ○社会資源の情報提供と活用した支援 ○身の回り援助（買い物、金銭管理等） ○自宅退院後の把握 ○正確な予後予測の把握とそれをふまえた対応	☆支援計画の書面化 ☆医療・介護知識に関する定期的な学習 ☆患者会の開催 ☆就労支援スキルの向上 ☆中・長期的な視点を含めたアセスメントの実施 ☆自宅退院後フォローの必要性判断への関与 ☆家屋評価実施の把握とそれをふまえた対応	○経済的支援や社会資源の案内 ○意向の把握 ○複雑な背景への対応 ○家族との関係性調整 ○周囲の関係者との合意形成に向けた支援 ☆専門的アセスメントを行うだけでなく、中・長期的な視点にもとづいた介入 ☆自宅退院後の生活の安定をめざした介入
(ii)	対家族	○状況把握のための情報収集 ○意向の確認 ○アセスメント ○社会資源の情報提供と活用した支援 ○周囲の関係者との関わり方への状況把握 ○患者本人との関わり方への状況把握 ○手続予測の把握とそれをふまえた対応	☆支援計画の書面化 ☆医療・介護知識に関する定期的な学習 ☆家族会の開催 ☆家族の意向を伝える方法の工夫 ☆中・長期的な視点を含めたアセスメントの実施 ☆自宅退院後フォローの必要性判断への関与 ☆家屋評価実施の把握とそれをふまえた対応	○経済的援助や社会資源の案内 ○意向の把握 ○患者本人と家族の関係性調整 ○周囲の関係者との合意形成に向けた支援 ☆専門的アセスメントを行うだけでなく、中・長期的な視点にもとづいた介入 ☆自宅退院後の生活の安定をめざした介入
(iii)	対院内スタッフ	○MSW 支援に必要な情報収集 ○多職種間の情報交換・共有 ○MSW アセスメント内容の伝達・依頼 ○患者と家族のニーズへの対応依頼 ○周囲の関係者との合意形成を図るための調整 ○患者や家族との感情的行き違いに対するフォロー	☆多職種理解の機会の創設 ☆MSW業務の専門性の伝達 ☆中・長期的なアセスメント内容の伝達	○多職種協働の取りまとめ ○地域関係機関との連絡調整 ☆MSW という職種への理解
(iv)	対病院組織	○病院理念にそった支援の実施 ○病院経営を意識した退・転院支援の実施 ○質と患者家族満足を意識した退・転院支援の実施 ○社会資源活用による未収金の防止 ○MSW の貢献内容の伝達	☆MSW業務の専門性を伝える働きかけ ☆自宅退院後フォローが組織的な取り組みになるような働きかけ	○病院理念の具現化 ○病院経営を意識した退・転院支援 ○未収金の防止 ☆MSW という職種への理解 ☆MSW の貢献内容への理解
(v)	対地域関係者	○患者家族との橋渡し ○院内スタッフとの橋渡し ○社会資源に関する資料の整理と充実	☆地域関係機関への定期的な訪問 ☆地域資源の未知な部分の把握	○患者や家族の状況のリアルタイムな伝達 ○院内スタッフへの橋渡し役 ○地域関係機関との連絡調整役 ☆退・転院調整役の理解
(vi)	対地域ネットワーク	○地域ネットワーク構築に向けた働きかけ	☆地域ネットワークの形成（孤立防止支援ネットワーク化） ☆地域関係機関との定期的な交流 ☆自宅退院後の地域ネットワークの点検・評価	☆地域ネットワーク構築に向けた働きかけ ☆地域ネットワークの点検・評価者としての役割
(vii)	対社会全体	○患者実態の発信	○ソーシャルアクションにつなげる実践の充実	○患者実態の発信 ☆発信内容に対する共感的な理解

出所：「保健医療ソーシャルワークプログラム事例分析：ワークシート」（高山 2012）を用いて筆者作成。
注1）本表の「MSW として評価されていること（○印）／されていないこと（☆印）」は、MSW として評価されていること（○印）を省略したものである。
注2）調査実施後に新たに追加・変更となった箇所を太字下線部付きとし、同箇所の矢印の流れを示すために矢印を追加している。

176

していることにあがっている。そのうえで、「自宅退院直後だけでなく中長期的な視点にもとづいた介入」が、MSWとして評価されていること／されたいことのなかに追加になっている。以上の内容は、今回の訪問面接調査を通じて、MSWとしてめざす「アセスメント」の中身が、これまで以上に具現化されたことを示すものである。

　さらに、調査実施前後を比較すると、「自宅退院後の状況把握」が、行っていないが必要があると認識していることから、実際に行っていることへ移行している。今回の訪問面接調査を通じて、「自宅退院後の状況把握」をすることができたと判断したためである。ただし、「自宅退院後の状況把握」にとどまることなく、今後は「自宅退院後フォローの実施」が必要であるという意見が出た。これは、身寄りのいない患者が自宅退院後に、不安・困り事が生じているにもかかわらず、誰にも相談できなかったために、そのまま放置されている事例があったことを受けて出たものであり、MSWによる関与の必要性を示すものである。そのため、「自宅退院後フォローの実施」が、行っていないが必要があると認識していることのなかに追加になっている。そのうえで、「自宅退院後の生活の安定を目指した介入」が、MSWとして評価されていること／されたいこととして、新たに加わっている。

　また、「正確な予後予測の把握とそれをふまえた対応」が、行っていないが必要があると認識していることから実際に行っていることへ変更になっている。ただし、表4-9の評価漏れが生じた理由として、家屋評価を実施していないために、「家屋状況の評価が不十分だった」ということがあがっていた。そのため、MSW部門としても、「家屋評価実施の必要性判断への関与」が必要ではないかという意見が出た。

　これまでは、家屋評価を実施するかどうかについては、入院中のADLレベルや患者の希望により判断されることが多く、MSWがその判断に関与することはほとんどなかった。しかし、訪問面接調査を通じて、入院中の環境下でADLレベルに支障はなくても、自宅退院後の住環境下ではうまくいっていない事例があった。また、患者が家屋評価を希望せず、実施しなかったために、自宅退院後の住環境に支障が出ている事例もあった。

そこで、「家屋評価実施の必要性判断への関与」が、行っていないが必要があると認識していることとして、新たに加わっている。そのうえで、先述の「自宅退院後の生活の安定を目指した介入」へとつながっている。

(ii) 対家族

（ii）対家族では、（i）対患者のなかで追加・変更になった項目とほぼ変わりがない。ただし、（i）対患者に含まれていない項目として、「家族を表層的にとらえるのではなく深層も含めてとらえる工夫」をあげることができる。表4-9のMSWからみて評価漏れが生じたと思われる理由を分析するなかで、入院中には家族対応力や家族介護力が高い、または家族の経済状況に問題はないと評価していたにもかかわらず、これらの点がうまくいっていないために、自宅退院後に不安・困り事が生じている事例があった。そのため、「家族を表層的にとらえるのではなく深層も含めてとらえる工夫」が、行っていないが必要があると認識していることのなかに追加になっており、その後の「専門的アセスメントにもとづいた介入」へとつながっている。

(iii) 対院内スタッフ

（iii）対院内スタッフでは、「患者や家族との感情的な行き違いに対するフォロー」が、行っていないが必要があると認識していることから実際に行っていることへ変更になっている。患者や家族は自宅退院に不安を感じ、転院するかどうか悩んでいるにもかかわらず、一部の院内スタッフがその悩みを十分に理解できず、感情的な行き違いが生じることがある。

このような事例では、MSWが患者や家族の話を傾聴し、その内容を院内スタッフへフィードバックすることが少なくない。ただし、得られた情報を単にフィードバックするだけでなく、MSWとしての「中長期的な視点を含めたアセスメント内容の伝達」ができるといいのではないかという意見が出た。そのため、「中長期的な視点を含めたアセスメント内容の伝達」が、行っていないが必要があると認識していることのなかに追加になっている。さらに、こうした伝達を他職種等へ行うことで、「MSWと

いう職種への理解」へつながるという流れになっている。

(iv) 対病院組織
（iv）対病院組織では、「自宅退院後フォローが組織的な取り組みになるような働きかけ」が、行っていないが必要であると認識していることとして、新たに加わっている。今回の訪問面接調査は、MSW部門主導で行ったものであるが、多職種協働による組織的な取り組みへと発展することが期待される。加えて、先述したように、「自宅退院後の状況把握」にとどまることなく、今後は「自宅退院後フォローの実施」へつなげていく必要があるという観点から、追加になったものである。調査実施前より、「質を意識した退・転院支援の実施」がなされているが、実際に自宅退院支援の質を向上させるためには、「自宅退院後フォローが組織的な取り組みになるような働きかけ」が必要であり、それが「MSWの貢献内容への理解」へつながるという流れになっている。

(vi) 対地域ネットワーク
（vi）対地域ネットワークでは、調査実施前より、「地域ネットワーク構築に向けた働きかけ」が実際に行っている役割としてあがっていた。一方、調査実施後では、新たに「自宅退院後の地域ネットワークの点検・評価」が、行っていないが必要であると認識していることに加わっている。

今回の訪問面接調査を通して、入院中に構築した地域ネットワークのみでは十分に機能しておらず、患者や家族の不安・困り事がそのまま放置されている事例があった。また、地域ネットワークにまったくつながっていないために、誰にも相談できる相手がおらず、患者や家族が苦慮している事例もあった。そのため、「自宅退院後の地域ネットワークの点検・評価」が必要ではないかという意見が出た。さらに、「地域ネットワークの点検・評価者としての役割」が、MSWとして評価されていること／されたいことのなかに追加になっている。以上の内容は、今回の訪問面接調査を通じて、地域ネットワークでMSWが果たす役割が、これまで以上に具現化されたことを示すものである。

6. 考察

訪問面接調査の結果、退院計画のなかで評価されていた以外の不安・困り事があった場合に、医療・介護サービス計画の変更箇所数が多くなっていた（**表 4-4**）。これは、第1章で示した**表 1-5**（96頁）の仮説4を支持する結果といえる。

次に、退院計画のなかで評価されていた以外の不安・困り事があったり、医療・介護サービス計画の変更箇所数が多くなった場合に、退院計画に対する患者の満足度は低下傾向にあった（**表 4-5**）。これは、第1章で示した**表 1-5**の仮説5を支持する結果といえる。

一方、退院計画に対する患者の満足度が低くなった場合に、自宅退院後の患者の生活満足度は低下傾向にあった（**表 4-6**）。ただし、第1章で示した**表 1-5**の仮説6「退院計画のなかで評価されていた以外の不安・困り事や医療・介護サービス計画の変更があったり、退院計画に対する患者の満足度が低くなったりすると、自宅退院後の患者の生活満足度が低下しやすい」の内容には反していた。より具体的にいうと、退院計画のなかで評価されていた以外の不安・困り事の有無と医療・介護サービス計画の変更箇所数は、有意差を認めなかった。それでも、退院計画のなかで評価されていた以外の不安・困り事の有無と医療・介護サービス計画の変更箇所数が、退院計画に対する患者の満足度に影響を及ぼしている状況をふまえると、間接的にはこれらのプロセスの不備が、自宅退院後の患者の生活満足度増減に負の影響を及ぼしていることが考えられる。

とりわけ医療・介護サービス計画の変更箇所数や退院計画に対する患者の満足度に対して、大きな影響力を及ぼしているのが、退院計画のなかで評価されていた以外の不安・困り事の有無であった。そのため、どの点に評価漏れがあったのかということに注目していく必要があると判断し、その項目を抽出した。そのうえで、MSWからみて、入院中に評価可能だったと思われる項目を抽出し、退院計画チームの評価漏れが生じた理由を分析した（**表 4-8、9**）。

さらに、これまでの内容をふまえて、訪問面接調査後のMSW部門の役割変化に関わる分析を行った（表4-10）。その結果、「中長期的な視点を含めたアセスメント内容の伝達」や「家族を表層的にとらえるのではなく深層も含めてとらえる工夫」といった評価に関わる事項が、MSW部門が果たす役割の課題としてあがった。
　ここでは、上記内容をふまえて、以下の3点について考察する。

(1) 退院計画のプロセスの不備が患者アウトカムに及ぼす影響

　本調査では、退院計画に関わる病院スタッフによる支援プロセスの不備が、その後の展開にどのような影響を及ぼすのかについて検証を行った。結果は先述した通りであるが、退院計画に対する患者の満足度だけでなく、自宅退院後の患者の生活満足度にも、間接的ではあるものの影響を及ぼしていることが示された。上記内容は、退院計画に関わる病院スタッフによる評価や医療・介護サービス計画の精度が低いと、ボタンのかけ違いのように、その後の支援展開に支障をきたし、患者の生活の質の低下につながる可能性があることを示すものである。

　なお、退院計画のなかで評価されていた以外の不安・困り事の有無を、病院スタッフの評価漏れの有無とみなし、それが患者アウトカムに影響を及ぼしているとは言い切れないという反論も予想される。評価漏れではなく、不安・困り事自体が、患者アウトカムに影響を与えている可能性が否定できないからである。しかし、統制変数として、自宅退院後の不安・困り事の有無を投入した結果であることをふまえると、ここでは、不安・困り事自体ではなく、評価漏れによるものだとみなしても問題ないと考える。

　ただし、退院計画のなかで評価されていた以外の不安・困り事のなかには、突発的で事前評価が困難なものも含まれており、一概に評価精度が低いと言い切れない部分もあると思われる。さらに、患者または家族の対処能力によって、不安・困り事の生じやすさが異なることも予想されるため、こうした点にも留意する必要がある。

　上記結果と関連のありそうな樋口（2004）の先行研究がある。全国訪問看護ステーション調査結果にもとづいて、訪問看護師によってケアマネジ

メントの6段階（①アセスメント、②ゴール設定、③ケアプランの作成、④デスエデュケーション、⑤サービス利用後の再調整、⑥ゴール変更の必要性の検討）を多く実施しているほど、「介護者の満足度」も高いと報告している。本調査でも、退院計画に関わる病院スタッフによる支援プロセスが、患者アウトカムに影響を及ぼしているという結果を得ており、この点では一致している。

ただし、樋口（2004）の調査では、ケアマネジメントの6段階のうち何段階実施したかどうかを評価指標にしており、それぞれの内容が、どの程度適切になされているというところまでには踏み込んでいない。一方、本調査では、支援プロセスの内容に不備があったかどうかを評価指標としており、指標設定のところで、異なる方法をとっていることに留意する必要がある。つまり、本調査の結果は、単に支援プロセスの段階を実施すればいいというわけではなく、その中身が問われていることを、実証的に示したものだといえる。

(2) 中長期的な視点を含めた評価の必要性

本調査では、B病院でこれまで十分に行われていなかった自宅退院後調査を実施することで、MSW部門の役割にどのような変化が生じるのかを検証した。その結果、「中長期的な視点を含めたアセスメントの実施」が、新たな項目として浮かび上がった。これは、単に自宅退院が可能かどうかという観点で評価するのではなく、その後の中・長期的な生活をイメージしたうえで評価することの必要性を示すものである。さらに、「在宅に退院することがゴールではなく、『退院後在宅での生活を満足した形で過ごすことが真のゴールである』という視点を病院側が持つことが、退院患者の本来の目的を達成させることにつながる」という考え方にも通じるものである（山村ら 2014）。

中・長期的な視点を含めた評価の必要性は、これまでの先行研究の調査結果からもうかがい知ることができる。たとえば、川北（2010）が、回復期リハビリテーション病棟から在宅退院した患者の3ヵ月後のADLを調査した結果、「向上」が33％であった一方で、「悪化」が25％であったと

している。自宅退院時のADL状況は、時間の経過とともに変動し得るものであることを示しており、とりわけ「悪化」を見越した評価が欠かせないと考える。

さらに、自宅退院時、退院後3ヵ月・6ヵ月・1年のそれぞれの時点で、健康と生活上の問題について、同じ患者を対象に調査を行った先行研究が存在する（猪下ら 1996；太田ら 1996；中西ら 1996）。太田ら（1996）は、自宅退院6ヵ月後における健康と生活上の問題をまとめており、「6ヵ月後の新たな問題として注目すべきものとしては人間関係やコミュニケーションの障害が認められた」としている。また、中西ら（1996）は、自宅退院1年後における健康と生活上の問題をまとめており、「特に日常生活上の問題は著しく増加した」としている。これらの結果は、自宅退院時または退院後3ヵ月時点には問題がみられなかったとしても、その後の時間の経過とともに、新たな問題が生じる可能性があることを示すものである。

一方、本調査では、自宅退院後3ヵ月時点までの患者と家族の不安・困り事をとらえることはできているが、その後の動向を把握できていない。そのため、今後同様の調査を行う際には、中長期的かつ経時的な調査の実施を検討していくことが必要である。中長期的な時間の流れのなかで、自宅退院後の患者と家族の不安・困り事内容が、どのように推移・変化するのかを把握する作業は、MSWが「中長期的な視点を含めたアセスメントの実施」できる能力を獲得するうえでも、欠かせないものであると考えるからである。

(3) 家族状況を深くとらえた評価の必要性

本調査では、退院計画チームの評価漏れがあった項目のなかで、MSWからみて、入院中に評価可能だったと思われる項目を抽出し、評価漏れが生じた理由を分析した。その結果、「家族評価が不十分だった」が、最も多い理由であることが示された。さらに、この分析結果を受けて、MSW部門が果たす役割の課題として、「家族を表層的にとらえるのではなく深層も含めてとらえる工夫」が、新たに浮かび上がった。

家族状況を深くとらえた評価の必要性は、これまでの先行研究の知見に

も示されている。たとえば、副田（1994）は、高齢者福祉における「『家族支援』の意味」を論じており、「限定された生活をもつ在宅福祉政策のもとで、女性たち介護者に就労やその他の自己実現の欲求の実現を断念させ、子どもたち家族全員による余暇活動などをあきらめさせているという現実がある」としている。そのうえで、「現在の在宅福祉政策のこうした基本的性格を認識したうえで、家族負担の軽減という『家族支援』とともに、介護者をはじめとする家族員の自己実現を含めた基本的諸欲求の充足を考慮に入れた援助の方策を検討する必要がある」と述べている。一方、2000年に介護保険制度が開始したことで、1990年代に比べれば在宅福祉政策は拡充傾向にあるが、家族介護が前提になっている点に変わりはない。そのため、副田（1994）が示した内容は、今もなお通じるものになっていると考える。

さらに、杉山（2007）は、「今後の医療と福祉の展望と課題」を論じており、「どのように精緻なマニュアルやアセスメントシートが作成されたとしても、それだけではとらえきれないニーズが存在する」としている。そのうえで、「利用者との信頼関係を築き、利用者やその家族の状況を、心の壁にまで立ち入りつつ立体的に理解し支援していくためには、ソーシャルワークの視点が不可欠になろう」と述べている。

また、渡部（2015）は、「変容する家族と社会福祉」について論じており、「実際の支援場面では、クライエント個人にのみ目が向けられて、その問題の家族への影響、あるいは家族からの影響に十分な配慮がなされていない場合も多い」と述べている。そのうえで、家族の存在・影響を考慮した評価を行うためには、以下の6点に目を向ける必要があるとしている。①家族の問題の捉え方、②家族の歴史・関係性、③家族が持つ価値観、④家族成員の異なる役割、⑤家族としての問題対処能力（コーピング力）、⑥家族以外のソーシャルサポーターの存在である。

副田（1994）は介護者と家族、杉山（2007）・渡部（2015）は患者本人と家族について述べたものになっている。しかし、いずれも家族状況を深くとらえる必要性を示しており、この点では、本調査で得られた結果と一致している。加えて、家族状況を深くとらえるうえで、社会福祉ないし

ソーシャルワークの視点が欠かせないことが示されており、この部分でのMSWが果たす役割は大きいと考える。

第2節 「短期間で再入院にいたった事例」の質的調査
―― 患者または家族とケアマネジャーへのインタビュー調査（第4調査）

1. 調査目的

　本節では、病院から自宅退院したにもかかわらず、その後短期間（3ヵ月以内）で再入院にいたった事例の実際とその過程を把握することを目的に、A医療法人B病院（回復期リハビリテーション病棟）での事例調査を実施する。加えて、再入院にいたるまでの過程における患者または家族側と介護支援専門員・地域包括支援センター職員側の認識の異同に注目し、異同にどのような意味合いがあるのかを示すことを目的とする。さらに、これらの作業を通して、退院後の再入院を予防するうえで、MSWとしてどのような関わり方が求められているのかを見出す端緒としたい。

　なお、本調査では、居宅介護支援事業所の介護支援専門員に加え、地域包括支援センターでケアプラン作成を担当する職員を総じてケアマネジャーとする。ここでケアマネジャーを取り上げる理由は、自宅退院後の状況の詳細を把握しやすい立場にあり、病院から退院へつなげる際に、MSWをはじめとした病院スタッフと連絡・調整のやりとりをする機会が多く、効果的な退院支援のあり方を検討するにあたって、欠かせない職種だと考えるからである。

2. 調査対象・方法

（1）調査フィールドと対象

　調査フィールドは、私と関わりのあるA医療法人B病院の回復期リハ

ビリテーション病棟である。B病院を選定した理由は、私が病院のおかれている状況（職員状況や病院を取り巻く環境）を熟知しており、詳細な実態分析を行ううえで適したフィールドだと判断したからである。加えて、病院から自宅退院したにもかかわらず、その後再入院にいたった事例を取り扱うことから、自宅退院件数の割合が高い回復期リハビリテーション病棟は、本調査に適したフィールドだと考える。なお、再入院には病状的な要因が関連していると思われるため、病状管理を主とする急性期病院を研究フィールドにすることも検討し、私と関わりのある急性期病院に相談するも、自宅退院後の実態をあまり把握できていないという理由で、協力を得ることができなかった経緯がある。

　調査対象は、B病院より2014年11月1日～2015年10月31日に自宅退院したにもかかわらず、短期間（3ヵ月以内）で再入院にいたった事例である[5]。ただし、調査同意が得られなかった事例と患者または家族の体調悪化等で調査協力が難しくなった事例が合わせて14例あり、最終的に調査協力が得られた事例は9例である。なお、再入院のなかには、自宅退院元の病院（ここではB病院）以外への入院も含めている。一方で、療養型病院への入院待機のために一旦自宅退院した事例、自宅療養と病院へのレスパイト入院を定期的に繰り返している事例、病院以外の施設への入所事例は含めていない。

(2) 調査方法

　調査協力が得られた患者または家族と再入院時に関わっていたケアマネジャーへのインタビュー調査を通して、事例に関わるデータの収集・整理を行った（調査実施期間：2015年4月～2016年1月）。ただし、介護保険サービスのケアプラン作成の必要がなく、ケアマネジャーが付いていなかった場合には、患者または家族のみにインタビュー調査を行った。一方、退院計画のプロセス内に、退・転院後のフォローアップと事後評価が位置づけられているが、わが国ではその評価が不十分だとされている（手島1997b；伊藤2003；原田ら2007）。そのため、今回のインタビュー調査のなかには、MSW等の病院側のスタッフを含めなかった経緯がある。

インタビュー調査では、半構造化面接法を採用した。具体的には、基本情報の聞き取りを行ったあと、以下の2点の枠組みに沿った質問をしたうえで、調査協力者になるべく自由に語ってもらうことを心がけた。

①再入院にいたった主な理由。
②「退院直前期，在宅導入期，在宅安定期」（鮫島ら 2002）での様子。
　ここでは、「退院直前期」を退院日のおおよそ1週間前から退院日までの期間、「在宅導入期」を自宅退院後1ヵ月未満の期間、「在宅安定期」を自宅退院後1ヵ月以上から3ヵ月以内の期間とする。

インタビュー調査で得られたデータは、佐藤（2008）の質的データ分析法にもとづいて分析を行った。なお、本分析法は、「多様な文脈に埋め込まれた意味の解釈と分析を主たる目的とする」方法である（同上 2008：53）。つまり、「それぞれの事例が持つ個別性・特殊性について丹念に記述しながら、同時に他方で、『なぜ、そのようなパターンが見られるのか』という点について、説明をおこなっていくこと」をめざすものであり、本調査の目的を達成するうえでは適した分析法だと考える（同上 2008：70）。

分析にあたっては、まず収集された文字テキストデータから、意味内容ごとに文章をセグメント化し、それらをもとにコードを付ける作業を行いつつ、調査結果をまとめることにした。加えて、B病院退院時に渡された看護サマリーの現物を入手し、その内容からB病院側の対応・認識に関わるデータを抽出・確認した。患者または家族側とケアマネジャー側および病院側からの三者の情報を比較統合することで、より多面的な分析が可能になると考えたためである。さらに、以上のデータとそれ以外に得られた調査データをもとに「事例－コード・マトリックス」（同上 2008：59-73）を作成した。

一方、再入院にいたった主な理由については、後述の考察部分で、上記で付けたコードとその内容をもとにカテゴリーを作成した。また、分析結果をふまえて、再入院の理由や経過に対する患者または家族側とケアマネジャー側の認識の異同がなぜ生じているのかを検討し、後述の考察部分では、それを説明するための図を作成した。

また、本調査では、〔　　〕にコード化したもの、【　　】にカテゴリー

表4-11 調査協力者の基本属性

事例番号	回答者（患者との関係）	特性
1	長男	50歳代，男性
	地域包括支援センター職員	ケアマネジャー2年・介護福祉士5年・訪問介護（ヘルパー）5年経験あり，女性
2	妻	70歳代，女性
	介護支援専門員	ケアマネジャー3年・看護師11年経験あり，女性
3	妻	60歳代，女性
	介護支援専門員	ケアマネジャー14年・社会福祉協議会（社会福祉主事）6年経験あり，男性
4	妻	50歳代，女性
5	本人	60歳代，男性
	介護支援専門員	ケアマネジャー1年・医療ソーシャルワーカー11年・病院事務職22年経験あり，男性
6	妻	50歳代，女性
	介護支援専門員	ケアマネジャー5年，看護師10年経験あり，男性
7	長女	50歳代，女性
8	妻	70歳代，女性
	介護支援専門員	ケアマネジャー13年・医療ソーシャルワーカー7年・介護士2年経験あり，女性
9	長女	60歳代，女性
	介護支援専門員	ケアマネジャー10年・看護師13年・医療ソーシャルワーカー1年・在宅支援センター1年，女性

出所：筆者作成。

化したものを、それぞれ示すこととする。加えて、調査データをコード化またはカテゴリー化する際には、B病院のMSW2人を含めて集団的に共有・検討することで、データ分析の信頼性・妥当性を確保した。

3. 調査結果

(1) 調査協力者の基本属性

表4-11は、調査協力者の基本属性をまとめたものである。患者または家族側の調査協力者は、患者本人が1例のみで、他はすべて家族であった。家族の内訳は、妻5例、長女2例、長男1例で、妻が最も多かった。一方、ケアマネジャー側の調査協力者は、居宅介護支援事業所の介護支援専門員6例、地域包括支援センター職員1例であった。ケアマネジャー経験は1〜14年と幅がみられた。

(2) 患者の基本属性

表4-12は、対象事例の患者の基本属性をまとめたものである。患者の年齢層は、60歳代4例、70歳代1例、80歳代4例で、60歳代と80歳代が最も多かった。性別は男性6例、女性3例で、男性が多かった。B病院から退院したときのFIMは、概ね100点台（事例1・2・3・4・7・9）であり、事例5でも95点とほぼ100点に近い水準といえる。しかし、事例6は20点、事例8は70点であり、他の7例と比べると点数が低かった。

次に、介護保険の要介護認定をみると、非該当は1例のみで、それ以外の6例は要支援・要介護認定を受けており、要介護2が3例で最も多かった。なお、表には掲載していないが、事例7では要介護2の認定を受けているものの、定期的な介護サービスの利用はなく、ケアプラン作成の必要がないために、ケアマネジャーは付いていなかった。さらに、世帯構成をみると、一人暮らしは2例（事例5・9）であり、それ以外は2〜4人暮らしであった。主介護者は、妻が5例で最も多く、長女と長男が1事例ずつで、主介護者不在が2例であった。

自宅退院後から再入院までの期間は、1ヵ月未満が2例、1ヵ月以上〜2ヵ月未満が3例、2ヵ月以上〜3ヵ月以内が4例であった。再入院時の主病名は、大腿骨骨折関連が3例（事例3・5・9）あった。一方、それ以外

表 4-12 患者の基本属性

事例番号	仮名	年齢	性別	自宅退院時 FIM	介護保険要介護認定	世帯構成（主介護者の続柄）	自宅退院後から再入院までの期間	再入院時の主病名
1	a	80歳代	女性	109点【運動78点＋認知31点】	要支援2	長男との2人暮らし（主介護者：長男）	3週間ぐらい	心機能の低下
2	b	80歳代	男性	114点【運動82点＋認知32点】	要介護2	妻との2人暮らし（主介護者：妻）	82日	肺炎
3	c	60歳代	男性	101点【運動71点＋認知30点】	要介護2	妻，長女との3人暮らし（主介護者：妻）	43日	左大腿骨転子部骨折
4	d	60歳代	男性	107点【運動76点＋認知31点】	なし	妻との2人暮らし（主介護者：妻）	49日	腰椎圧迫骨折
5	e	60歳代	男性	95点【運動66点＋認知29点】	要支援2	1人暮らし（主介護者：なし）	28日	右大腿骨転子部骨折の再手術
6	f	60歳代	男性	20点【運動13点＋認知7点】	要介護5	妻，母，次男との4人暮らし（主介護者：妻）	90日	尿路感染症
7	g	70歳代	女性	101点【運動71点＋認知30点】	要介護2	長女夫婦，孫との4人暮らし（主介護者：長女）	62日	多発骨折
8	h	80歳代	男性	70点【運動49点＋認知21点】	要介護3	妻との2人暮らし（主介護者：妻）	39日	腸閉塞
9	i	80歳代	女性	101点【運動71点＋認知30点】	要介護4	1人暮らし（主介護者：なし）	77日	左大腿骨骨折

出所：筆者作成。
注）「自宅退院時 FIM」欄には再入院前の入院先である B 病院から自宅退院した時の FIM 点数を表記した。FIM 点数は，運動項目と認知項目の合計点数を示したうえで，【　】内には運動項目と認知項目それぞれの点数を表記した。

は、すべての事例で異なる病名であった。

(3) 質的データ分析法にもとづく分析結果

表4-13は、再入院にいたった主な理由を、回答者別に整理したものである。表4-14は、再入院にいたるまでの経過を、「退院直前期、在宅導入期、在宅安定期」に沿って、回答者別にまとめたものである。表4-15は、B病院側の対応・認識を含めて、先述の手順で作成した「事例－コード・マトリックス」である。以下、表4-13～15をもとに結果を示していく。

①再入院にいたった主な理由（表4-13、15）

ここでは、再入院にいたった主な理由をコード化したものおよびその概要を以下に示す。内容的には、非常に多岐にわたっている一方で、患者または家族側とケアマネジャー側の見解が一致していない事例もみられた。

〔不規則な生活と内服管理の不備〕とは、定期的に体を動かすこともなく、飲食を自由にするといった不規則な生活を患者本人が送っていたこと、および本人に内服管理を任せていたが、管理ができていなかったことである（事例1：長男）。〔自宅退院後のケア体制の不備〕とは、患者本人の周りに十分なケア体制が整っておらず、本人の力と家族の力のバランスがうまくとれていなかったことで、自宅退院後のケア体制に不備が生じたことである（事例1：ケアマネジャー）。

〔体調管理の不備〕とは、寒い日に患者本人が松の木を剪定したことで、体調を崩してしまったことである（事例2：妻）。〔デイケアへの参加〕とは、患者本人がデイケアに参加した際に、インフルエンザに罹患してしまったことである（事例2：ケアマネジャー）。〔不慮の事故〕とは、家族がしっかりと付き添いをしていたにもかかわらず、患者本人が屋外で倒れてしまったことである（事例3：妻、ケアマネジャー）。

〔アルコールの多飲〕とは、患者本人のアルコールの多飲によって、けいれん発作が起きたことで、イスから滑り落ちてしまい、それが原因で本人が腰痛を訴えていたことである（事例4：妻）。〔これまでの生活習慣〕とは、これまで喫煙していたことで、骨がもろくなっており、患者本人が

表4-13 再入院にいたった主な理由

事例番号	回答者	コード	インタビューデータの抜粋
1	長男	[不規則な生活と内服管理の不備]	○家に帰ってくると、自分がよっぽど意識しないと、運動はしない、寝たきり、コーヒーもお茶も自由に飲んでしまう、水分摂取量のコントロールが難しくなり、体に水分が溜まってしまう、内服管理もできていなかった。○本人に任せておくのはどうかと思うのだが。
	ケアマネジャー	[自宅退院後のケア体制の不備]	○退院する前は、aさんはかなり歩けていたが、病院の24時間体制のケアの元気であって、退院後に周りのケアが去れば安心ある状態が保てていただろうが、家に帰されとしまい、aさんの力や息子のバランスがうまくとれていなかったのではないか。
2	妻	[体調管理の不備]	○はじめはインフルエンザ。○4日ぐらいしてから診察に行ったら、肺炎だと言われました。○インフルエンザになったのは、寒い日に松の木を剪定していたことが原因ではないかと思う。
	ケアマネジャー	[デイケアへの参加]	○もともと肺の疾患があって、低肺機能患者であるところに、インフルエンザに罹患してしまって入院になった。集団のところ（デイケア）に行っていたのが防ぎようがなかった。
3	妻	[不慮の事故]	○歩行器を持っていたので私も安心してして。そしたら、逆の方へ転倒してしまった。
	ケアマネジャー	[不慮の事故]	○不可抗力というか大事なようですができますが、デイサービスの送迎場所まで行く時に転んでしまって、その時に奥さんも手を付いておられたようですが、決して目を離したということではないのです。
4	妻	[アルコールの多飲]	○けいれんの発作によって、イスから滑り落ちしまい、それが原因で骨折していたので、今回のけいれん発作の原因ですよと言われた。
5	本人	[これまでの生活習慣]	○骨プレートをくっつけていたから、それによって骨が開かれることで手術が必要になり、腰痛を訴えるようになっていった。再入院することになったとことで、骨折後の後遺症によって骨がうまくなっていったことが原因ではないか。
	ケアマネジャー	[不慮の出来事]	○（骨折の）手術をした時の金具が外れてしまって、これがいつ生じたのかなんでしょうね。
6	妻	[活動量の変化に応じた栄養摂取量の調整不足]	○デイサービスに行くことによって、お風呂も入って、リハビリも入って、そういうことを私身考えていなかった。動くとなるとそれだけ分は消費するため、その分栄養量を増やすが必要ないか。
	ケアマネジャー	[在宅サービスの限界]	○在宅で関われるのは限度があるんで、（ケースによっては）24時間365日職員もとれる施設とか病院でフォローしてもらったほうがいい方もいる。
7	長女	[住環境の不備]	○布団から立ち上がろうとしたときに、調子の悪かった左足がなかったので、そのまま尻もちをついた。○自分でもどかが何とかなるかなあと思いもありました。ただ、ベッドがなくて、布団ですから。
8	妻	[腸機能の低下と水分摂取不足]	○最初は直腸癌、腸が悪いのかな。○水分摂取量は十分でなかったように思います。
	ケアマネジャー	[腸機能の低下と水分摂取不足]	○直腸癌をすべて取されているので、（腸閉塞に）なりやすいと聞いていた。そういう方は、○水分を摂りがちだと便通が硬くなってしまう。○水分をとっていただと便秘を助長することになってしまう。
9	長女	[内服薬の影響]	○本人の話を聞く限りでは、内服薬の影響で体の力が線々に急に低下してしまうんじゃないでしょうか。バタンと思いきり倒れたと言っていた。
	ケアマネジャー	[自己認識の不足]	○ご自身のなかで心の力や体の力が線々に低下している自覚がなかったことが、転倒などアクシデントにつながっていったのかなと認識している。

出所：筆者作成。
注：表内の [ ] はコード、○はインタビューデータの一部を抜粋したもの。( ) は前後の文脈からインタビューデータに言葉を加えたものである。

表4-14　再入院にいたるまでの経過

事例番号	回答者	退院直前期	在宅導入期	在宅安定期
1	長男	[良くなったことでの安心感] ○前の状態にある程度戻ったからかなという印象。	[突然の病状悪化] ○本人が「胸が苦しい」と言い出した。	該当データなし
	ケアマネジャー	[体調不良への懸念] ○長い期間寝ているのがうとうとうでした。	[ケア体制不備による病状悪化] ○訪問看護などを入れることができていれば、管理をもう少ししっかりできていたのではないか。	該当データなし
2	妻	[順調な印象] ○退院する時は、異常なしで帰ってきた。	[順調な印象] ○私よりしっかり歩けていた。	[体調管理の不備による病状悪化] ○あんな寒い日に外出したら、風邪引くと思う。
	ケアマネジャー	[順調な印象] ○わりとお元気で、リハビリの意欲もあって。	[順調な印象] ○お変わりない感じでしたね。	[突然の病状悪化] ○インフルエンザにかかって入院した。
3	妻	[順調な印象] ○背を折る前に近いくらいにはなった。	[順調な印象] ○直前期とあまり変わらなかった気がし。	[順調な印象] ○入院する子までは変わらなかったと思います。
	ケアマネジャー	[順調な印象] ○基本的なことはしっかりできておられた。	[順調な印象] ○順調だったんですけど。	[順調な印象] ○それほど変わりない印象でした。
4	妻	[順調な印象] ○自立度は高いと思いました。	[順調な印象] ○お食事を残さずにやっていた。順調だったんです。	[生活習慣の悪化] ○仕事を辞めるかどうかの葛藤が始まった時から。（飲酒量が）徐々に増えてきて。
5	本人	[不安と期待の気持ち] ○痛みが激しかった。○早くに家へ帰りたいという思いもあった。	[痛みに耐えながらの生活] ○痛みに耐えかねる日に特に強かった。地獄でした。	該当データなし
	ケアマネジャー	[順調な印象] ○順調に訓練が進んでいる印象でした。	[痛みへの訴えからの生活] ○陥る痛みを訴えることが多かったですね。	該当データなし
6	妻	[順調な印象] ○しっかりしてきたという感じでしかなった。	[危機的状況からの脱出] ○（デイサービス利用で）本人の状態も落ち着いていました。	[突然の病状悪化] ○レスパイトを考えるまでには、何もなかった。
	ケアマネジャー	[家族介護負担への懸念] ○家族がどこまで待てるのか、というのは心配でした。	[長女宅での生活の大変さ] ○とにかく横ですぐに電話になりしてね。リハをしても発話が良くなってきたり、手も動けるようになってきた。	[突然の病状悪化] ○全然熱が下がらなかったため、（病院で）フォローしてもらおうという話になりました。
7	長女	[1人暮しへの不安] ○1人暮らしするのは大丈夫かな。	[長女宅での生活の大変さ] ○とにかく通うの変わらない感じでしたね。	[長期的の生活の大変さ] ○夜中心の生活ですから、母にとっては大変
8	妻	[順調な印象] ○あんだけ歩けるようになった。	[順調な印象] ○今まで通り変わらない感じ。	[突然の病状悪化] ○いかんなと思ったのは、2～3日前でした。
	ケアマネジャー	[順調な印象] ○自宅でいけそうかなという印象でした。	[順調な印象] ○問題はありませんでした。	[突然の病状悪化] ○いつもと違う話は聞いていました。
9	長女	[1人暮しへの不安] ○家に帰るにあたって、心配はなかったです。	[順調な印象] ○サービス計画修正による混乱] ○サービスが随時入ってイコール頭の中はタクシー状態という感じだった。	[度重なる転倒] ○転倒したという話は聞いていました。 [サービス計画修正による混乱] ○在宅導入直後と変わらない状況が続いていたように思います。再入院の2日前。

出所：鮫島ら（2002）の「退院直前期、在宅導入期、在宅安定期」を用いて筆者作成。

注）表内の〔　〕はコード、○はインタビューデータの一部を抜粋したもの、（　）は前後の文脈からインタビューデータに言葉を加えたものである。

表 4-15 事例―コード・マトリックス

事例番号	患者の年齢・性別	回答者	再入院にいたった主な理由	B病院からの説明	看護サマリーへの記載	再入院までの経過：退院直前期	再入院までの経過：在宅導入期	再入院までの経過：在宅安定期
1	80歳代 女性	長男	[不規則な生活と内服管理の不備]	なし	記載不十分	[良くなったことでの安心感]	[突然の病状悪化]	該当データなし
		ケアマネジャー	[自宅退院後のケア体制の不備]	なし	記載なし	[体制不良への懸念]	[ケア体制不備による病状悪化]	該当データなし
2	80歳代 男性	妻	[体調管理の不備]	なし	記載なし	[順調な印象]	[順調な印象]	[体調管理の不備による病状悪化]
		ケアマネジャー	[デイケアへの参加]	該当データなし	該当データなし	[順調な印象]	[順調な印象]	[突然の病状悪化]
3	60歳代 男性	妻	[不慮の事故]	なし	記載不十分	[順調な印象]	[順調な印象]	[順調な印象]
		ケアマネジャー	[不慮の事故]	なし	記載不十分	[順調な印象]	[順調な印象]	[順調な印象]
4	60歳代 男性	本人	[アルコールの多飲]	なし	記載不十分	[これまでの生活習慣]	[順調な印象]	[生活習慣の悪化]
5	60歳代 男性	ケアマネジャー	[不慮の出来事]	該当データなし	該当データなし	[不安と期待の気持ち]	[痛みに耐えながらの生活]	該当データなし
6	60歳代 男性	妻	[活動量の変化に応じた栄養摂取量の調整不足]	なし	記載不十分	[順調な印象]	[痛みに耐えながらの生活]	該当データなし
		ケアマネジャー	[在宅サービスの限界]	あり	記載あり	[家族介護負担への懸念]	[危機的な状況からの脱出]	[突然の病状悪化]
7	70歳代 女性	長女	[住環境の不備]	なし	記載不十分	[1人暮らしへの不安]	[長女宅での生活の大変さ]	[長女宅での生活の大変さ]
8	80歳代 男性	妻	[腸機能の低下と水分摂取不足]	なし	記載なし	[順調な印象]	[順調な印象]	[突然の病状悪化]
		ケアマネジャー	[腸機能の低下と水分摂取不足]	なし	記載なし	[順調な印象]	[順調な印象]	[突然の病状悪化]
9	80歳代 女性	長女	[内服薬の影響]	なし	記載不十分	[順調な印象]	[順調な印象]	[長女宅での生活の大変さ]
		ケアマネジャー	[自己認識の不足]	なし	記載不十分	[1人暮らしへの不安]	[サービス計画修正による混乱]	[度重なる転倒]

出所：佐藤（2008）の「事例―コード・マトリックス」と鮫島ら（2002）の「退院直前期，在宅導入期，在宅安定期」を用いて筆者作成。

骨折しやすい状況になっていたことである（事例5：本人）。〔不慮の出来事〕とは、患者本人に何らかの力が働いたのかどうかは定かでないが、以前手術を受けたときにつけた金具が外れてしまったことである（事例5：ケアマネジャー）。

〔活動量の変化に応じた栄養摂取量の調整不足〕とは、退院後にデイサービスを利用し始めたことで、患者本人の活動量が増加したため、その分栄養摂取量を増やす必要があったが、それができていなかったことである（事例6：妻）。〔在宅サービスの限界〕とは、24時間365日職員がついている病院・施設サービスと異なり、在宅サービスで関われるのは限度があるということである（事例6：ケアマネジャー）。

〔住環境の不備〕とは、患者本人の状態からはベッドでの生活が望ましかったにもかかわらず、家族の判断でベッドの準備をせず布団での生活をしていたことで、布団から立ち上がろうとしたときに転んでしまったことである（事例7：長女）。〔腸機能の低下と水分摂取不足〕とは、患者本人に直腸癌の既往があり腸機能が低下していたこと、および本人が水分を摂りたがらないために水分摂取不足に陥ったことである（事例8：妻、ケアマネジャー）。

〔内服薬の影響〕とは、内服薬の影響で急に体の力が抜けてしまい、患者本人が転倒してしまったことである（事例9：長女）。〔自己認識の不足〕とは、患者本人が自身の体力低下についての自覚不足が原因で、転倒につながってしまったことである（事例9：ケアマネジャー）。

②再入院にいたるまでの経過（表4-14、15）

まずは、再入院にいたるまでの経過をコード化したものとその概要を示す。次に、これらのコードを、「退院直前期」、「在宅導入期」、「在宅安定期」ごとにまとめた内容を説明する。

（ⅰ）コードとその概要

事例1・7以外のすべてでみられる〔順調な印象〕とは、患者本人の状況からは、再入院にいたる気配がなく、順調な印象を受けていたことであ

る。次に、事例1・2・6・8でみられる〔突然の病状悪化〕とは、患者本人の突然の病状悪化により、体調不良に陥ってしまったことである。さらに、事例7・9でみられる〔一人暮らしへの不安〕とは、患者本人の状況より、以前のように一人暮らしすることに不安を感じていたことである。

〔良くなったことでの安心感〕とは、患者本人の状態が入院前のレベルまで改善したことに対して、安心感を抱いたことである（事例1：長男）。〔体調不良への懸念〕とは、患者本人の状態が十分に改善していないことに対して、不安を感じていたことである（事例1：ケアマネジャー）。〔ケア体制不備による病状悪化〕とは、介護サービスの利用が不十分であったために、自宅退院後のケア体制に不備が生じ、結果的に患者本人の病状悪化を招いてしまったことである（事例1：ケアマネジャー）。

〔体調管理の不備による病状悪化〕とは、寒い日に患者本人が無理して外で作業をしたことで、病状を悪化させてしまったことである（事例2：妻）。〔生活習慣の悪化〕とは、退院後徐々に飲酒する場面が増えてきたことで、生活習慣の悪化がみられたことである（事例4：妻）。〔不安と期待の気持ち〕とは、患者本人が体の痛みから不安を感じつつも、もうすぐ家に帰れることへの期待感を持っていたことである（事例5：本人）。〔痛みに耐えながらの生活〕とは、患者本人が日に日に強くなる痛みに耐えながら、何とか生活を送っていたことである（事例5：本人、ケアマネジャー）。

〔家族介護負担への懸念〕とは、患者本人が重介護を要する状態であり、家族介護がどこまで持つのか心配していたことである（事例6：ケアマネジャー）。〔危機的な状況からの脱出〕とは、家族が新たな介護サービスの利用を受け入れたことで、介護の大変さを訴えていた家族の負担を軽減することができ、危機的な状況から脱出できたことである（事例6：ケアマネジャー）。

〔長女宅での生活の大変さ〕とは、患者本人が長女宅へ退院したものの、本人の体力低下、および環境の良い病院から畳中心の生活になったことで、本人が生活していくうえで大変さを感じていたことである（事例7：長女）。〔度重なる転倒〕とは、患者本人が夜間トイレに行く際に、何

度も転倒していたことである（事例9：長女）。〔サービス計画修正による混乱〕とは、サービス計画のなかにデイサービスを新たに導入したことで、患者本人がその流れについていけず、混乱状態に陥ってしまったことである（事例9：ケアマネジャー）。

（ⅱ）「退院直前期」、「在宅導入期」、「在宅安定期」ごとの様子

「退院直前期」で最も多かったのが、〔順調な印象〕である。患者または家族側と支援者側ともに、〔順調な印象〕と評していた事例も3例（事例2・3・8）あった。しかし、患者または家族側が〔順調な印象〕であったにもかかわらず、支援者側が〔体調不良への懸念〕と〔家族介護負担への懸念〕、および〔一人暮らしへの不安〕を示していた事例が3例（事例1・6・9）あった。一方で、支援者側が〔順調な印象〕であったにもかかわらず、患者または家族側が〔不安と期待の気持ち〕を抱いていた事例も1例（事例5）あった。

「在宅導入期」でも、最も多かったのが〔順調な印象〕である。患者または家族側とケアマネジャー側ともに、〔順調な印象〕と評していた事例も3例（事例2・3・8）あった。一方、患者または家族側とケアマネジャー側ともに、〔痛みに耐えながらの生活〕という見解で一致していた事例が1例（事例5）あった。しかし、同じ病状悪化でも、〔突然の病状悪化〕と〔ケア体制不備による病状悪化〕といった具合に、異なる経過によって引き起こされたと、患者または家族側とケアマネジャー側それぞれが別の認識をしていた事例が1例（事例1）あった。さらに、事例6・9では、患者または家族側は〔順調な印象〕であるととらえていたにもかかわらず、ケアマネジャー側は〔危機的な状況からの脱出〕や〔サービス計画修正による混乱〕と認識しており、異なるとらえ方をしていた。

「在宅安定期」で最も多かったのが、〔突然の病状悪化〕である。患者または家族側とケアマネジャー側ともに、〔突然の病状悪化〕と評していた事例も2例（事例6・8）あった。一方、双方ともに〔順調な印象〕という見解で一致していた事例が1例（事例3）あった。ただし、同じ病状悪化でも、〔体調管理の不備による病状悪化〕と〔突然の病状悪化〕といっ

た具合に、異なる経過によって引き起こされたと、患者または家族側とケアマネジャー側それぞれが別の認識をしていた事例が1例（事例2）あった。

③再入院にいたった主な理由の発生リスクに対する
  B病院側の対応・認識（表4-15）

インタビュー調査では、①の再入院にいたった主な理由の発生リスクについて、入院中にB病院側から事前に説明があったかどうかも調査協力者に尋ねた。その結果、B病院側より説明があったことを確認できたのは、〔住環境の不備〕と〔在宅サービスの限界〕の2点だけであった。一方、〔不規則な生活と内服管理の不備〕と〔不慮の事故〕および〔活動量の変化に応じた栄養摂取量の調整不足〕の3点は、B病院側から事前に説明があれば、未然に防げていたかもしれない内容であることがうかがえる。

さらに、患者または家族側とケアマネジャー側それぞれがあげている再入院にいたった主な理由について言及がなされているかどうか、B病院退院時に渡された看護サマリーの記載内容も確認した。しかし、再入院にいたった主な理由の発生リスクについて言及があったのは、〔在宅サービスの限界〕のみであった。それ以外の理由に対しては、「記載なし」または「記載不十分」であり、B病院スタッフによる退院後の生活状況への認識不足を示唆するものになっている。

4. 考察

上記結果をふまえて、以下の2点について考察する。ここでは、**表4-13～15をもとに、再入院にいたった主な理由についてカテゴリー生成**したり、再入院の理由や再入院にいたるまでの経過に対する患者または家族側とケアマネジャー側の認識の異同を説明するための構造図を作成する。

（1）再入院にいたった主な理由からみえること

再入院にいたった主な理由は、非常に多岐にわたっているが、コードとその内容をもとに分類すると、大きく5つのカテゴリーが抽出可能である

と考える。

1つ目は、B病院の【退院計画の不備】によるものである。これに沿ったコードとしては、〔不規則な生活と内服管理の不備〕と〔不慮の事故〕および〔活動量の変化に応じた栄養摂取量の調整不足〕の3点をあげることができる。3の（3）の③でも述べたように、上記3点についてはいずれもB病院側からの入院中の説明がなく、もし説明があれば、未然に防げていた可能性がある。

2つ目は、【自宅退院後のケア体制・サービスの不備】によるものである。これに沿ったコードとしては、〔自宅退院後のケア体制の不備〕と〔在宅サービスの限界〕および〔住環境の不備〕をあげることができる。

3つ目は、【患者本人に起因するもの】である。これに沿ったコードとしては、〔体調管理の不備〕、〔アルコールの多飲〕、〔これまでの生活習慣〕、〔腸機能の低下と水分摂取不足〕と〔自己認識の不足〕の5点をあげることができる。

4つ目は、【不慮の出来事によるもの】である。これに沿ったコードとしては、〔デイケアへの参加〕、〔不慮の出来事〕と〔内服薬の影響〕の3点をあげることができる。

5つ目は、【家族に起因するもの】である。これは、コードそのものからではなく、コード概要から生成したものである。具体的には、3の（3）の①で示した「患者本人の力と家族の力のバランスがうまくとれていなかった」（事例1）、「家族の判断でベッドの準備をせず布団での生活をしていた」（事例7）ことをあげることができる。

Frankel & Gelman（2006：131）は、ケースマネジメントの結果について、利用者が失敗した理由を説明する主要な要素が3つあるとしている。第1に、「ケースマネジャーの技術不足」をあげている。第2に、身近な人びと等から「十分な支援を受けられない」ときや「地域の機関が十分なサービスの供給に失敗する」ときをあげている。第3に、利用者の「簡単にはうまくいかないような心理・生物的学的特徴」をあげており、ケース例として嗜癖や慢性の精神疾患等を示している。本調査の結果と照らし合わせると、第1の要素は【退院計画の不備】、第2の要素は【自宅退院後

のケア・サービス体制の不備】、第3の要素は【患者本人に起因するもの】に、ほぼ対応したものになっている。再入院事例は、自宅退院をさせた病院側にとっては、いわゆる失敗事例ともいえるものであり、本調査で得られた結果は、Frankel & Gelman（2006）の知見とおおむね一致したものとみなすことができる。

ただし、第1章第5節7でも述べたように、退院計画や自宅退院支援の実施が、再入院の抑制につながるかどうかに言及している論文はみられるものの、その効果については賛否両論ある。小林ら（2010）は、国外文献の知見をもとに、「再入院の背景には複雑な要因があり、〈中略〉社会経済学的要因や地域的要因が影響している可能性もあり、また退院計画の遂行を推進するだけでは再入院防止効果は見込めない」としている。一方、白山ら（2004）は、悪性腫瘍患者への適切な自宅退院支援を行った群とそうでない群に分けて在宅診療期間の比較をしたところ、後者群では不安が強いために、早い時期に再入院が必要となり、在宅診療期間が有意に短くなっていると報告している。

本調査では、【退院計画の不備】が、再入院をもたらす1つの要因としてあがっており、適切な退院計画を行うことで、結果的に再入院の抑制につながると読み取れなくもない。しかし、小林ら（2010）が指摘する社会経済学的要因や地域的要因に、十分踏み込めていない可能性もある。この点については、今後さらなる検討が必要であると考える。

(2) 患者または家族側とケアマネジャー側の認識の異同からみえること

再入院にいたった主な理由について、同じ事実であるにもかかわらず、患者または家族側とケアマネジャー側で異なる内容をあげていた事例が5例（事例1・2・5・6・9）あった。それに対して、患者または家族側とケアマネジャー側で同じ内容をあげていたのが2例（事例3・8）あった。ここでは、患者または家族側とケアマネジャー側の認識の異同という観点から、双方が異なる内容をあげていた5事例に注目した。

その結果、患者または家族側は、患者本人についての詳細な内容を述べているのに対して、ケアマネジャー側は、患者本人を取り巻く周囲の環境

を含めた内容を述べている傾向があることが確認できた。たとえば、事例1では、長男は患者本人の〔不規則な生活と内服管理〕をあげていたのに対して、地域包括支援センター職員は周りのケアの不十分さとして、〔自宅退院後のケア体制の不備〕をあげていた。加えて、事例6では、妻は患者本人の〔活動量の変化に応じた栄養摂取量の調整不足〕をあげていたのに対して、ケアマネジャーは自宅での周囲の関わりの限界として、〔在宅サービスの限界〕をあげていた。

さらに、3の（3）の②で述べたように、再入院にいたった主な理由だけでなく、再入院にいたるまでの経過のなかでも、患者または家族側とケアマネジャー側の認識が異なっていた事例があったことは注目に値する。たとえば、「退院直前期」で、患者または家族側とケアマネジャー側の認識コードが異なっていたのは、事例1・5・6・9であった。特に、事例1・6・9では、家族は〔良くなったことでの安心感〕、〔順調な印象〕であったが、ケアマネジャーは〔体調不良への懸念〕、〔家族介護負担への懸念〕、〔一人暮らしへの不安〕と正反対の見解を示していた。これらを分析すると、患者または家族側は患者本人の状況を中心にとらえているのに対して、ケアマネジャー側は患者だけでなく家族の状況や思いも含めたとらえ方をしていることが読み取れる。さらに、「在宅導入期」と「在宅安定期」でも同様に、患者または家族側は患者本人を中心とした状況把握を行っているのに対して、ケアマネジャー側は家族や周囲のケア体制、療養環境を含めた状況把握をしている傾向があった。

図4-2は、以上の内容をふまえて、再入院の理由や経過に対する患者または家族側とケアマネジャー側の認識の異同を説明するために、作成した構造図である。具体的には、患者または家族側の認識は、患者本人に関わる要因（生活習慣、体調・病状、ADL・IADL等）へ向きやすいのに対して、ケアマネジャー側の認識は、患者を取り巻く環境要因（家族の状況や思い、周囲のケア体制、療養環境等）へ向きやすいことが起因となって、両者の認識に異同が生じていることを示している。

MSWとしては、患者または家族側とケアマネジャー側の認識のどちらが優れているのかという見方をするのではなく、それらの異同の背景を理

図4-2 再入院の理由や経過に対する患者または家族側とケアマネジャー側の認識の異同

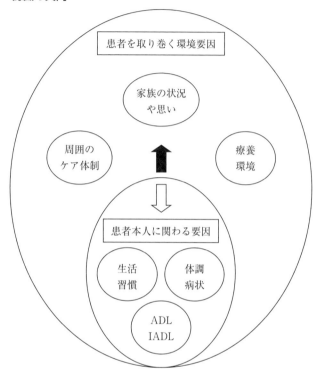

出所：筆者作成。
注1) ⇨は患者または家族側の認識が向きやすい方向，➡はケアマネジャー側の認識が向きやすい方向であることを示している。
注2) 患者本人に関わる要因として生活習慣，体調・病状，ADL（日常生活動作）・IADL（手段的日常生活動作），患者を取り巻く環境要因として家族の状況や思い，周囲のケア体制，療養環境をあげているが，これらがすべてではない。他にもさまざまな要因をあげることができるが，紙面のスペース上代表的な要因のみを示した。

解したうえで、適切に分析・統合していくという発想が必要である。MSWは、病院スタッフのなかでも、患者または家族側とケアマネジャー側の双方と接する機会の多い職種であり、患者本人に関わる要因と患者を取り巻く環境要因を包括的にとらえたアセスメントをしやすい立場にある。

MSWより、こうした包括的なアセスメント内容を他職種へフィード

バックすることで、医療チームが患者と家族の全体像を把握することに貢献し、再入院のリスク要因である退院計画の不備の解消にもつながり得るのではないかと考える。一方、MSWのこうした立場を強みとすることが、効果的な自宅退院支援のあり方を検討する際に重要になってくる可能性がある。MSWが間に入り、患者または家族側とケアマネジャー側の認識が一致できるような働きかけをすることで、患者と家族の実情に即した医療・介護サービス計画の立案・実行が可能となり、再入院予防や退院計画の質向上に寄与することが考えられるためである[6]。

〔注〕
1) 調査時期を自宅退院後3ヵ月経過した時点に設定したのは、以下の2つの理由からである。①自宅退院後の患者と家族の混乱期が過ぎ、自宅での生活にある程度適応し、調査に応じやすい時期であると考えたため。②「退院後3ヵ月間は生活機能が変動しやすい」期間とされており、その間の状況を把握する必要性が高いと判断したため（小泉 2011）。
2) 使用の際の留意事項として、「尺度としては不十分なので、あくまでも目安程度である」ことが記されている（伊藤 2000）。一方で、信頼性・妥当性が検証されていない評価尺度ではあるものの、これ以外に適当なものは見当たらず、実際に他の調査（小川ら 2003；楠本ら 2008；胡ら 2012；嶋﨑 2013）でも使用されている（なお、本調査で得られたデータをもとに、Cronbachのα係数を計算したところ0.69であったことを確認している）。さらに、平均在院日数の短縮化や在宅復帰率の向上が促進されるなかで、病院側の支援が十分に行き届いているかどうか、利用者である患者自身の声を聞くことが、これまで以上に重要になってきている。そのため、方法上の困難があるとしても、利用者評価を行うことは喫緊の課題であり、あえて本尺度を用いた満足度調査を実施することとした。
3) WHO/QOL26日本語版（田崎ら 2007）を使用した理由は、身体・心理・社会・環境面を総合的に評価できる尺度であり、退院計画による効果をより詳細に把握できると考えたからである。
4) 「退院困難な要因」は、診療報酬制度の退院調査加算（調査実施当時の名称、現在は入退院支援加算という名称に変わっている）で規定されている以下の8つの要因に、社会経済的要因の代表格である「経済的困難あり」と「保証人不在」の2つを加えたものとした。①悪性腫瘍、認知症又は誤嚥性肺炎等の急性呼吸器感染症のいずれか。②緊急入院である。③介護保険が未申請の場合。④入院前に比べADLが低下し、退院後の生活様式の再編が必要であること（必要と推測されること）。⑤排泄に介護を要する。⑥同居者の有無にかかわらず、必要な介護を十分に提供できる状況にない。⑦退院後に医療処置（胃瘻等の経管栄養法を含む）が必要。⑧入退院を繰り返している。
5) 短期間を自宅退院後3ヵ月以内とした理由は、以下の内容をふまえて、それらすべてを網羅する期間を設定する必要があると考えたためである。まず、DPCでは、診断群分類番号の上2桁が同一の傷病名で、7日以内に再入院した場合については、

前回入院と一連の入院として扱われることになっている。一方、療養病棟の在宅復帰機能強化加算では、「退院した患者の在宅での生活が1月以上（医療区分3の患者については14日以上）継続する見込みであることを確認できた患者」でないと、在宅復帰とは認められないことになっている。さらに、先行研究のなかには、自宅退院後の早い時期を「おおむね2～3ヵ月以内」としているものや、「退院直後から2ヵ月間は、本人・家族ともに療養生活のパターンが確立していないため諸問題が発生しやすい」と指摘しているものがある（伊佐地ら 2009；長岡ら 2011）。加えて、阿曽ら（1991）も、事例調査の結果にもとづいて、「退院後2～3ヵ月で、すでに介護力に限界がある」と述べている。

6) このように考察した理由は、以下の通りである。両者がそれぞれの認識の異同を共有することで、支援者側であるケアマネジャーとMSWを含めた医療チームは、患者を取り巻く環境に加えて、本人の状況をより深くとらえた計画の立案が可能となり、患者または家族側もその計画案を受け入れやすくなるのではないかと考えたためである。

第 5 章

療養型病院・施設等への転院制約要因とそれを有する患者への取り組みについての調査

　本章の目的は、療養型病院・施設や居宅系施設（有料老人ホーム、グループホーム等）への転院制約要因とそれを有する患者への取り組みについての3つの調査を行うことで、こうした患者への有効な対処方略を見出すことである。
　第1節では、A医療法人B病院のカルテ・ソーシャルワーク記録を用いた調査を行い、転院制約要因を有することで生じる困難性の定量化を試みる。第2節では、前節の調査結果を参考にしつつ、MSWによる転院制約要因を有する患者の早期把握に向けた取り組みを行うことで、どのような効果がみられるのかを検証する。第3節では、転院制約要因の一つである保証人問題に対する先進的な取り組みをしている社会福祉協議会職員へのインタビュー調査を通じて、療養型病院・施設等が求める保証人の役割にどのように対応しているのかを把握する。さらに、それぞれの調査結果をふまえて、転院制約要因を有することで生じる困難性を克服するために、MSWにはどのような視点や関わり方が求められているのかを検討することとする。

第1節　転院制約要因を有することで生じる困難性についての量的調査
―― A 医療法人 B 病院のカルテ・ソーシャルワーク記録調査（第5調査）

1. 調査目的

転院困難事例への対処方略を考える際に、まず必要なのが、こうした事例の実態を的確に把握することである。そのためには、転院制約要因を有することで、どのような困難が生じているのかを、データにもとづいて実証的に示す作業が不可欠といえる。そこで、本節では、A 医療法人 B 病院（回復期リハビリテーション病棟）のカルテ・ソーシャルワーク記録の患者データを用いて、転院制約要因を有することで生じる困難性を定量化することを目的とした、量的調査を実施する。

2. 調査対象・方法

(1) 調査フィールドと対象

調査フィールドは、A 医療法人 B 病院の回復期リハビリテーション病棟である。今回 B 病院を選定した理由は、私と関わりの深いフィールドであり、より詳細なデータ収集が可能になると考えたからである。加えて、私が B 病院周囲の転院先の現状を把握していることもあり、実態に即した分析が行いやすいフィールドだと判断したためである。

調査対象は、B 病院に入院し、2008 年 4 月 1 日から 2016 年 1 月 5 日までに自宅以外の場所へ転院した患者で、急変・検査等の医学的な理由で急性期病院へ転院した患者 162 例を除いた 503 例である。

表 5-1　転院制約要因①〜⑤の評価基準

> ①医療行為を要する
> 　患者が経管栄養，酸素療法，気管切開，喀痰吸引，褥瘡の処置，インスリン注射，バルーンカテーテルのうちいずれか 1 つ以上を行っている。
> ②転倒・転落対策を講じている
> 　患者の認知面低下により，離床感知器使用，ベッド 4 点柵使用，ベッド使用困難のうちいずれか 1 つ以上を行っている。加えて，これらの該当理由が，患者の転倒・転落リスクの軽減目的であることが条件となる。
> ③行動障害を有する
> 　患者の認知面低下により，幻視・幻聴，妄想，昼夜逆転，暴言・暴行，介護への抵抗，徘徊，独語，火の不始末，不潔行為，異食行動，性的問題行動のうちいずれか 1 つ以上が認められる。
> ④経済的困難あり
> 　B 病院 MSW 部門で協議したうえで，経済的な理由で転院先探しに支障が出ている，または支障が出ることが予想される状態と判断された事例であることが条件となる。
> ⑤保証人なし
> 　患者の入院・入所契約に必要な保証人をお願いできる人がいない。

出所：筆者作成。
注）①〜⑤はいずれも入院中の状態で評価し，入院途中で変動があった場合には，変動後の状態で評価する。

(2) 調査方法

調査方法は、B 病院のカルテ・ソーシャルワーク記録より、対象患者の性別、年齢、主病名、ADL レベル（入院時 FIM と転院時 FIM）、在院日数、転院先に関わるデータを収集し、転院制約要因を（1つ以上）有する患者群と有しない患者群に分けて集計した。

なお、本調査では、先行研究の検討と私の MSW 経験をふまえて、次の 5 点を転院制約要因とした（表 5-1）。①医療行為を要する、②転倒・転落対策を講じている、③行動障害を有する、④経済的困難あり、⑤保証人なしである。上記以外にもさまざまな要因が考えられるが、本調査では、明確な評価基準が設定できる要因のみを選定した。また、転院制約要因を有する患者群が、①〜⑤の要因をどの程度有しているのかを把握するために、転院制約要因に関わるデータを内訳ごとに集計・整理した。

さらに、以下の 3 点を調査し、転院制約要因を有する患者群と有しない

表 5-2 変数の定義

変数名	定義
・転院先「患者または家族の第1希望でなかった」	転院先が，患者または家族の第1希望でなかった場合に1，第1希望であった場合に0をとるダミー変数。
・医療行為を要する	**表 5-1** の①医療行為を要するの評価基準に該当する場合に1，それ以外の場合に0をとるダミー変数。
・転倒・転落対策を講じている	**表 5-1** の②転倒・転落対策を講じているの評価基準に該当する場合に1，それ以外の場合に0をとるダミー変数。
・行動障害を有する	**表 5-1** の③行動障害を有するの評価基準に該当する場合に1，それ以外の場合に0をとるダミー変数。
・経済的困難あり	**表 5-1** の④経済的困難ありの評価基準に該当する場合に1，それ以外の場合に0をとるダミー変数。
・保証人なし	**表 5-1** の⑤保証人なしの評価基準に該当する場合に1，それ以外の場合に0をとるダミー変数。
・年齢	転院時点での患者の年齢。
・性別／男性ダミー	患者が男性の場合に1，女性の場合に0をとるダミー変数。
・転院時FIM	転院時点での患者のFIM点数（運動項目と認知項目を合計したもの）。

出所：筆者作成。

患者群に分けて集計したうえで、t検定やχ^2検定を用いて分析した。①医師が転院を指示した日（＝最初の診療情報提供書・入所診断書が作成された日）から転院日までの期間、②MSWによる打診または入院・入所判定会の段階で受け入れ不可の返答があったかどうか、③患者または家族が第1希望であげていた転院先に移れたかどうか。

加えて、それぞれの転院制約要因が及ぼす影響を示すために、多変量解析を行った。具体的には、患者または家族が第1希望であげていた転院先に移れたかどうかを従属変数、上記の5つの転院制約要因を独立変数、年齢、性別、転院時FIMを統制変数としたロジスティック回帰分析を実施した。分析に用いた変数の定義は、**表 5-2** に示した通りである。なお、統計分析を行う際には、SPSS Statistics ver.23 を使用した。

3. 調査結果

　対象患者の性別、年齢、主病名、入院時と転院時のFIM、在院日数、転院先を、転院制約要因を有する患者群（n = 258）と有しない患者群（n = 245）ごとに集計したものを表5-3に示す。それによると、転院制約要因を有する患者群の男性の割合が、有しない患者群と比べて、17.3ポイント高かった。平均年齢は、転院制約要因を有する患者群よりも、有しない患者群で2.3歳高かった。

　さらに、転院制約要因を有する患者群では、脳関連の疾患（脳梗塞＋脳出血＋くも膜下出血＋その他脳関連の疾患）の割合が49.2％を占めており、有しない患者群と比べて、16.5ポイント高かった。FIM平均は、入院時と転院時ともに、転院制約要因を有しない患者群の点数が、有する患者群の点数を上回っていた。在院日数は、転院制約要因を有する患者群が、有しない患者群よりも2.3日上回っていた。転院先は、転院制約要因を有する患者群と有しない患者群ともに、老人保健施設が最も多く、いずれも全体の半数を超えていた。

　転院制約要因を有する患者群の要因内訳は、以下の通りであった。①医療行為を要するが97例、②転倒・転落対策を講じているが120例、③行動障害を有するが98例、④経済的困難ありが53例、⑤保証人なしが15例であった（重複あり）[1]。

　医師が転院を指示した日から転院日までの期間を調べたところ、転院制約要因を有する患者群が50.4 ± 31.6日（平均±標準偏差）であったのに対して、有しない患者群は35.0 ± 20.8日（同）であった（表5-4）。一方、転院制約要因を有する患者群の93例（36.0％）、有しない患者群の23例（9.4％）が受け入れ不可の返答を受けていた（表5-5）。

　患者または家族が第1希望であげていた転院先に移れたかどうかを調べたところ、転院制約要因を有する患者群のうち126例（48.8％）、有しない患者群のうち46例（18.8％）が第1希望の転院先に移ることができていなかった（表5-6）。一方、患者または家族の第1希望であげていた転

表5-3 転院患者(2008年4月～2016年3月)の性別,年齢,主病名,ADLレベル,在院日数,転院先

単位:例(%)[注]

	転院制約要因あり群 n = 258	転院制約要因なし群 n = 245
・性別		
男性	111 (43.0)	63 (25.7)
女性	147 (57.0)	182 (74.3)
・年齢	80.4 ± 10.6 歳	82.7 ± 9.3 歳
・主病名		
脳梗塞	78 (30.2)	48 (19.6)
脳出血	28 (10.9)	20 (8.2)
くも膜下出血	7 (2.7)	3 (1.2)
その他脳関連の疾患	14 (5.4)	9 (3.7)
脊髄損傷	7 (2.7)	5 (2.0)
大腿骨骨折	62 (24.0)	92 (37.6)
胸・腰椎圧迫骨折	15 (5.8)	30 (12.2)
その他骨折	9 (3.5)	11 (4.5)
腰椎の術後	2 (0.8)	0 (0.0)
廃用症候群	36 (14.0)	27 (11.0)
・ADL レベル		
入院時 FIM	38.7 ± 12.7 点	48.0 ± 14.4 点
転院時 FIM	55.2 ± 21.7 点	75.2 ± 24.0 点
・在院日数	80.7 ± 34.7 日	78.4 ± 35.5 日
・転院先		
療養型病院	53 (20.5)	28 (11.4)
一般病院	20 (7.8)	5 (2.0)
老人保健施設	142 (55.0)	166 (67.8)
特別養護老人ホーム	5 (1.9)	8 (3.3)
有料老人ホーム	19 (7.4)	20 (8.2)
グループホーム	8 (3.1)	5 (2.0)
ケアハウス	0 (0.0)	8 (3.3)
その他	11 (4.3)	5 (2.0)

出所:筆者作成。

注)年齢(単位:歳)とADLレベル(入院時と転院時のFIM合計,単位:点)および在院日数(単位:日)は平均±標準偏差で表示。これら以外は,事例数を表記したうえで,( )内に転院制約要因あり群258例,転院制約要因なし群245例ごとで占める割合を示した。

表 5-4　医師が転院を指示した日から転院までの期間

	転院制約要因あり n = 258	転院制約要因なし n = 245
医師が転院を指示した日から転院までの期間	50.4 ± 31.6 日	35.0 ± 20.8 日

出所：筆者作成。
注）有意確率 p < 0.001（統計：t 検定）。数値は平均±標準偏差で表示。

表 5-5　受け入れ不可の病院・施設ありとなしの割合

単位：例（％）

	転院制約要因あり	転院制約要因なし
受け入れ不可の病院・施設あり	93（36.0）	23（9.4）
受け入れ不可の病院・施設なし	165（64.0）	222（90.6）
合計	258（100）	245（100）

出所：筆者作成。
注）有意確率 p < 0.001（統計：χ^2 検定）。

表 5-6　患者または家族の第 1 希望の転院先とそれ以外の転院先の割合

単位：例（％）

	転院制約要因あり	転院制約要因なし
第 1 希望の転院先	132（51.2）	191（81.2）
それ以外の転院先	126（48.8）	46（18.8）
合計	258（100）	245（100）

出所：筆者作成。
注）有意確率 p < 0.001（統計：χ^2 検定）。

院先に移れたかどうかを従属変数としたロジスティック回帰分析を実施した結果、先の転院制約要因①〜⑤すべてに有意差を認めた（表5-7）。より具体的にいえば、これらの要因を有することで、患者または家族の第1希望の転院先へ移ることができていないことが示された。さらに、保証人なしのオッズ比が最も高く、次いで医療行為を要する、経済的困難あり、転倒・転落対策を講じている、行動障害を有するの順であった。ただし、保証人なしを除いた4要因については、さほど差がみられなかった。

表5-7 転院先「患者または家族の第1希望でなかった」の規定要因（ロジスティック回帰分析）

	回帰係数	オッズ比	有意確率
医療行為を要する	0.83	2.28	**
転倒・転落対策を講じている	0.62	1.86	*
行動障害を有する	0.53	1.70	*
経済的困難あり	0.65	1.92	*
保証人なし	1.25	3.49	*
年齢	-0.01	1.00	n.s.
性別／男性ダミー	0.19	1.22	n.s.
転院時FIM	0.00	1.00	n.s.
（定数）	-0.32		n.s.
N	503		
-2対数尤度	597.57		
Nagelkerke決定係数	0.13		
尤度比のカイ2乗検定	カイ2乗値 48.60　有意確率 0.000		

出所：筆者作成。
注）有意確率 p 値は重回帰分析で算出。**p<0.01, *p<0.05, n.s.：有意差なし。

4. 考察

(1) 転院制約要因を有する患者群は、有しない患者群と比べると、医師が転院を指示してから転院までに時間を要している

本調査では、制約要因を有する患者群は、そうでない患者群よりも、医師が転院を指示した日から転院日までの期間が、15.4日長かったという結果が得られている（表5-4）。これは、第1章で示した表1-5（96頁）の仮説7を支持する結果といえる。

このような状況が生じている理由としては、転院先が制約要因を有する患者の受け入れ人数を制限していることがあり、転院先に申し込みをしてから転院までの期間が長くなっていることが考えられる。さらに、後述するように、こうした要因を有すると、転院先より受け入れを断られやすく、いくつかの病院・施設から断られたあとに、ようやく転院先が見つかることもある。そのため、転院先を確保するまでに時間を要しやすく、結

果的に医師が転院を指示した日から転院日までの期間が長期化することも考えられる。

　転院までの待機日数については、いくつかの先行研究のなかで言及されている。横田ら（1998）は、転院事例を「短期ケース」と「長期ケース」に分類したうえで、受付～転院までの日数を算出している。それによると、「短期ケース」では29日、「長期ケース」では82日であったとしている。あわせて、転院阻害要因と想定された8項目について、「短期ケース」と「長期ケース」を比較検討するも、有意差を認めた要因は「MRSA保菌者」のみであり、本調査の5つの転院制約要因とは異なるものである。ただし、転院先が制約（阻害）されやすい要因を有する割合が高いケース群ほど、在院日数が長期化しやすいという点は、本調査の結果と一致したものになっている。

　また、恵濃ら（2009）は転院時FIMをもとに、「69点以下」群と「70点以上」群に分類し、最終的な転院先に転院依頼してから転院までの日数を転院待機日数としたうえで、両群の比較を行っている。それによると、「69点以下」群が26.4±20.2日（平均±標準偏差）であったのに対して、「70点以上」群は25.9±15.1日（同）であり、ほとんど差がない。ただし、上記の転院待機日数だけでなく、第1希望の転院先に転院依頼してから最終的な転院先に転院するまでの日数（調整日数）も比較しており、「69点以下」群のほうが6.6日長かったという結果を得ている。本調査での医師が転院を指示した日から転院日までの期間と、恵濃ら（2009）の調整日数をほぼ同等のものであるとみなした場合、転院時FIMが低い群（本調査では転院制約要因を有する群がこれにあたる：表5-3参照）ほど、調整日数が長くなっている点では共通している。一方、本調査では、ADLレベルの低さを直接的な制約要因としてはとらえておらず、その点は異なっている。

(2) 転院制約要因を有する患者群は、有しない患者群と比べると、病院・施設からの受け入れ不可の返答割合が高い

　本調査では、制約要因を有する患者群は、そうでない患者群よりも、受

け入れ不可の返答を受けいていた割合が、26.6ポイント高かったという結果が得られている（表5-5）。これは、第1章で示した表1-5の仮説8を支持する結果といえる。

以下、上記内容と関連のありそうな先行研究を示したうえで、本調査の結果との比較検討を行うこととする。木舟ら（1999）は、MRSAや気管切開を転院に支障をきたす要因としたうえで、MSWからの「紹介（問い合わせ）病院数」を算出している。それによると、MRSA・気管切開とも行われていなかった症例群が2.50であったのに対して、MRSA症例群は5.0、気管切開症例群は3.57であったとしている。さらに、それにともなって、MSWによる「連絡・調整数」が、MRSA症例群や気管切開症例群で多くなっていたことを報告している。一方、本調査では、MSWからの紹介数や問い合わせ数は算出していない。ただし、受け入れ不可の返答を受ければ、必然的に紹介・問い合わせ数も増えてくることを考えると、木舟ら（1999）と同様の結果といえなくもない。

また、先述した恵濃ら（2009）も、転院受け入れ不可病院数の算出を行っている。それによると、転院時FIM「69点以下」群が1.1 ± 2.0（平均±標準偏差）であったのに対して、「70点以上」群は0.3 ± 0.9（同）であり、有意差があったとしている。本調査の結果と比較した場合、転院時FIMが低い群（本調査では転院制約要因を有する群がこれにあたる：表5-3参照）ほど、受け入れ不可の返答を受けやすいという点では共通している。ただし、先の（1）でも述べたように、本調査では、ADLレベルの低さを直接的な制約要因としてはとらえておらず、その点は異なっている。

(3) 転院制約要因を有する患者群は、有しない患者群と比べると、患者または家族の第1希望の転院先へ移ることができていない

本調査では、制約要因を有する患者群は、そうでない患者群よりも、患者または家族の第1希望の転院先へ移ることができていなかった割合が、30.0ポイント高かったという結果が得られている（表5-6）。これは、第1章で示した表1-5の仮説9を支持する結果といえる。

本調査のフィールドである回復期リハビリテーション病棟は、疾患ごと

で入院基本料の算定日数上限が定められているため、算定日数上限以内に転院することが基本になってくる。そのため、第1希望の転院先の待機日数が長い場合には、それ以外のところへ移ってもらうこともある。先の(1)でも述べたように、制約要因を有する患者は、転院先に申し込みをしてから転院までの期間が長くなりやすく、その結果第1希望の転院先へ移れない割合が高くなる。さらに、(2)でも述べたように、こうした要因を有すると、転院先より受け入れを断られやすいことも関連している考える。

(4)「保証人なし」を有する場合、それ以外の転院制約要因を有する場合と比べて、患者または家族の第1希望の転院先へ移ることができていない

本調査では、「保証人なし」や「経済的困難あり」といった社会経済的要因を有する場合、「行動障害を有する」や「転倒・転落対策を講じている」といった認知面に関わる要因を有する場合と比べて、患者または家族の第1希望の転院先へ移ることができていないことが示された（**表5-7**）。ただし、「医療行為を要する」との関係では、「経済的困難あり」のオッズ比のほうが低かった。そのため、第1章で示した**表1-5**の仮説10「『保証人なし』や『経済的困難あり』といった社会経済的要因を有する場合、医療的要因や認知面に関わる要因を有する場合と比べると、患者または家族の第1希望の転院先へ移ることができていない」は、今回の調査結果からは支持されない。

この点と関連がありそうな先行研究としては、高山ら（2014）をあげることができる。これは、日本医療社会福祉協会に所属する病院勤務ソーシャルワーカーを対象にした調査であり、ケース課題別にみた「ソーシャルワーカーと退院調整看護師の部署内協働の状況」を示している。それによると、「社会生活上の課題を持つ転院支援ケース」を、退院調整看護師が担当している割合が2.4％であったのに対して、MSWが担当しているのは76.1％であった。つまり、社会経済的要因を有する患者支援の多くは、MSWによって行われている現状がうかがえる。

一方、MSWが転院支援を行うと、「患者と家族の気持ちを聞き、病状と照らし合わせながら転院を勧めていくことには時間がかかるため、病院

にとっては不利益になる」という声があるのも事実である(聖路加国際病院 QI 委員会 2012：54)。ただし、今回の調査では、社会経済的要因を有することで、転院先がより制約されていることを示す結果が得られており、この点には留意する必要がある。「社会経済的要因を有する患者支援の多くは、MSW によって行われている現状」(高山 2014)を考えると、転院調整に時間を要することは、ある意味当然の結果といえるからである。

第 2 節　MSW による転院制約要因を有する患者の早期把握とその効果についての調査
――A 医療法人 B 病院でのアクションリサーチ（第 6 調査）

1.　調査目的

前節では、転院制約要因を有する患者は、転院までに時間を要しやすい傾向があることが示された。そのため、こうした患者に対しては、転院制約要因を有しない患者以上に、MSW が早期に関わることが必要である。そこで、本節では、実際に MSW による転院制約要因の早期把握に向けた取り組みを行うことが、転院困難事例への有効な対処方略となるか否かを検証することを目的とした、アクションリサーチを実施する。

2.　調査対象・方法

(1)　調査フィールド

調査フィールドは、A 医療法人 B 病院の回復期リハビリテーション病棟である。今回、B 病院を選定した理由は、私と関わりの深いフィールドということもあり、現場介入しやすく、より詳細なデータ収集が可能になると考えたからである。加えて、私が B 病院の職場環境や周囲の転院先の現状を把握していることもあり、実態に即した分析が行いやすいフィールドだと判断したためである。

(2) 調査方法と対象

2009年4月6日から、転院制約要因の早期把握を目的に、私とB病院MSW2人が、同病院で行われている毎朝の申し送り・カンファレンスに参加することにした。あわせて、以下の2つの取り組みを行った。①図5-1を作成し、これに沿った情報収集を行う。②転院制約要因について、病棟・リハビリテーションスタッフへ周知徹底を図り、新たな要因を確認ししだい、MSWに報告してほしい旨を伝える。

さらに、B病院の毎朝の申し送り・カンファレンス記録とカルテ・ソーシャルワーク記録を用いて、転院制約要因をMSWが早期＝入院後3日以内に把握できている割合（以下、転院制約要因の早期把握率）を調査した。なお、「入院から3日以内」は、篠田（2006：31）の記載にもとづいて設定した。今回の取り組みを行う前（以下、取り組み前）の2009年2月1日～同年3月31日と、取り組みを行ったあと（以下、取り組み後）の2009年6月1日～同年7月31日の間に、転院制約要因を有していることが確認された入院患者データ（取り組み前50例、取り組み後55例）を集計したうえで、上記割合に違いがあるかどうかをχ^2検定によって分析した。

加えて、B病院のカルテ・ソーシャルワーク記録を用いて、以下の2点を調査した。①入院日からMSWが退・転院先選定に関わる面談をはじめて行った日までの期間（入院当初は自宅退院を検討していたものの、その後転院へ転じる事例もあったため、ここでは、退・転院先選定に関わる面談をはじめて行った日に注目した）。②患者または家族が第1希望にあげていた転院先へ移ることができた割合。①②については、2008年4月1日～2009年3月31日の転院患者32例（取り組み前）と、2009年4月6日以降に入院し2010年3月31日までに転院した患者27例（取り組み後）のデータを集計したうえで、t検定やχ^2検定によって取り組み前後の比較分析を行った[2]。なお、統計分析を行う際には、SPSS Statistics ver.23を使用した。

あわせて、上記の取り組み前と取り組み後の対象者特性の異同を把握す

図 5-1 自宅退院困難基準ならびに転院制約要因

【自宅困難基準】
① 屋内歩行ならびに日中・夜間の排泄関連動作が介助を要する状態にもかかわらず、常時介護者が不在。
② 日中の排泄関連動作を要する状態にもかかわらず、介護者が1人未満。
③ 起居・坐位保持動作を要する状態にもかかわらず、介護者が1.5人未満。

〈患者本人の希望〉 □自宅退院 □転院 □不明
〈家族の希望〉 □自宅退院 □転院 □不明

〈屋内歩行〉
□自立 □独歩 □杖 □つたい歩き □要介助
〈日中排泄関連動作〉
□トイレ（□自立 □要介助）
□オムツ（□自立 □要介助）
□ポータブルトイレ（□自立 □要介助）
□尿器（□自立 □要介助）
〈夜間排泄関連動作〉
□トイレ（□自立 □要介助）
□オムツ（□自立 □要介助）
□ポータブルトイレ（□自立 □要介助）
□尿器（□自立 □要介助）
〈起居・坐位保持動作〉
□自立 □要介助

※下記の原則に従って評価を実施してください。
① 患者（療者）の能力ではなく、自宅の日常生活での実行を想定しています。
② 「自立」とは、患者が介助・監視および指示（低し）ないに1人で自発的に各動作を行っている場合に限ります。
③ 場所や時刻により、自立度が異なる場合は、低い方を選択します。

〈介護者〉
本人との関係（　　　　　　）⇒（　　　）人
0人：介護者不在の状態。
0.5人：就労等で介護者が一部の時間帯しか介護できない状態。
1人：常時1人の介護者がいる状態。
1.5人以上：常時介護者1人とサポートしてくれる副介護者がいる状態。

（ADL予後予測）
歩行：
排泄：
起居・坐位保持：

転院の検討 →

患者名：　　　　　　　　　様

【転院制約要因】
① 医療行為を要する。
② 転倒・転落対策を講じている。
③ 行動障害を有する。
④ 経済的困難あり。
⑤ 保証人なし。

〈医療処置〉
□経管栄養 □酸素療法 □気管切開 □略痰吸引
□褥瘡の処置 □インスリン注射 □B.カテーテル
□ベッド4点柵使用
理由：

〈転倒・転落対策〉
□離床感知器使用
□ベッド使用困難
理由：

〈行動障害〉
□幻視・幻聴 □妄想 □昼夜逆転 □暴言・暴行
□介護への抵抗 □徘徊 □独語 □火の不始末
□不潔行為 □異食品 □性的問題行動

〈経済的困難〉

〈保証人〉

〈その他〉

FIM 運動（　）点、認知（　）点　計（　）点
評価日：　　　年　　月　　日
評価者：　　　　　職種

出所：筆者作成。

ることを目的に、B病院のカルテ記録より、対象患者の性別、年齢、主病名、ADLレベル（入院時FIMと転院時FIM）、転院制約要因、在院日数、医師が転院を指示した日（＝最初の診療情報提供書・入所診断書が作成された日）から転院日までの期間、転院先に関わるデータを抽出し、取り組み前と取り組み後に分けて集計した。

　ここでは、先行研究の検討と私のMSW経験をふまえて、前に示した**表5-1**（207頁）に掲載されている、以下の5点を転院制約要因とした。①医療行為を要する、②転倒・転落対策を講じている、③行動障害を有する、④経済的困難あり、⑤保証人なしである。①～⑤以外にもさまざまな要因が考えられるが、本調査では、明確な評価基準が設定できる要因のみを選定した。

3. 調査結果

　転院制約要因の早期把握率は、取り組み前が58.0％（n = 50）であった。一方で、取り組み後は78.2％（n = 55）まで上昇していた（**表5-8**）。上記取り組みによって、MSWの転院制約要因の早期把握率が、20.2ポイント上昇しており、一定の成果が得られたことがうかがえる。

　入院日からMSWが退・転院先選定に関わる面談をはじめて行った日までの期間は、取り組み前が平均34.6日（n = 32）であったのに対して、取り組み後は27.0日（n = 27）まで短縮していた（**表5-9**）。ただし、p = 0.16で、両値に有意差を認めなかった。

　患者または家族が第1希望にあげていた転院先へ移ることができた割合は、取り組み前が40.6％（n = 32）であったのに対して、取り組み後は70.4％（n = 27）まで上昇していた（**表5-10**）。上記取り組みによって、患者または家族が第1希望にあげていた転院先へ移ることができた割合が29.8ポイント上昇しており、一定の成果が得られたことがうかがえる。

　次に、**表5-9、10**の対象患者の性別、年齢、主病名、入院時と転院時のFIM、転院制約要因、在院日数、医師が転院を指示した日から転院日までの期間、転院先を、取り組み前（n = 32）と取り組み後（n = 27）ごと

に集計したものを、表5-11に示す。

それによると、性別と平均年齢は、取り組み前と取り組み後で、ほとんど差がなかった。主病名は、取り組み後では、脳関連の疾患（脳梗塞＋脳出血＋くも膜下出血＋その他脳関連の疾患）の割合が、取り組み前と比べて17.8ポイント高かった。一方、廃用症候群は、取り組み前のほうが20.2ポイント高かった。入・転院時FIM平均は、入・転院ともに、取り組み前の点数が、取り組み後の点数をわずかに上回っていた。対象患者が有する転院制約要因の内訳をみると、全要因のなかで占める割合が、取り組み後よりも取り組み前で上回っていたのは、行動障害を有するのみであった。

在院日数平均は、取り組み前よりも、取り組み後で20.1日短くなっていた。一方、医師が転院を指示した日から転院日までの期間の平均は、取り組み前が、取り組み後と比べて21.5日長くなっていた。なお、第1希望の転院先に移れた患者に限定しても、取り組み前が68.6日、取り組み後が46.2日と、同様の傾向であった。転院先は、取り組み前で病院系（療養型病院＋一般病院）の割合が相対的に高くなっていたのに対して、取り組み前では、施設系（老人保健施設＋有料老人ホーム）の割合が高くなっていた。

4. 考察

上記結果をふまえて、転院支援のプロセス指標とアウトカム指標の2つの観点から考察する。その後、本調査と関連のありそうな先行研究を示したうえで、比較検討を行うこととする。

(1) 転院支援のプロセス指標とアウトカム指標

第1に、上記取り組みによって、転院支援のプロセス指標が改善していることである。実際に、MSWの転院制約要因の早期把握率が20.2ポイント上昇しており、一定の成果が得られている（**表5-8**）。これは、第1章で示した**表1-5**（96頁）の仮説11を支持する結果といえる。

表5-8 MSWによる転院制約要因の早期把握率

単位:例(%)

	取り組み前	取り組み後
3日以内に把握	29 (58.0)	43 (78.2)
4日以後に把握 or 把握自体できず	21 (42.0)	12 (21.8)
合計	50 (100)	55 (100)

出所:筆者作成。
注1) 有意確率 p < 0.05(統計:χ^2検定)。
注2) 取り組み前の期間を2009年2月1日〜同年3月31日,取り組み後の期間を2009年6月1日〜同年7月31日とした。

表5-9 MSWがはじめて面談を行うまでの期間

	取り組み前 n = 32	取り組み後 n = 27
入院日からMSWが退・転院に関わる面談をはじめて行った日までの期間	34.6 ± 22.2 日	27.0 ± 18.9 日

出所:筆者作成。
注1) 有意差なし(統計:t検定)。数値は平均±標準偏差で表示。
注2) 2008年4月1日〜2009年3月31日の転院患者データ(取り組み前),および取り組み開始日の2009年4月6日以降に入院し2010年3月31日までに転院した患者データ(取り組み後)を用いて分析を行った。ここでの転院患者は,急変・検査等の医学的理由で転院した患者を除いたうえで,転院制約要因を有する患者に限定した。

表5-10 患者または家族の第1希望の転院先とそれ以外の転院先の割合

単位:例(%)

	取り組み前	取り組み後
第1希望の転院先	13 (40.6)	19 (70.4)
それ以外の転院先	19 (59.4)	8 (29.6)
合計	32 (100)	27 (100)

出所:筆者作成。
注1) 有意確率 p < 0.05(統計:χ^2検定)。
注2) 表5-9と同じ転院患者データを用いて分析を行った。

さらに、入院日からMSWが退・転院先選定に関わる面談をはじめて行った日までの期間も7.6日短縮しており、早期把握から早期介入へとつながっていることがうかがえる(表5-9)。ただし、取り組み前後の値に有意差はなく、第1章で示した表1-5の仮説12「MSWによる転院制約要因の早期把握に向けた取り組みを行うことで、MSWの介入時期が早まる」

は、今回の調査結果からは支持されない。なお、有意差が出なかった理由としては、症例数の少なさ（取り組み前 n = 32、取り組み後 n = 27）が考えられる。そのため、もう少し長いスパンでの取り組み期間を設定し、必要な症例数を確保することができていれば、異なる結果になっていたのかもしれない。

第2に、上記取り組みによって、転院支援のアウトカム指標が改善していることである。実際に、患者または家族が第1希望にあげていた転院先へ移ることができた割合が、29.8ポイント上昇しており、プロセス指標だけでなく、アウトカム指標にも影響を及ぼしていることがうかがえる（表5-10）。これは、第1章で示した表1-5の仮説13を支持する結果といえる。

ただし、MSWが7.6日早く介入しただけで、これだけの成果が得られることに、違和感があるのも事実である。その原因として、医師が転院を指示した日から転院日までの期間（以下、転院待機日数）の違いがあると考えている。たとえば、第1希望の転院先に移れた患者に限定しても、取り組み前と比べて、取り組み後の転院待機日数が22.4日短くなっている（表5-11）。転院待機日数が短ければ、それだけ第1希望の転院先へ移れる可能性が高まる。そのため、今回得られたアウトカム指標の改善程度は、この点を割り引いて考える必要がある。

(2) 先行研究との比較検討

先行研究を概観すると、退・転院支援のプロセスを見直し、早期介入を実現する方法を追求することで、在院日数の短縮化につながることを示す研究がいくつか存在している（小野沢ら 2002；段上ら 2005；宮川ら 2007；小島ら 2014）。

小野沢ら（2002）は、急性期病院の5病棟で、①「MSWが入院時に65歳以上の入院患者全員のベッドサイドに出向いて、退院時にサービスが必要になりそうなケースを積極的に把握する」群（以下、積極介入群）と、②「医師・看護婦から依頼されて介入を開始する」群（以下、通常介入群）に分けて、「在院日数や介護保険サービスにつながったケース等」の比較を行っている。その結果、積極介入群は、通常介入群と比べて、「総

表5-11 取り組み前後の転院患者データ一覧表

単位：例（％）[注]

	取り組み前 n = 32	取り組み後 n = 27
・性別		
男性	13（40.6）	12（44.4）
女性	19（59.4）	15（55.6）
・年齢	80.8 ± 12.0 歳	81.1 ± 11.3 歳
・主病名		
脳梗塞	8（25.0）	5（18.5）
脳出血	5（15.6）	1（3.7）
その他脳関連の疾患	1（3.1）	1（3.7）
大腿骨骨折	11（34.3）	8（29.6）
胸・腰椎圧迫骨折	3（9.4）	1（3.7）
廃用症候群	3（9.4）	8（29.6）
その他	1（3.1）	3（11.1）
・ADL レベル		
入院時 FIM	38.0 ± 13.7 点	36.9 ± 9.6 点
転院時 FIM	52.3 ± 22.6 点	48.9 ± 16.4 点
・転院制約要因		
医療行為を有する	8（25.0）	13（48.1）
転倒・転落対策を講じている	15（46.9）	15（55.6）
行動障害を有する	17（53.1）	12（44.4）
経済的困難あり	4（12.5）	6（22.2）
保証人なし	2（6.3）	1（3.7）
・在院日数	89.3 ± 36.7 日	69.2 ± 34.7 日
・医師が転院を指示した日から転院日までの期間	62.4 ± 36.7 日	40.9 ± 24.7 日
※【　】内は第1希望の転院先に移れた事例に限定した数値	【68.6 ± 33.8 日】	【46.2 ± 26.1 日】
・転院先		
療養型病院	44（20.9）	24（12.1）
一般病院	16（7.6）	4（2.0）
老人保健施設	119（56.4）	133（66.8）
有料老人ホーム	4（1.9）	8（4.0）
その他	15（7.1）	15（7.5）

出所：筆者作成。
注）　年齢（単位：歳），ADL レベル（入院時と転院時の FIM 合計，単位：点），在院日数（単位：日），医師が転院を指示した日から転院日までの期間（単位：日）は平均±標準偏差で表示。これら以外は，事例数を表記したうえで，（　）内に取り組み前 32 例，取り組み後 27 例ごとで占める割合を示した。

合相談室で把握するまでの日数」が 8.1 日減少、さらに在院日数の短縮化につながっていることを確認している。本調査でも、積極的な取り組みによって、MSW の転院制約要因の早期把握率が上昇しており、支援の必要性が高い患者の早期把握が可能になったという点では一致している。

段上ら（2005）は、在院日数の短縮化を目的に、「ケースワーク業務工程」の見直しを行っており、入院から転院援助の必要性を医師に確認・把握するまでの日数等を短縮するために、以下の 2 つの取り組みを行っている。1 つ目は、「従来すべての患者に行ってきた入院直後のアセスメント対象を、比較的リスクの高いと思われる 65 歳以上の患者に絞り込み、マンパワーの重点化・効率化」を図る。2 つ目は、「ケースワーカー自らが定期的な情報収集の機会を得るため、毎週行われている内科医カンファレンスに参加」することである。本調査では、フィールドが回復期リハビリテーション病棟ということもあり、日常的に全入院患者への介入が行われていたため、1 つ目の取り組みは実施していない。しかし、2 つ目の取り組みであげられている定期的なカンファレンスへの参加は、本調査の取り組み内容と共通したものになっており、注目に値する。

宮川ら（2007）は、ディスチャージプランニング・スクリーニング票を用いることで、転院支援が必要な患者への早期介入を試みたものである。ここでは、調査結果から、入院日から介入日までの日数が短いほど、在院日数も短縮化する傾向であったことをふまえて、「早期介入が必要と考えられた」と結論づけている。本調査でも、転院制約要因を早期把握するためのツール（図 5-1）を使用し、制約要因を有する患者への早期介入を試みており、この点では一致している。

小島ら（2014）は、MSW が「救命救急センターのカンファレンスに週 2 回積極的に参加するとともに、SHR（心理・社会的なハイリスク要因 – 林）を抱える患者を入院時に把握する試みを開始」し、その効果を検証している。その結果、「相談件数は、カンファレンス参加前と比べて 3 倍に増加し、支援開始までの日数が有意に短縮した（$p = 0.01$）」としている。さらに、「カンファレンス参加後の在院日数は、有意ではなかったが短縮する傾向にあった（15 日 vs 22 日、$p = 0.053$）」としている。本調査でも、

転院制約要因の早期把握をめざす取り組みによって、入院日からMSWが退・転院先選定に関わる面談をはじめて行った日までの期間が、有意ではないものの短縮傾向にあり、この点では一致している。

ただし、小野沢ら（2002）・段上ら（2005）・宮川ら（2005）・小島ら（2014）の取り組みが、在院日数の短縮化を主要な目標としているのに対して、本調査では、患者または家族側からみた効果指標（患者または家族の希望の転院先に移れること）をアウトカム指標に据えている点に、大きな違いがある。どちらの指標も、大事であることには変わりない。しかし、今後同様の研究を行う際には、在院日数といった病院側にとっての指標だけでなく、患者または家族側からみた効果指標も含めて、多面的に評価することが重要であると考える。

第3節　療養型病院・施設等が求める保証人の役割についての質的調査
──社会福祉協議会職員へのインタビュー調査（第7調査）

1.　調査目的

第1章第7節で述べたように、保証人問題が大きな問題へなりつつある。本章第1節（第5調査）でも、**表5-1**（207頁）の5つの転院制約要因を独立変数としたロジスティック回帰分析の結果、「保証人なし」のオッズ比が最も高く、患者の希望に沿った転院先に移ることができていない実態が示されている（**表5-7**、212頁）。

こうした状況下で、いくつかの社会福祉協議会（以下、社協）が、保証人に関わる一連の問題の解決に向けた取り組みを始めているという情報を得た。その最たるものが、三重県の伊賀市社協の取り組みであり、厚生労働省の社会福祉推進事業に採択され、報告書としてまとめられている（伊賀市社会福祉協議会 2009；2010）。一方、愛知県内の養護老人ホームの生活相談員からは、常滑市社協が保証人の役割の一部を担うことで、保証人がいなくても、療養型病院・施設等で受け入れている実態があるという情

報を入手した。

　本節の目的は、これらの社協職員へのインタビュー調査を通じて、実際にどのような取り組みがなされているのかを把握し、保証人問題への有効な対処方略を示すことである。保証人がいない低所得患者の転院先が制約されている現状を打開するために、MSWとしてどのようなアプローチが求められているのかを見出す端緒としたい。

2. 調査対象・方法

(1) 調査フィールドと対象

　調査フィールドは、伊賀市社協と常滑市社協の2つの社協である。本フィールドを選定した理由は、上述したように、これらの社協で、保証人問題の解決に向けた取り組みを行っているという情報を、事前に入手したためである。

　調査対象者は、伊賀市社協の地域福祉部・権利擁護課長（現・地域福祉部・副部長）の田邊寿氏と常滑市社協の日常生活自立支援事業専門員（現・事務局長）の山下圭一氏である。両氏を選定した理由は、これら社協のなかで、保証人問題に関する取り組みの主たる部分を担ってきた人であり、本テーマに精通していると考えたからである。

(2) 調査方法

　調査方法は、インタビュー調査（田邊・山下両氏それぞれに1回ずつ実施）である。私が事前に用意した下記の質問項目にもとづいて、約1時間の半構造化面接を行った。調査実施期間は、2011年2月17日・23日の2日間である。

【質問項目】
①病院・施設の入院・入所の際に求められる保証人の役割を、社協または地域のサービス等を活用することで、スムーズな入院・入所につながる取り組みをされているようですが、具体的にその内容を教えて下さい。

②病院・施設が求める保証人の役割は、主に以下の6つが考えられますが、これらに対してどのように対処されていますか（またはどのような対処法を想定されていますか）？
(1) 医的侵襲行為（検査、投薬、注射、手術等）の同意、(2) 入院・入所費用の未収金に対する責任、(3) 身の回り支援（日用品の購入など）、(4) 次の転院・転所先の確保、(5) 葬儀や遺留金品処理、および埋葬といった死後対応、(6) 緊急連絡先。
③上記6つ以外で、病院・施設から求められることがあれば、その内容を教えて下さい。

3. 調査結果

インタビュー調査から得られた結果は、表5-12、13に示した通りである。これらの内容について大まかに整理したものを、以下に示す。

第1に、保証人問題へ対処するために、伊賀市社協では、新たな事業（地域福祉あんしん保証事業）を立ち上げているのに対して、常滑市社協では、既存の事業（日常生活自立支援事業）を最大限活用していることである。さらに、地域福祉あんしん保証事業が当時立ち上がったばかりということもあり、事業利用件数が0であるのに対して、常滑市社協では、すでに何例か支援ケースが存在している点にも違いがある。なお、こうした取り組みを始めたきっかけとして、「民生委員、行政・社協職員からの相談があった」（伊賀市社協）、「病院MSWからの相談があった」（常滑市社協）ことをあげている。

第2に、医的侵襲行為の同意について、田邊・山下両氏ともに、本人確認以外に方法がないと回答していることである。この点について、田邊氏は「どういう医療や手術を受けるかということは、一身専属の権利であるため、法的には保証人が決めることはできないというのが定説であり、今のところ本人確認してもらう他ない」と述べている。

第3に、入院・入所費用の未収金について、田邊・山下両氏ともに、既存の事業や制度の活用によって、未収金の予防が可能であると回答してい

表5-12　伊賀市社協・田邊寿氏へのインタビュー調査結果の概要

質問①
- 2つの報告書（伊賀市社会福祉協議会 2009；伊賀市社会福祉協議会 2010）の内容に沿って、地域福祉あんしん保証事業を立ち上げた（地域福祉あんしん保証推進委員会が発足したのが2010年9月、事業説明会は2011年2月に実施）。いくつか相談を受けているケースはあるが、今のところ、利用契約までにいたったケースは0である。相談の内容としては、将来のリスクに備えてのものが多く、相談者の大半がケアマネジャーや障害者相談支援センターの方たちからである。
- 上記事業は、社協が保証人になるわけではなく、保証人に求められる役割に対して、さまざまな社会資源をコーディネートしていこうとするものである。これによって、保証人がいなくても、病院・施設への入院・入所等が、スムーズにできることをめざしている。
- 保証事業をみんなで進めるための取り組み（情報提供・学習や協議・連携の場づくりなど）だけでなく、保証人をめぐる問題を解決するための取り組み（法・慣習を変える働きかけや保証人支援の仕組みづくりなど）もあわせて行っている。
- 民生委員から保証人がいなくて困っているといった相談を受けていたことや、行政や社協の職員が保証人になっている現状があるという話を聞いていたことから、何とかしたいという思いがあった。その頃、ちょうど厚生労働省の社会福祉推進事業が始まったため、それに手をあげることにした。

質問②
1) 医的侵襲行為（検査、投薬、注射、手術等）の同意
- どういう医療や手術を受けるかということは、一身専属の権利であるため、法的には保証人が決めることはできないというのが定説であり、今のところ本人確認してもらう他ないと思われる。
2) 入院・入所費用の未収金に対する責任
- 日常生活自立支援事業または成年後見制度を利用すれば、利用者に入院・入所費用を賄える資力がある限り、未収金が発生することはない。もし資力が不足している場合には、生活保護や障害者医療等の制度の活用を検討する。借金がある場合には、債務整理や自己破産といった法的手続きを検討することで、利用者の経済状況を再構築していくことが可能だと考える。
- 全国社協は、「自分ひとりで契約などの判断をすることが不安な方やお金の管理に困っている方など」を、日常生活自立支援事業の対象者としてあげている。伊賀市社協でもこれに即した運用をしており、緊急性の高いケースであれば、早急に対応するようにしている。しかし、これらの対象者にどこまでの方を含めるのかは、各社協の判断によって異なっているのが現状であり、地域によって利用件数に差が生じているようであるが、伊賀市（人口：10万人規模）の150件という数は、全国的にみても多い方だと思う。
3) 身の回り支援（日用品の購入など）
- 具体的にどのようなことが必要なのかを整理し、既存の事業・サービスを活用していくのか、それとも新たな事業・サービスを創設していくのかを検討する

必要があると考えている。
 4）次の転院・転所先の確保
 ○利用者本人（本人の判断能力が低下している場合には後見人等）の意向を確認しつつ，MSWやケアマネジャー等と連携をとることで，対応可能だと考える。
 5）葬儀や遺留金品処理，および埋葬といった死後対応
 ○エンディングノートを作成してもらう，または遺言や死後事務委任契約の利用も考えられるが，それらの執行を誰に受託するのか。適当な方がいなければ，社協が受託することも，考えていく必要があるのではないか。
 6）緊急連絡先
 ○法人後見を何件か受けていることもあり，すでに社協が緊急連絡先になっているケースが存在する。現在は，社協職員個人（後見受任者）が，夜間休日の緊急連絡先になっているが，今後こうしたケースが増えてくれば，組織的な対応も検討する必要があると考えている。

質問③
○施設・器物破壊に対する責任，他の入院・入所患者や職員を傷つけた場合の責任。

出所：筆者作成。
注）本結果は2011年2月時点の状況をまとめたものである。

ることである。双方とも、借金がある場合には法的手続きを検討するとしており、この点でも、両氏の認識は一致している。さらに、日常生活自立支援事業を積極的に運用しており、迅速性を重視している点でも共通している。さらに、表5-12、13内には掲載していないが、調査を行っているなかで、両氏が再三にわたって述べていたことがある。それは、「病院・施設側は、入院・入所費用の未収を最大の問題ととらえているのではないか」ということである。

　第4に、身の回り支援について、田邊氏が事業・サービスでの対応をあげているのに対して、山下氏は基本的に病院・施設側に対応してもらうことをあげており、両氏の考え方に違いがあることである。ただし、山下氏は「病院・施設側で対応してもらえない場合には、社協で対応することも考える」と付言している。

　第5に、次の転院・転所先の確保について、田邊・山下両氏の回答内容に若干の違いがあることである。田邊氏は「MSWやケアマネジャー等と連携をとることで対応する」と答えているのに対して、山下氏は「病院・施設側で対応してもらうようにお願いしている」と述べている。

表5-13 常滑市社協・山下圭一氏へのインタビュー調査結果の概要

質問①
- 社協として,保証人になるようなことはしていないが,日常生活自立支援事業で通帳の保管・管理をしたりすることで,保証人と同様の役割を果たす旨を,病院・施設側に伝えるようにしている。それでも,社協だけだと心もとないため,身元保証会社を付けてほしいと言われることもある。
- 日常生活自立支援事業の対象者は,イメージ的に狭そうにみえるが,対象規定が曖昧であることから,その解釈を広げることで,対象者を幅広くカバーすることが可能である。また,契約や利用までに時間がかかると使いづらいものになってしまうため,常滑市社協では,1ヵ月以内には利用開始できるようにしている。借金がある場合にも,消費者金融から家賃・税金の滞納まで多様なものがあるが,内容に即した対応をするようにしている。場合によっては,弁護士や司法書士に相談することもある。
- 3市1町の広域(人口:30〜40万人)で実施しているが,日常生活自立支援事業は80ケースぐらい受任している。そのうち,20ケース強が病院・施設に入院・入所しているが,10ケースぐらいに身寄りがいない。ただし,生活保護を受給されているケースも含まれており,生活保護も受けていなくて身寄りがいないのは2〜3ケースである。
- ある病院MSVより,「保証人がいない患者が緊急入院したが,転院先が見つからない。どうしたらいいのか」という相談を受けたことが,この取り組みを始めたきっかけである。

質問②
1) 医的侵襲行為(検査,投薬,注射,手術等)の同意
- 病院・施設側から,事前に本人同意を得てもらうようにお願いしている。この点は社協では責任が負えない。
2) 入院・入所費用の未収金に対する責任
- 未収金に対する責任は負えないにしても,日常生活自立支援事業で通帳の保管・管理をすることで,滞りなく支払いすることは可能だと考える。
3) 身の回り支援(日用品の購入など)
- 病院・施設側に,日用品等の購入のためのお金を預けることで,対応できているのが現状である。病院・施設側で対応してもらえない場合には,社協で対応することも考える。
4) 次の転院・転所先の確保
- 病院・施設側で,対応してもらうようにお願いしている。
5) 葬儀や遺留金品処理,および埋葬といった死後対応
- 葬儀等死去にともなう一連の行為は,親族にお願いするのが原則であるが,親族の連絡先が不明な場合には,社協が特例として対応せざるを得ないのが現状である。遺留金処理については,弁護士等に依頼することもある。
6) 緊急連絡先
- 社協が,緊急連絡先になることがある。日曜・祝日等の休みの際にも,自分(山下氏－林)が電話に出るようにしている。

質問③
- ケアプランといったさまざまな書類へのサインが求められることが多い。

出所:筆者作成。
注) 本結果は2011年2月時点の状況をまとめたものである。

第6に、葬儀や遺留金品処理、埋葬といった死後対応について、田邊・山下両氏ともに、執行者がいなければ、社協が対応せざるを得ないと考えていることである。緊急連絡先でも同様であり、両氏とも社協（職員）が緊急連絡先になることをあげている。

4.　考察

　上記結果をふまえて、以下3点にまとめて考察する。
　1点目は、病院・施設側が保証人を求める理由が、非常に多岐にわたっていることである。質問で提示した6つの理由の他にも、「施設・器物破壊に対する責任」、「他の入院・入所患者や職員を傷つけた場合の責任」と「ケアプランといったさまざまな書類へのサイン」の3つがあがっていた。ただし、これらすべてが保証人でないとできないことなのか、逆に保証人がいれば磐石なものになり得るのかというと、答えは否である。
　たとえば、死後対応については、「死体の埋葬又は火葬を行う者がないとき又は判明しないときは、死亡地の市町村長が、これを行わなければならない」（墓地、埋葬等に関する法律9条1項）となっている（小林2004）。つまり、法律的には、保証人や身寄りがいなければ、役所へ相談することによって、死後対応をお願いできることになっている。加えて、熊田（2016）は、「本人に万一のことがあったときの葬儀や残置物の引取りに対する備え」として、「『死後事務委任契約』の利用を考えるという方法」があるとしたうえで、以下のように述べている。「このような契約がなされた場合、病院・施設は、本人がなしたこれらの契約を理解・了解することで、あえて身元保証人を求めることなく解決できるはずである」。
　また、未収金については、仮に保証人がいたとしても、未収金回収が難しい事例が、少なくないことが想定される。なぜなら、生計を同一にしている家族が保証人になっているとすると、家族（世帯全体）もまた経済的に困窮している可能性が高いからである。このような場合、「保証人等を求めることではなく、〈中略〉必要な場面で必要な制度を利用するための察知やコーディネートをどのようにするのか」が、問われていることはい

うまでもない（伊賀市社会福祉協議会 2009：54）。事実、成年後見センター・リーガルサポート（2014：11-2）が全国の病院・施設等を対象に行った調査で、「身元保証人等がいた場合であっても、問題が解決しなかった」ことを尋ねており、「入院費・施設等利用料の支払を挙げるものが最も多」かったとしている。

　さらに、医的侵襲行為の同意についても、同様のことがいえる。たしかに、「医療慣行としては、本人が同意できない場合に家族が同意することにより、当該医療行為は正当化されるとする考え方がほぼ定着している」（小賀野 2015）。一方、「法的には、家族の同意を認める実定法上の規定はなく、判例も確立していない」というのが通説である（同上 2015）。そのため、仮に家族が保証人になっていたとしても、法的な問題から完全に免れることは難しいのが現状である。

　2点目は、山下氏の話から、日常生活自立支援事業の弾力的な活用や、社協が緊急連絡先と死後対応の執行者（親族不在時のみ）になることで、保証人問題の解決につながっている事例の存在が示されたことである。病院・施設側が保証人を求める理由が、多岐にわたる一方で、そのなかでも何が主因なのかを把握することは、保証人問題を解決していくうえで重要な視点であると考える。さらに、調査を行っているなかで、田邊・山下両氏は、「病院・施設側は、入院・入所費用の未収を最大の問題ととらえているのではないか」ということを、何度も述べている。

　この点を実証したものとしては、林ら（2014）をあげることができる。ここでは、回復期リハビリテーション病棟・療養病床・老人保健施設のMSWを対象に、「保証人にどの程度の役割を求めているのか」を、項目ごとに尋ねている。その結果、「とても求めている」の割合が、最も高い項目は緊急連絡先、次いで死後対応、入院・入所費用に対する責任の順であった。これによって、入院・入所費用に対する責任が、最大要因であるという仮説は棄却された。

　一方で、病院・施設側が保証人を求める理由が、非常に多岐にわたっていることは、上述した通りである。しかし、すべてに対応しなくても、保証人不在者を受け入れている病院・施設が、存在しているのも事実であ

る。現に、常滑市社協の取り組みでも、身の回り支援や次の転院・施設入所先の確保は、病院・施設側で対応してもらうようにお願いしている。このことは、転院支援を行う際に、上記以外の緊急連絡先と死後対応、および入院・入所費用に対する責任の3要因への対応方法を見出すことができれば、保証人不在者であっても、受け入れてもらえる可能性が高まることを示唆している。

　3点目は、保証人問題の解決に向けた働きかけが、MSWに求められていることである。今回の調査を通して感じたことであるが、日常生活自立支援事業一つとっても、かなりの地域格差がある。伊賀市社協や常滑市社協のように積極的な運用をしているところがある一方で、「待機者が多く、契約までに3ヵ月ぐらいかかる」、「緊急性に応じた対応は行っていない」等、利用希望に速やかに応えることができていない社協が存在するのも事実である。MSWとして、こうした社協に対して、改善に向けた働きかけをしていくことが不可欠だといえよう。

　常滑市社協が取り組みを始めたのも、「ある病院MSWより、『保証人がいない患者が緊急入院したが、転院先が見つからない。どうしたらいいのか』という相談を受けた」ことがきっかけであった。また、私の周辺でも、MSWによる地道な働きかけによって、保証人不在者を受け入れ始めた老人保健施設があると聞いている。保証人問題の厳しい実情をよく知っているMSWが、先頭になって改善に向けて動かなければ、いつまでたっても状況が変わることはないと考える。

〔注〕
1) 重複の内訳は、②+③が44例で最も多かった。次いで、①+④が20例、①+②+③が9例、①+②が8例、①+③が8例、②+③+④が6例、④+⑤が4例、①+②+④が4例、②+④が3例、③+④が2例、③+⑤が2例、①+⑤が2例、①+③+④が1例、①+②+③+④が1例の順であった。
2) 本調査は、転院困難事例への有効な対処方略に焦点をあてたものであることから、ここでの転院患者は、転院制約要因を有する患者（取り組み前32例、取り組み後27例）に限定している。具体的には、すべての転院患者（取り組み前118例、取り組み後126例）から、急変・検査等の医学的理由で転院した患者（取り組み前47例、取り組み後36例）を除き、さらにそこから転院制約要因を有しない患者

(取り組み前39例、取り組み後63例)を除外したものである。

第6章
総括——MSWによる効果的な退・転院支援の実現に向けて

　ここまで、MSWによる退・転院支援の質をいかに向上させていくのかという観点から、病院現場の実態やそこで生じている問題の構造を実証的に検討しつつ、それをもとにMSWの効果的な退・転院支援のあり方を示してきた。以下に、第1〜5章の大まかな内容を示す。

　第1章では、退・転院支援について、基本的な事実を確認し、その動向を把握する作業を通じて、問題意識の明確化を図るために、先行研究の検討を行った。さらに、先行研究の論点を整理し、現段階での到達点を示したうえで、これらの研究課題を整理しつつ、本研究における調査枠組みと論理モデルおよび仮説を提示した。第2章では、第1章の調査枠組み等にもとづいて、本研究で実施する7つの調査をどのように具現化していくのかという視点から、各調査の具体的内容や相互関係を中心とした調査計画を示した。

　第3章では、患者と家族の退・転院先の意向の異同に着目した2つの調査（第1・2調査）を行い、これらの意向に関わる要因を示すとともに、効果的なソーシャルワーク支援の方法を検討した。第4章では、自宅退院後の患者と家族の不安・困り事に着目した2つの調査（第3・4調査）を行い、退院計画上の問題点を把握するとともに、退院計画の質を高めるために必要なMSWの役割について検討した。第5章では、転院制約要因に着目した3つの調査（第5・6・7調査）を行い、転院制約要因を有することで生じる困難性を示すとともに、こうした困難性を軽減するために、MSWとしてどのような取り組みが求められているのか検討した。

　本章の第1節では、本研究で行った7つの調査（以下、第1〜7調査）

のまとめをしつつ、本研究で設定した仮説（第1章第8節：**表 1-5**、96 頁参照）の検証状況を確認する。第2節では、本書の課題（第1章第2節2 (2) 参照）の達成状況と本書で得られた新たな知見を示す。第3節では、これまでの内容をふまえて、総合的考察を行い、MSW による効果的な退・転院支援を実現するための方略を提示する。第4節では、本研究の意義と今後の課題について述べる。

第1節　調査のまとめと仮説の検証

本節では、第3～5章で行った第1～7調査の内容と結果を総括する。そのうえで、それぞれの調査の意義と限界について述べる。さらに、第1章第8節で設定したすべての仮説（**表 1-5**）の検証状況を示すこととする。

1. 第1調査のまとめ

第1調査では、A 医療法人 B 病院のカルテ・ソーシャルワーク記録を用いた量的調査を行った。具体的には、患者と家族の退・転院先の入院時意向および入院1ヵ月時意向の推移を調べた（n = 160）。さらに、患者と家族の退・転院先の入院時意向（患者：n = 182、家族：n = 204）および入院1ヵ月時意向（患者：n = 162、家族：n = 183）とそれらに関わる要因との関連を調べるために、Mann-Whitney の U 検定と χ^2 検定を行った。その後、有意差を認めた要因を独立変数、患者と家族の退・転院先の入院時意向または入院1ヵ月時意向を従属変数とした、重回帰分析を行った。加えて、家族機能を示す家族アプガー（長嶺 1989；山田 1997）、家族の協力度（堀口ら 2013）と家族形態との関連を調べるために、Mann-Whitney の U 検定と χ^2 検定を行った。

第1調査の主な結果は、以下の4点である。①家族は患者本人と比較して、多様な視点から退・転院先を検討している。②家族の退・転院先の意向は、患者の意向と比べて変動しやすい。③同居配偶者（内縁関係を含

む）がいると、家族機能（家族アプガー）と家族の協力度が高いために、患者と家族の退・転院先の意向ともに自宅になりやすい。④患者と家族の退・転院先の意向とも、同居子や別居子の有無との関連はみられない（同居子と別居子ともに、大学生・高校生・中学生・小学生および小学生未満の子は含めていない）。

　第1調査の意義は、患者と家族の退・転院先の意向について、どのように異同が生じるのか、さらに両者の意向に関連する要因が及ぼす影響を、定量的かつ総合的に示すことができた点にあると考える。患者と家族の意向が異なる事例を分析している先行研究はいくつかあるが、患者と家族の二者に分けて、それぞれの意向に関連する要因の違いを取り上げているものは見当たらないからである。

　加えて、時間の経過による変動や家族形態による影響力の違いを示したことは、効果的な退・転院支援や患者と家族への有用な意思決定支援のあり方を検討する際の重要な知見になり得るものだと考える[1]。特に、「家族を理解し、援助を考えるために必要なのは、具体的な現象に目を向け、そこに家族の普遍化できる構造的特徴を見つけることである」という指摘があるなかで、家族形態による影響力の違いを示したことには意義があると考える（団 2013：10）。

　第1調査の限界は、患者の退・転院先の意向に関連する要因を、十分にとらえることができていないことである。患者本人の主観的側面や表面化されにくい潜在的な要因をとらえきれていないために、患者の意向を従属変数とした重回帰式の説明力が低くなっている可能性があるからである。今後は、質的調査等を通じて、患者本人の意向に関わる要因を探ることが、課題であると考える。

　さらに、家族の退・転院先の意向は、患者の意向と比べて、時間の経過とともに変動しやすく、とりわけ自宅意向が強まる傾向が確認されたものの、その間のMSWの関わりがどのような影響を及ぼしているのかまでは示すことができていない。この点についても同様に、質的調査等を行い、詳細に実態を把握することが、今後の課題であると考える。

2. 第2調査のまとめ

第2調査では、A医療法人B病院のカルテ・ソーシャルワーク記録を用いた質的調査を行った。具体的には、「患者と家族の退・転院先の入院時意向が異なった事例」（以下、「患者と家族の入院時意向が異なった事例」）（n = 10）と「患者の退・転院先の入院時意向が把握できなかった事例」（以下、「患者の入院時意向が把握できなかった事例」）（n = 14）をもとに、臨床倫理4分割法（Jonsen et al. 2006）にもとづいて、患者と家族の退・転院先選定に関わるデータを、入院時から退・転院時までの意思決定の経緯やプロセスに沿ったかたちで収集し分析を行った。

第2調査の主な結果は、以下の2点である。①「患者と家族の入院時意向が異なった事例」群では互いの意向が影響を及ぼし合っているが、「患者の入院時意向が把握できなかった事例」群の半数は入院時以降の意向も把握できず、家族の意向のみで退・転院先が選定されている。②退・転院先の選定には、患者のADLレベルや介護条件だけでなく、「患者と家族の関係不良」や「家族には迷惑をかけたくない介護者の思い」も影響を及ぼしている。

第2調査の意義は、「患者と家族の入院時意向の異なった事例」と「患者の入院時意向が把握できなかった事例」に焦点をあてたものではあるものの、これらの事例の共通点と相違点を示しつつ、身体的要因にとどまらず、心理社会的要因も含めた総合的な要因を示すことができた点にあると考える。患者と家族の意向や意思決定等についての先行研究を概観する限り、患者と家族の退・転院先の意向に関わる要因が十分に検討されているとは言い難いからである。

さらに、林（2011）は、これまでのソーシャルワークにおける実践研究を整理し見えてきた課題を、以下のように述べている。「自己決定だけでは解決しえない事象への視点が不足しており、この点については議論する必要があるのではないだろうか」。そのため、患者と家族の共同決定または家族の意向によって、退・転院先が選定されている現状を示すことがで

きた点に、本調査の意義があると考える。まずは、患者本人の「自己決定だけでは解決しえない事象」の実態分析を行うことが、その後の議論の発展に寄与すると思われるからである。

第2調査の限界は、患者と家族の相互作用といった、家族システム内の力動や変化の分析が十分でないことである。本調査では、患者が家族への遠慮から意向を切り替えている、または患者の意向を受けて家族の意向が変動している可能性があることが示されており、患者と家族の意向がそれぞれ変動することによって、両者の意向のズレがしだいに解消されていっていると読み取れなくもない。一方で、ほぼすべての事例で、家族の最終的な意向が退・転院先になっていることから、家族の意向が患者の意向に大きな影響を及ぼしている可能性も考えられる。今後は、さらなる調査を通じて、患者と家族の合意形成にいたるまでの過程をより詳細に把握することが、課題であると考える。

3. 第3調査のまとめ

第3調査では、A医療法人B病院からの自宅退院事例を対象にした量的調査を行った。具体的には、自宅退院後3ヵ月経過した時点で患者宅へ訪問し、構造化された質問紙を用いた面接調査を実施した。さらに、退院計画に関わる病院スタッフが評価していた以外の自宅退院後の患者と家族の不安・困り事（以下、退院計画のなかで評価されていた以外の不安・困り事）の有無、医療・介護サービス計画の変更箇所数、退院計画に対する患者の満足度、自宅退院後の患者の生活満足度増減等を変数とした、重回帰分析を行った（n = 112）。

さらに、補足的に、訪問面接調査の結果を受けて、退院計画のなかで果たしているMSW部門の役割の現状と課題に、どのような変化が生じるのかを検証するための分析を行った。具体的には、B病院のMSW2人を対象とし、「保健医療ソーシャルワークプログラム事例分析：ワークシート」（高山 2012）を用いて、MSW部門における役割の現状と課題の変化を分析した。

第3調査の主な結果は、以下の3点である。①退院計画のなかで評価されていた以外の不安・困り事があると、医療・介護サービス計画の変更が生じやすい。②退院計画のなかで評価されていた以外の不安・困り事や医療・介護サービス計画が生じると、退院計画に対する患者の満足度が低下しやすい。③退院計画に対する患者の満足度が低いと、自宅退院後の患者の生活満足度が低下しやすい。

第3調査の意義は、退院計画のなかで評価されていた以外の不安・困り事の発生、および医療・介護サービス計画の変更といったプロセスの不備が、退院計画や自宅退院後の患者の満足度といったアウトカムの低下につながっている一連の流れを、量的データにより実証的に示すことができた点である。退院計画における評価や医療・介護サービス計画の作成を単に行えばいいというわけでなく、その中身がともなっていないと、患者アウトカムの向上につながらない可能性があることを示すことで、病院スタッフみずからの実践を振り返るきっかけになると考える。

第3調査の限界は、退院計画のなかで評価されていた以外の不安・困り事の有無を、評価漏れの有無とした点である。不安・困り事のなかには、事前に評価することが困難なものもあり、仮に評価漏れがあったとしても、評価精度が低いと言い切れないからである。さらに、今回の調査を通じて、自宅退院後3ヵ月時点までの患者と家族の不安・困り事をとらえることはできたが、その後の動向を把握できていない。そのため、今後同様の調査を行う際には、中長期的かつ経時的な調査の実施を検討する必要があると考える。自宅退院後の患者と家族の不安・困り事が、中長期的な時間の流れのなかで、どのように推移・変化するのかを把握することは、MSWに必要な「中長期的な視点を含めたアセスメントの実施」のための能力を獲得するうえでも、不可欠だと思われるからである。

4. 第4調査のまとめ

第4調査では、A医療法人B病院より自宅退院したにもかかわらず、短期間（3ヵ月以内）で再入院にいたった事例を対象にした質的調査を

行った。具体的には、患者または家族と再入院時に関わっていたケアマネジャーへのインタビュー調査等を通して、調査協力が得られた事例（n = 9）についてのデータ収集を行ったうえで、佐藤（2008）の質的データ分析法にもとづいて分析した。

第4調査の主な結果は、以下の2点である。①再入院にいたった主な理由は、（ⅰ）退院計画の不備（病院スタッフの説明不足等）、（ⅱ）自宅退院後のケア体制の不備、（ⅲ）患者本人に起因するもの、（ⅳ）家族に起因するもの、（ⅴ）不慮の出来事である。②再入院の理由や経過に対する患者または家族側の認識は、患者本人に関わる要因（生活習慣、体調・病状、ADL・IADL等）へ向きやすいのに対して、ケアマネジャー側の認識は患者を取り巻く環境要因（家族の状況や思い、周囲のケア体制、住環境等）へ向きやすいことが起因となって、両者の認識に異同が生じている。

第4調査の意義は、再入院の理由や経過を詳細に示すことができた点にある。これらの内容をふまえて、再入院のリスク要因をとらえることで、退院計画や自宅退院支援の質向上に向けた足がかりになると考えるからである。さらに、これまでの再入院に関わる先行研究のなかに、患者または家族側とケアマネジャー側の認識に注目した調査を実施しているものは見当たらず、双方の認識の異同を構造的に示すことができた点に意義があると考える。

第4調査の限界は、9事例と限られた数にとどまってしまったことである。今回の再入院事例の調査には、困難がともなったのも事実である。とりわけ患者または家族側に、再入院という大変なイベントの後に調査に応じてもらわなければならず、調査同意が得られにくかったといえる。

5. 第5調査のまとめ

第5調査では、A医療法人B病院のカルテ・ソーシャルワーク記録を用いた量的調査を行った。具体的には、B病院から転院した事例（n = 503）を対象に、転院制約要因の有無とそれの影響を受けることが予想される項目との関連を調べるために、t検定とχ^2検定を行った。さらに、5

つの転院制約要因（①医療行為を要する、②転倒・転落対策を講じている、③行動障害を有する、④経済的困難あり、⑤保証人なし）それぞれの影響力を調べるために、これらの要因等を変数とした、ロジスティック回帰分析を行った。

　第5調査の主な結果は、以下の4点である。①転院制約要因を有する患者群は、有しない患者群と比べると、医師が転院を指示してから転院までに時間を要している。②転院制約要因を有する患者群は、有しない患者群と比べると、病院・施設からの受け入れ不可の返答割合が高い。③転院制約要因を有する患者群は、有しない患者群と比べると、患者または家族の第1希望の転院先へ移ることができていない。④患者または家族が第1希望に移れたかどうかを従属変数、5つの転院制約要因を独立変数とするロジスティック回帰分析の結果、「保証人なし」のオッズ比が最も高い。

　第5調査の意義は、転院までのプロセスとアウトカムの2つの側面から、転院制約要因を有する患者群と有しない患者群を比較することで、制約要因がどのような影響をおよぼしているのかを、定量的に示すことができた点にあると考える。転院制約要因の影響を量的に示していく作業は、転院困難事例に対する効果的な支援のあり方を検討するうえで、欠かせないものであると思われるからである。

　第5調査の限界は、さまざまな転院制約要因が考えられるなか、評価基準が設定可能な要因のみを使用して、分析したことである。そのため、量的に測りやすい要因だけではなく、測りにくくとも重要な要因にも注目し、質的調査等を通じて実態をとらえていくことが、今後の課題であると考える。

6. 第6調査のまとめ

　第6調査では、MSWによる転院制約要因を有する患者の早期把握に向けた取り組み（毎朝の申し送り・カンファレンスに参加するなかでの積極的な情報収集）をすることで、どのような効果があるのかを、各種指標を用いて検証するためのアクションリサーチを行った。効果については、取

り組みを行う前（n = 50 または n = 32）と行ったあと（n = 55 または n = 27）のデータを、t 検定と χ^2 検定を用いて比較分析することで、その検証を行った。

第 6 調査での主な結果は、以下の 2 点である。① MSW による転院制約要因の早期把握に向けた取り組みによって、MSW の早期把握率がアップする。②上記取り組みによって、患者または家族の第 1 希望の転院先へ移れる割合が高まる。

第 6 調査の意義は、転院制約要因を有する患者の早期把握に向けた取り組みの有効性を示すことができた点にあると考える。これまでの先行研究のなかでも、「医療ソーシャルワーカーがジレンマを抱えやすい転院支援に焦点を当て、転院支援について実証的な方法によって明確にして」いく必要性が指摘されているからである（植木 2013）。さらに、転院支援の効果を検討する際には、これまでよく用いられていた在院日数だけでなく、患者または家族側からみた効果指標（患者または家族の第 1 希望の転院先へ移れたかどうか）を含めて検討する必要性を示すことができた点に、本調査の意義があると考える。

第 6 調査の限界は、症例数不足により、十分な分析が行えなかった可能性が否めない点である。加えて、第 3 の要因（医師が転院を指示した日から転院日までの期間）を考慮した調査設計がなされていなかったことで、結果的に上記取り組みによる成果の一部が、過大評価になってしまっている点も否めない。こうした問題点を克服するためには、改めて症例数を十分に確保できるような調査設計を行い、そのうえで第 3 の要因を含めた多変量解析を行うことが不可欠であり、今後の課題としたい。

7. 第 7 調査のまとめ

第 7 調査では、保証人問題に先進的に取り組んでいる社協の職員を対象にした質的調査を行った。具体的には、伊賀市社協の田邊寿氏と常滑市社協の山下圭一氏へのインタビュー調査を通して得られた結果にもとづいて分析した。

第 7 調査の主な結果は、以下の 2 点である。①療養型病院・施設等が保証人に求める役割は多岐にわたっているが、主なものは緊急連絡先、死後対応と入院・入所費用に対する責任である。②保証人問題の解決方略として、社協や日常生活自立支援事業の改善に向けた働きかけをあげることができる。

第 7 調査の意義は、先進的な取り組みをしている社協職員へのインタビュー調査を通して、保証人問題の全体像を把握するとともに、主にどのような要因によって、問題が生じているのかを示すことができた点にあると考える。今後、「単身急増社会」（藤森 2010）によって、保証人不在者の増加が予想されているにもかかわらず、保証人問題の解決に向けた取り組みが一部の地域にとどまっている現状を考えると、さらなる研究が求められている問題だといえるからである。

第 7 調査の限界は、2 社協の調査データのみを用いていることである。そのため、今回得られた結果を、単純に普遍化できないことには、留意する必要がある。社協側に、そこまでの役割を担う熱意と力量があるかどうかも問われてくるため、地域によっては普及させにくい取り組み内容といえなくもないからである。今後は、保証人不在者の受け入れ側である病院・施設の保証人不在者に対する不安に注目していくとともに、それを軽減するためのより普遍的な方法を検討・開発していくことが、課題であると考える。

8. 仮説の検証状況

前出の表 1-5（96 頁）は、本研究で設定した仮説を一覧にまとめたものである。個々の仮説検証は、各調査の考察でも行っているが、以下すべての検証結果をまとめて示していくこととする。

(1) 第 1 調査の仮説

第 1 調査で、患者と家族の退・転院先の意向に関連する要因の抽出を試みた結果、患者の退・転院先の意向と比較して、家族の退・転院先の意向

で、より多くの関連要因が確認された（**表3-10〜13**、135-6頁）。これは、家族は患者と比べて、より多くの要因をもとに、退・転院先を検討していることを示しており、仮説1「家族は患者本人と比較して、多様な視点から退・転院先を検討している」を支持する結果といえる。

さらに、患者と家族の退・転院先の入院時意向および入院1ヵ月時意向の推移を分析した結果、「自宅へ増加」と「自宅以外へ増加」を合わせた「変動あり」の割合が、患者の意向に比して、家族の意向で高くなっていた。加えて、家族の意向において、「自宅へ増加」の割合が高くなっていた（**表3-3**、127頁）。これは、家族の退・転院先の意向は、患者と比べて、時間の経過とともに「自宅へ増加」しやすい傾向にあり、意向自体も変動しやすいことを示しており、仮説2「家族の退・転院先の意向は、患者の退・転院先の意向と比べて変動しやすい」を支持する結果といえる。

加えて、患者と家族の退・転院先の意向と家族形態に関連があるかどうかの分析を行った結果、患者の入院1ヵ月時意向、および家族の入院時と入院1ヵ月時意向に関連する要因として、同居配偶者の有無が抽出され、同居配偶者がいると、退・転院先の意向として自宅退院を表明しやすくなっていた（**表3-11〜13**、135-6頁）。一方、同居子や別居子の有無については、関連要因として抽出されなかった。以上の結果は、同じ家族であっても、同居配偶者の存在は患者と家族の退・転院先の意向に影響を及ぼすが、同居子や別居子はこれらの意向に影響を及ぼさないことを示している。これは、仮説3「患者と家族の退・転院先の意向において、配偶者と子では異なる影響を及ぼしている」を支持する結果といえる。

(2) 第3調査の仮説

第3調査で、自宅退院後の患者と家族の生活状況を確認した結果、退院計画のなかで評価されていた以外の不安・困り事があった場合に、医療・介護サービス計画の変更箇所数が多くなっていた（**表4-4**、169頁）。これは、仮説4「退院計画のなかで評価されていた以外の自宅退院後の患者と家族の不安・困り事があると、医療・介護サービス計画の変更が生じやすい」を支持する結果といえる。

さらに、退院計画のなかで評価されていた以外の不安・困り事があったり、医療・介護サービス計画の変更箇所数が多くなったりした場合に、退院計画に対する患者の満足度は低下傾向にあった（**表4-5**、169頁）。これは、仮説5「退院計画のなかで評価されていた以外の不安・困り事や医療・介護サービス計画の変更が生じると、退院計画に対する患者の満足度が低下しやすい」を支持する結果といえる。

　一方で、退院計画に対する患者の満足度が低くなった場合に、自宅退院後の患者の生活満足度は低下傾向にあった（**表4-6**、170頁）。ただし、仮説6「退院計画のなかで評価されていた以外の不安・困り事や医療・介護サービス計画の変更が生じたり、退院計画に対する患者の満足度が低くなったりすると、自宅退院後の患者の生活満足度が低下しやすい」に反して、退院計画のなかで評価されていた以外の不安・困り事の有無と医療・介護サービス計画の変更箇所数は有意差を認めなかった。そのため、仮説6は、今回の調査結果からは支持されないといえる。

(3) 第5調査の仮説

　第5調査で、転院制約要因を有する患者群と有しない患者群の比較分析を行った結果、有する患者群の医師が転院を指示した日（＝最初の診療情報提供書・入所診断書が作成された日）から転院までの期間が有意に長くなっていた（**表5-4**、211頁）。これは、仮説7「転院制約要因を有する患者群は、有しない患者群と比べると、医師が転院を指示してから転院までに時間を要している」を支持する結果といえる。

　また、転院制約要因を有する患者群は、そうでない患者群よりも、受け入れ不可の返答を受けていた割合が有意に高くなっていた（**表5-5**、211頁）。これは、仮説8「転院制約要因を有する患者群は、有しない患者群と比べると、病院・施設からの受け入れ不可の返答割合が高い」を支持する結果といえる。

　加えて、転院制約要因を有する患者群は、そうでない患者群よりも、患者または家族の第1希望の転院先へ移ることができていなかった割合が有意に高くなっていた（**表5-6**、211頁）。これは、仮説9「転院制約要因を

有する患者群は、有しない患者群と比べると、患者または家族の第1希望の転院先へ移ることができていない割合が高い」を支持する結果といえる。

さらに、ロジスティック回帰分析を行った結果、「保証人なし」や「経済的困難あり」といった社会経済的要因が、「行動障害を有する」や「転倒・転落対策を講じている」といった身体的要因よりも、オッズ比が高くなっていた（表5-7、212頁）。しかし、「医療行為を要する」のオッズ比は、「経済的困難あり」よりも高くなっていた。そのため、仮説9「『保証人なし』や『経済的困難あり』といった社会経済的要因を有する場合、医療的要因や認知面に関わる要因を有する場合と比べると、患者または家族の第1希望の転院先へ移ることができていない」は、今回の調査結果からは支持されないといえる。

(4) 第6調査の仮説

第6調査で、MSWによる転院制約要因の早期把握に向けた取り組み前と後の比較分析を行った結果、取り組み後の制約要因の早期把握率は有意に上昇していた（表5-8、221頁）。これは、仮説11「MSWによる転院制約要因の早期把握に向けた取り組みによって、MSWの早期把握率がアップする」を支持する結果といえる。

さらに、入院日からMSWが退・転院先選定に関わる面談をはじめて行った日までの期間は、取り組み前と比べて、取り組み後に短縮していた（表5-9、221頁）。ただし、取り組み前後の値に有意差を認めなかった。そのため、仮説12「MSWによる転院制約要因の早期把握に向けた取り組みによって、MSWの介入時期が早まる」は、今回の調査結果からは支持されないといえる。

加えて、患者または家族が第1希望にあげていた転院先へ移ることができた割合は、取り組み前と比べて、取り組み後は有意に上昇していた（表5-10、221頁）。これは、仮説13「MSWによる転院制約要因の早期把握に向けた取り組みによって、患者または家族の第1希望の転院先へ移れる割合が高まる」を支持する結果といえる。

第2節　本研究の課題の達成状況と新たな知見

　本節では、これまでの内容をふまえて、以下の2つの視点から小括する。第1に、序章第2節で設定した3つの課題の達成状況を把握・確認する。第2に、本書で得られた新たな知見を示す。

1．本研究の課題の達成状況

　本書の課題は、以下の3点である（詳細は序章第2節2（2）を参照）。①患者と家族の退・転院先についての合意形成が困難な事例の実態を示しつつ、患者と家族の特性や状況に応じた効果的な支援方法を可視化する。②自宅退院後の患者と家族が有している不安・困り事の実態を示しつつ、患者と家族の安心感や満足感を向上させるための支援方法を可視化する。③転院困難患者が抱えている問題の構造を示しつつ、それへの有効な支援方法を可視化する。以下、①～③の流れに沿って、それぞれの達成状況を示していくこととする。

（1）1つ目の課題の達成状況

　第1調査では、患者と家族の立場や家族形態の違いによって、退・転院先の意向に異同が生じているという結果が得られている。第2調査では、「患者の入院時意向が把握できなかった事例」において家族の意向のみで退・転院先が選定されている現状、「患者と家族の入院時意向が異なった事例」における患者と家族の緊張関係の実態が示されている。そのため、患者と家族の退・転院先についての合意形成が困難な事例の実態については、これらのなかで十分示すことができたと考える。
　一方、これらの内容をふまえて、患者と家族の特性や状況に応じた効果的な支援方法を検討している。第1調査では、MSWが患者と家族の意向に異同が生じている背景をより正確にアセスメントすること、または家族

状況を多面的にとらえることで、患者と家族の実情に即した細かな退・転院支援が可能になるとしている。加えて、家族の意向が変動しやすいことをふまえて、介護保険制度等を利用して、いかに介護力を補完していくのかについて、家族側にわかりやすく提示していく役割がMSWに求められていることにも言及している。

第2調査では、患者の入院時意向が把握できなくても、その後の回復によって意向を表明できるようになる可能性があり、患者の意思表示が難しい場合でも、患者本人の尊厳を意識した関わり方が必要であるとしている。また、患者と家族の緊張関係が生じている場合には、MSWが間に入ることで、双方のコミュニケーションを促進する役割が求められているとしている。

ただし、効果的な支援方法を可視化するという点では、第1・2調査で得られた知見だけでは不十分であると考える。いずれの内容も総論レベルにとどまっており、具体性に欠けるために、MSWが病院現場で実際にどのように活用するといいのかが見えにくいといえる。

(2) 2つ目の課題の達成状況

第3調査では、自宅退院後の患者と家族の不安・困り事について、退院計画に関わる病院スタッフが評価できていなかったものを示したうえで、これらの不安・困り事の有無が患者アウトカムに影響を及ぼしているという結果が得られている。第4調査では、自宅退院後の不安・困り事の典型例として、「短期間で再入院にいたった事例」を取り上げて調査を行い、再入院にいたった主な理由や経過が実態に即して示されている。そのため、自宅退院後の患者と家族が有している不安・困り事の実態については、これらのなかで十分示すことができたと考える。

一方、これらの内容をふまえて、患者と家族の安心感や満足感を向上させるための支援方法を検討している。第3調査では、自宅退院後の患者の生活満足度を向上させるためには、退院計画の精度を高めることが必要であるとしている。さらに、退院計画の精度を高めるためには、MSW部門が中長期的な視点を含めたアセスメントを実施することや、家族を表層的

にとらえるのではなく深層も含めてとらえる工夫が必要であることにも言及している。第4調査では、再入院の理由や経過に対する患者または家族側とケアマネジャー側の認識の異同があることを指摘している。そのうえで、MSWが間に入り、患者または家族側とケアマネジャー側の認識が一致できるような働きかけをすることで、患者と家族の実情に即した医療・介護サービス計画の立案・実行がしやすくなり、再入院予防や退院計画の質向上に寄与する可能性があるとしている。

しかし、先の(1)と同様に、効果的な支援方法を可視化するという点では、第3・4調査で得られた知見だけでは不十分であると考える。いずれも総論レベルにとどまっていることで、これらの内容を実行するために、MSWが病院現場で実際にどのような支援をすればいいのか、具体的なイメージが湧きにくいといえる。

(3) 3つ目の課題の達成状況

第5調査では、転院制約要因を有していることで、医師が転院を指示してから実際に転院するまでに時間を要し、病院・施設からの受け入れ不可の返答割合が高いために、患者または家族が希望する転院先へ移ることができていないという結果が得られている。第7調査では、療養型病院・施設等が保証人にどのような役割を求めているのかという観点から調査を行い、保証人不在者がこれらの病院・施設で受け入れてもらいにくくなっている実態が示されている。そのため、転院困難患者が抱えている問題構造については、これらのなかで十分示すことができたと考える。

一方、第6調査では、第5調査の結果を受けて、MSWが転院制約要因を早期把握するための取り組みを行うことで、患者または家族が希望する転院先へ移ることができていない割合の低減につながるという結果が得られている。実際に、取り組み後の効果が実証されていることから、有効な支援方法を可視化するという点にも成功しているといえる[2]。

ただし、第6調査では、病院内での取り組みにとどまっており、これだけでは不十分であると考える。第7調査では、MSWが社協や日常生活自立支援事業の改善に向けた働きかけをすることが、保証人問題の解決方略

になり得る可能性があるとしており、病院外に向けた取り組みも必要とされているからである。

2. 本研究で得られた新たな7つの知見

本研究では、従来の先行研究にはみられない知見が得られており、いずれも実証データにもとづいたものになっている。具体的には、以下の7点である。

1つ目は、第1調査で、患者と家族の退・転院先の意向に関連する要因の違いを、実証データにより示した点である。患者と家族の意向が異なる事例を分析している先行研究はいくつかあるが、患者と家族の二者を分けて、それぞれの意向に関連する要因の違いを取り上げているものは見当たらない。

2つ目は、第1調査で、同じ家族であっても、同居配偶者と同居子および別居子では、患者と家族の退・転院先の意向に及ぼす影響が異なることを、実証データにより示した点である。これまでの先行研究のなかでは、配偶者と独立家計を営む成人した子供は別主体であることを主張している研究、または同居者がいて、主たる介護者が就労していない配偶者の場合に自宅退院へつながりやすいことを示している研究、長期入院高齢者の家族の在宅ケア意向と配偶者・息子・娘の有無との関連を検討している研究等はみられる。しかし、患者と家族それぞれの退・転院先の意向に関連する要因を探るという観点から、同居・別居家族員の続柄による影響力の違いを定量的に示しているものは見当たらない。

3つ目は、第1・2調査で、患者と家族それぞれの退・転院先の意向の時間的推移を、実証データにより示した点である。病院における要介護高齢者と家族の「居所選択」の過程を示している先行研究はあるが、時間の経過とともに、患者と家族それぞれの意向がどのように変動しているのか取り上げているものは見当たらない。

4つ目は、第3調査で、支援プロセスである退院計画チームによる評価や医療・介護サービス計画の作成を単に行えばいいというわけでなく、そ

の中身がともなっていないと、患者のアウトカム向上につながらない可能性があることを、実証データにより示した点である。ケアマネジメントの6段階（①アセスメント、②ゴール設定、③ケアプランの作成、④デスエデュケーション、⑤サービス利用後の再調整、⑥ゴール変更の必要性の検討）をどの程度実施したかによって、アウトカムを評価している先行研究はあるものの、それぞれの支援プロセスの中身までには踏み込んでいない。

　5つ目は、第4調査で、再入院にいたった主な理由や経過のなかで、患者または家族側の認識とケアマネジャー側の認識の異同が生じていることを、実証データにより示した点である。自宅退院後に施設入所を選択した家族介護者と病棟看護師を対象にしている研究は存在するものの、再入院にいたる経過のなかでの患者または家族側とケアマネジャー側の認識構造の違いを示しているものは見当たらない。

　6つ目は、第5・6調査で、MSWによる転院支援の効果を検証する際に、平均在院日数といった病院側の指標だけでなく、患者または家族が希望する転院先に移れたのかどうかといった、患者または家族側の指標も含めて検討する必要性を、実証データにより示した点である。MSWの早期介入によって、転院患者の平均在院日数がどの程度短縮するのか検証している先行研究はいくつかあるが、患者または家族側の指標を設定しているものは見当たらない。

　7つ目は、保証人問題の全体像と解決方略を、先進的な取り組み事例を参考にしつつ、実証データにもとづいて、MSWの立場より示した点である。これまでの先行研究のなかでは、身寄りのない患者に対するMSWの支援についての研究、または保証人問題の実態と取り組みについての研究はみられる。しかし、MSWの観点から、療養型病院・施設等が保証人に求めている役割について分析を行い、社協や日常生活自立支援事業の改善に向けた働きかけをすることが、保証人問題の解決方略になり得ることをあげているものは見当たらない。

第3節 MSWによる効果的な退・転院支援を実現するための方略

本節では、これまでの内容をふまえて、MSWによる効果的な退・転院支援を実現するための方略について、以下の3つの観点から考察する。①プロセス部分をとらえて評価する。②プロセスやアウトカムを多面的にとらえる。③病院内で起きている個別（ミクロ）の問題を地域（メゾ）や制度・政策（マクロ）の問題へ引き上げる。なお、詳細は後述するが、①～③は、先行研究の知見にもとづいて設定したものである（近藤 2012；田中 2014）。

1. プロセス部分をとらえて評価する

近年の診療報酬改定によって、平均在院日数の短縮化や在宅復帰率向上への誘導が強化されるなど、病院現場には成果主義が導入されてきている。ただし、こうしたアウトカム指標のみを追求することで、本当に良い支援につながるのだろうかという点には、留意する必要があると考える。この点に関連して、近藤（2012：153）は、「医療・ケアの質を高めるにはマネジメントの視点が必要である」という立場から、マネジメントのプロセスを「見える化」し評価していくことが、「より効果的で質の高いケアへと改善していく根拠となる」と述べている。

本研究で行った調査でも、プロセス部分をとらえて評価していく必要性を示す結果が得られており、概ね以下の3点に整理することができる。

第1に、患者と家族が退・転院先を選定するプロセスでは、多様な要因が影響を及ぼしているということである。これは、第1・2調査の結果をまとめたものである。第1調査では、患者の退・転院先の意向に関連のある要因として、年齢やFIMといった患者本人の要因だけでなく、同居配偶者の有無といった患者の周囲を取り巻く要因が確認されている。家族の退・転院先の意向に関連のある要因についても同様に、FIMや医療行為

の有無といった患者本人の要因だけでなく、介護力や患者本人に対する拒否的な家族員の有無、および同居配偶者の有無といった患者の周囲を取り巻く要因が確認されている。さらに、第2調査でも、患者の身体的状況にとどまらず、家族関係または介護者の思いといった要因が、患者と家族の退・転院先の選定に影響を及ぼしていることが示唆されている。

　MSWが退・転院支援を行う際には、こうした要因をふまえた関わり方が求められているといえる。たとえば、患者と家族の退・転院先の意向が異なる場合に、そのような違いが生じている要因を可視化し評価することができれば、それぞれの思いを尊重した支援が実現しやすい。特に、患者の意向に反して、自宅退院が難しいような事例では、患者の思いを正しく理解することが欠かせない。患者の立場からすると、自分の思いが十分理解されていないなかで、退・転院先が選定されてしまうことで、不全感が生じ、結果的に退・転院先に対する満足度が低下することが考えられるためである。

　第2に、支援プロセスの不備が、自宅退院後の患者アウトカムの低下につながるということである。これは、第3・4調査の結果をまとめたものである。第3調査では、退院計画のなかで評価されていた以外の不安・困り事の発生、および医療・介護サービス計画の変更が、退院計画に対する患者の満足度や自宅退院後の患者の生活満足度の低下につながっていることが示されている。さらに、第4調査でも、病院スタッフの説明不足といった「退院計画の不備」が、再入院にいたった主な理由としてあげられている。以上の結果は、裏を返せば、退院計画（支援プロセス）の問題点をとらえて評価し、改善に向けた取り組みをすることで、自宅退院後の患者アウトカムの向上につながることを示したものである。なお、第4章第1節では、これらの結果をふまえて、退院計画の質向上に向けたMSW部門の役割についても言及している[3]。

　第3に、転院制約要因を有することで、転院にいたるまでのプロセスに困難が生じており、患者または家族のアウトカム低下につながるということである。これは、第5・7調査の結果をまとめたものである。第5調査では、転院制約要因を有していることで、転院までに時間を要したり、受

け入れを断られたりすることで、結果的に患者または家族が希望する転院先へ移ることができていない実態が示されている。第7調査でも、療養型病院・施設等が、緊急連絡先や死後対応および入院・入所費用に対する責任といった役割を担う保証人を求めているために、保証人不在者の転院先が制約されてしまっていることが示唆されている。なお、第6調査では、第5調査で示された転院にいたるまでのプロセス部分に着目した取り組みを、MSW 部門が行ったことで、患者または家族のアウトカム指標の向上が確認されている。

以上、プロセス部分をとらえて評価していくことが、MSW による効果的な退・転院支援を実現するための方略の1つになり得ることを述べた。とりわけ退・転院支援に関わるプロセス部分に着目したアウトカム改善に向けた取り組みが有効であるといえる。

2. プロセスやアウトカムを多面的にとらえる

前項では、プロセス部分をとらえて評価する重要性を示しつつ、プロセス部分に着目したアウトカム改善に向けた取り組みの有効性について述べた。しかし、どのようなプロセス指標やアウトカム指標を設定するのかで、評価結果が変わってくることも予想される。患者・家族・支援者・病院（経営者）、行政とでは立場が異なるために、それぞれが重視している価値・基準の違いから、同じ事象であっても評価が分かれることが想定されるからである（近藤 2012；小林 2016）。

たとえば、退・転院先を選定するプロセスのなかで、患者は自宅退院を希望しているものの、家族は介護に不安を感じているために、転院の意向を表明することは、その最たる例だといえる。患者の希望する自宅退院というアウトカムの達成をめざすという観点に立てば、家族が感じている介護不安に焦点をあてて、それへの対処法を考えることになる。しかし、それでも自宅退院は難しいということがあり得るからである。

最終的に、転院することが決まった場合、患者の希望するアウトカム（自宅退院）は未達成であるが、家族側からみると、アウトカム（転院）

は達成されたことになる。一方、退・転院先の選定にいたるまでに、MSWが介在したことで、患者と家族の間で納得できる話し合いできたとすれば、そのプロセスには、双方とも満足している可能性がある。しかし、話し合いが十分にできていなかったとすれば、家族はさほど問題に感じていないかもしれないが、患者はそのプロセスに不満を感じていることで、退・転院先に対する患者の満足度が低下することも考えられる。

また、患者や家族側と病院側の間で異なった見解が示されやすいアウトカム指標の1つとして、在院日数をあげることができる。平均在院日数の短縮化が至上命題になっている病院側からみると、在院日数が短いことは良い評価につながりやすい。一方、患者や家族側からみると、話し合いが十分になされないまま、短い期間で退・転院させられたと思っている事例だとすれば、在院日数が短いことは悪い評価につながりやすい。

本研究で行った調査でも、プロセスやアウトカムを多面的にとらえる必要性を示す結果が得られており、概ね以下の3点に整理することができる。

第1に、患者と家族とでは、退・転院先の意向に関連する要因に違いがあるために、異同が生じやすいということである。これは、第1調査の結果にもとづいたものである。第1調査では、家族は患者と比べて、より多くの要因にもとづいて、退・転院先を検討している実態が示されている。これは言い方を変えると、退・転院先を検討するプロセスで多くのことに目が行きやすく、不安が生じやすいということでもある[4]。そのため、MSWが家族に対して、どのような不安を感じているのかを1つずつ丁寧に確認しつつ、不安の軽減・解消に向けた関わり方をすることで、家族の退・転院先に対する満足度が向上することが考えられる。一方、患者の意向については、入院時以降も意向が変動しづらい傾向がみられることから、患者本人の気持ちに寄り添った関わり方が求められている可能性がある[5]。

第2に、患者または家族側とケアマネジャー側とでは、再入院にいたったプロセスのとらえ方に違いがあるということである。これは、第4調査の結果にもとづいたものである。第4調査では、再入院の理由や経過に対する患者または家族側の認識は、患者本人へ向きやすいのに対して、ケア

マネジャー側の認識は、患者を取り巻く環境へ向きやすいことが起因となって、両者の認識に異同が生じていることが示されている。そのため、MSWが間に入り、両者の認識が一致できるような働きかけをすることで、患者と家族の実情に即した医療・介護サービス計画の立案・実行が可能となり、退院支援の質向上に寄与することが考えられる。

第3に、退・転院支援または退院計画の効果を検証する場合、平均在院日数といったアウトカム指標だけでなく、患者や家族側からみたアウトカム指標の設定が欠かせないということである。これは、第3・6調査の内容をもとにまとめたものである。第3調査では、退院計画に対する患者の満足度や自宅退院後の患者の生活満足度といったアウトカム指標を用いて、退院計画の効果検証がされている。一方、第3調査の結果は、仮に自宅退院したとしても、その後の生活に即した支援が行えていないとすれば、患者の満足度は低下することを示したものになっている。

第6調査では、患者または家族の第1希望の転院先に移れたかどうかをアウトカム指標とし、MSWによる転院制約要因の早期把握に向けた取り組みの効果検証が行われている。前述したように、在院日数が短いことは、病院側からみると良い評価につながりやすいが、患者や家族側からみると不満が生じやすい面がある。一方、第6調査の結果は、病院現場特有の時間的制約があるという状況下でも、患者または家族の希望の実現に向けた支援方法を追求していく必要性を示したものになっている。つまり、平均在院日数や在宅復帰率といった、診療報酬上求められているアウトカムを評価したとしても、それだけでは不十分ということである。

以上、プロセスやアウトカムを多面的にとらえることが、MSWによる効果的な退・転院支援を実現するための方略の一つになり得ることを述べた。図6-1は、本研究で得られた知見をもとに、退・転院支援についてのプロセス指標とアウトカム指標をまとめたものである。患者・家族・支援者など多様な立場を見据え、退・転院支援に関わるプロセスやアウトカムを幅広くとらえていくことが必要であり、とりわけ患者や家族側からみた指標を設定していくことが重要になってくる。

図6-1 本研究から導き出された退・転院支援についてのプロセス指標とアウトカム指標

〈プロセス指標〉

・患者と家族の退・転院先に関する意向の異同とそれが生じている要因の評価
・自宅退院に向けて作成された退院計画の内容の精度評価
・自宅退院に向けて患者または家族側とケアマネジャー側との間で生じている認識の異同の評価
・転院制約要因を有する患者の早期把握・介入率

〈アウトカム指標〉

・退・転院先に対する患者と家族の満足度
・退院計画に対する患者と家族の満足度
・自宅退院後の患者と家族の生活満足度
・転院先に対する患者または家族の希望実現度

出所：筆者作成。
注) 本研究では，退院計画に対する家族の満足度と自宅退院後の家族の生活満足度までには言及できていない。しかし，これらの満足度のなかには，家族も含めるのが望ましいと判断し，付け加えることにした。

3. 病院内で起きている個別（ミクロ）の問題を地域（メゾ）や制度・政策（マクロ）の問題へ引き上げる

ここまで、プロセス部分を可視化し評価する、またはプロセスやアウトカムを多面的にとらえるといった、主に退・転院支援マネジメントについて論述してきた。しかし、退・転院支援マネジメントの見直しといった、病院内の取り組みだけでは、十分に対応しきれない事例がある。このような現状に対して、田中（2014：166）は、「保健医療領域のソーシャルワー

クはミクロ・メゾ・マクロレベルへと縦横に展開する形で行われる必要がある」と述べている。

特に、「保証人なし」や「経済的困難あり」といった社会経済的要因を有する場合、早期にMSWが関わったとしても、使える社会資源に限りがあるために、効果が発揮しにくい事例が少なくない。そのため、このような事例に対しては、地域の関係機関を巻き込んだ取り組みや制度・政策の改善に向けた動きが欠かせないと考える。

地域を巻き込んだソーシャルワーク実践の必要性については、厚生労働省（2015b：20-1）の新たな福祉サービスのシステム等のあり方検討プロジェクトチームが発表した報告のなかでも、以下のように記されている。「専門的な知識及び技術をもって、福祉に関する相談に応じ、助言、指導、関係者との連絡・調整その他の援助を行う者として位置づけられている社会福祉士については、複合的な課題を抱える者の支援においてその知識・技能を発揮することが期待されることから、新しい地域包括支援体制におけるコーディネート人材としての活用を含め、そのあり方や機能を明確化する」。

さらに、地域包括ケア研究会（2016：16）のなかでも、以下のように説明されている。「地域包括ケアシステムの中では、専門職が個々の『利用者』に対してサービス提供を行う日常業務は当然として、さらに、『地域』に対する貢献が今後の役割として期待されている」。加えて、田中（2016）は、保健医療ソーシャルワークを研究する立場から、この領域のソーシャルワーカーの新たな専門職連携の課題として、「専門職連携を基盤にして、直接地域や組織のメゾレベルをターゲットに展開・介入する」ことをあげている。

本研究で行った調査でも、病院内で起きている個別（ミクロ）の問題を、地域（メゾ）や制度・政策（マクロ）の問題へ引き上げる必要性を示す結果が得られている。具体的には、保証人不在者の転院先がより制約されているという、第5調査の結果をふまえて、第7調査では、保証人問題の解決方略として、MSWによる地域の関係機関や制度への働きかけが必要であることが示されている。

以上、病院内で起きている個別の問題を、地域や制度・政策の問題へ引き上げることが、MSW による効果的な転院支援を実現するための方略の一つになり得ることを述べた。退・転院支援の現場で生じている問題によっては、病院内の取り組みだけでなく、病院の枠を超えた取り組みが必要である。

第4節　本研究の意義と今後の課題

　本節では、ここまでの全体的な内容をふまえて、私が判断している本研究の意義と今後の課題について述べる。

1.　本研究の意義

　本研究の意義は、以下の3点である。
　第1の意義は、退・転院支援におけるプロセスやアウトカムを多面的にとらえることの必要性を、実証的に示した点にある。プロセスやアウトカムを多面的にとらえる視点を持つことは、MSW 業務のエビデンスや魅力の伝承につながり得ると考えるからである。
　序章第1節で述べたように、厳しい国家財政事情のために、病院側にはこれまで以上に、効率面を重視した運営を行うことが求められてきている。とりわけ、平均在院日数や在宅復帰率といったアウトカム指標が、診療報酬の算定要件に盛り込まれていることから、多くの病院がこれらの達成に注視している現状がある。そのため、MSW が退・転院支援を実施する際にも、こうした数値の達成を意識せざるを得ない状況にある。
　しかし、退・転院支援の目的は、平均在院日数を短縮させたり、在宅復帰率を向上させたりするだけのものでないことには、留意する必要がある。序章第2節でも述べたように、アウトカムといっても、医学的効果に関わるものから患者や家族の満足度・QOL に関わるものまで多岐にわたっており、さまざまな観点から包括的に評価することが求められている

からである。加えて、退・転院支援のプロセスでは、患者・家族・支援者と立場が異なるために、それぞれが重視している価値・基準の違いから、同じ事象であっても、認識やとらえ方が分かれることが想定される。そこで、本研究では、患者・家族・支援者別のプロセス評価、および患者や家族の満足度・QOLに関わるアウトカム評価を取り入れた調査（第1〜6調査）を行うことで、プロセスやアウトカムを多面的にとらえることの必要性を、実証的に示すことができた。

　MSWの役割について、平均在院日数の短縮化や在宅復帰率向上といった病院組織が期待しているもののみに特化した場合、必ずしもその期待に応えられない事例も存在することから、患者または家族側と病院側の間に挟まれて大きなジレンマを感じることになる。ただし、プロセスやアウトカムを多面的にとらえることで、病院組織が求める指標だけでなく、患者または家族側が求める指標を明確にすることが可能となる。MSWが関わることで、患者または家族側の指標が良くなっていれば、MSWが単なる退・転院斡旋係でないこと、ひいてはMSW業務のエビデンスや魅力を、対外的に示すことができると考える。

　第2の意義は、退・転院支援の現場で生じている複雑な実態をふまえて、従来のソーシャルワークの理論や方法では、対応しきれなくなってきている現状を示したことである。今回、このような現状を、実証的なデータにもとづいて示したことは、従来のソーシャルワークの理論や方法を見直すための一材料になり得ると考えるからである。

　ケースワークの原則では、「クライエントの自己決定を促して尊重する」ことが謳われており、理念的にはクライエント（一人の個人）である患者の意向が最優先されるべきである（Biestek 2006：159-88）。しかし、実際の退・転院支援の現場では、患者よりも家族の意向が大きな影響を及ぼしている場面に遭遇することが少なくない。このような場面に遭遇した際に、患者または家族という立場によって意向が異なっており、なぜそのような違いが生じているのかを十分理解せずに、上記の原則を単純に適用することは、「百害あって一理なし」である。

　これまでの先行研究でも、患者と家族の退・転院先の意向の異同に注目

した研究はみられた。しかし、第1章第4・8節で述べたように、これらの研究課題は、心理社会的要因や患者と家族の意向が一致する事例等を含めて検討していないことであった。そこで、本研究では、こうした課題を克服するための2つの調査（第1・2調査）を行うことで、患者と家族の退・転院先の意向に異同が生じる要因やそれが及ぼす影響を総合的に示すことができた。

さらに、問題が深刻化する前に早期に介入することが、有用なソーシャルワークの方法の一つだとされている。しかし、序章第3節でも述べたように、早期に関わったとしても、使える社会資源に限りがあるために、効果が発揮しにくい事例が少なくない。そこで、本研究では、患者の意向に沿うことが特に難しい保証人問題についての調査を行うことで、問題解決のためには、地域の関係機関を巻き込んだ取り組みや制度・政策の改善に向けた取り組みが欠かせないことを示すことができた。

第3の意義は、私が行った7つの調査を通じて、MSWによる効果的な退・転院支援のあり方を検討するうえで、有用なデータが得られたことである。今回、本研究で得られた調査データは、退・転院支援の実態に即したものであり、研究のためのデータという意味合いだけでなく、ソーシャルワーク実践にも役立つものであると考えるからである。

研究領域では、とかく普遍性が求められることもあり、研究で得られた知見のみで、実践領域の問題を解決できることは稀である。そこでは、問題内容に応じた個別的な対応が必要とされ、結局のところ、実践者の個人的力量が問われることになる。そのため、実践領域からみると、研究領域の知見は、あまり役立たないものとみなされがちである。しかし、実践者個人の力量頼みでは、実践領域の進展が望めないことも事実である。実践者個人の力量頼みになっている部分から、法則的な知見を見出し、それを実践領域に還元することができれば、多くの現役実践者の参考になるだけでなく、後世に伝達していくことも可能となる。つまり、実践や現場からのデータを収集し分析するといった、研究上の一連の流れをふまえて、日々の実践内容を普遍化する作業なくして、スキル向上や伝承へとつながっていかないことになる。

一方、本研究の特徴は、私自身のMSWとしての現場経験が、大きく影響を及ぼしていることである。たとえば、本研究の課題を設定するにあたっては、私のMSW経験をふまえつつ、実践領域と研究領域をつなぐ内容になることを意識した。さらに、カルテ・ソーシャルワーク記録の調査、患者や家族等への訪問調査やインタビュー調査を実施することで、退・転院支援の実態に関わるデータを得ることができた。

　通常このような調査フィールドを得るためには、病院側または患者や家族側との関係構築の難しさから、相応の困難がともなうものである。しかし、MSWとして10年以上現場に関わっている強みを活かし、適切なフィールドを確保することできた。とりわけ私と関わりの深いA医療法人B病院は、本研究の目的を達成するうえで、重要な調査フィールドであったと考える。MSWによる効果的な退・転院支援のあり方を見出すためには、表層的なデータではなく、詳細かつ実践現場に即したデータの入手・分析が不可欠であり、私自身が事情を熟知している現場での調査が望ましいという観点からいくと、MSWとしてのあるべき姿を探るうえで、とても有利なフィールドであったといえるからである。あくまでも自己評価にすぎないが、研究のための研究ではなく、実践にも寄与できるような研究にまとめ上げることができたと考える。

2.　今後の課題

　今後の課題は、以下の3点である。

　第1の課題は、MSWによる効果的な退・転院支援のあり方を示すことはできたものの、それの効果の検証が一部でしかできていないことである。今後は、本研究で得られた知見をふまえて、介入研究やアクションリサーチ等を行うことで、実際にどのような効果があるのかを検証する必要があると考える。

　第5章第2節では、アクションリサーチを採用し、実際にMSWによる効果的だと思われる取り組みを行うことで、転院支援に関わるプロセス指標や患者または家族の希望実現度が、どのように変化するのかを検証して

いる。しかし、第3章や第4章では、患者や家族または病院職員・ケアマネジャー等の支援者が、どのような意向・認識を有しているのかについての傾向を示すにとどまっている。

近藤（2016）は、「一般に、因果の推論を経て応用に至るためには、〈中略〉観察研究から介入研究へ、質的（データを用いた）研究から量的研究へと研究は進められていく」と、自身の見解を述べている。一方、本研究では、質的調査と量的調査の両方を行っているものの、そのほとんどが観察研究であり、その短所・限界として、「介入可能性が不明に留まる」ことがあげられている。そのため、本研究で得られた知見を、さらに普遍的なものとして一般化するためには、介入研究やアクションリサーチ等のさらなる実施が欠かせないと考える。

第2の課題は、本研究の調査フィールドの大半が、Ａ医療法人Ｂ病院（回復期リハビリテーション病棟）にとどまっていることである。今後は、さらに調査フィールドを拡大する必要があると考える。

私が行った7つの調査のうち、6つの調査フィールドがＡ医療法人Ｂ病院であり、限定的である点は否めない。Ａ医療法人Ｂ病院のみで行われた調査ということもあり、データ数が十分に確保できなかった調査（第4・6調査）もあった。また、回復期リハビリテーション病棟協会（2016：36）の全国の回復期リハビリテーション病棟を対象にした調査によると、「退院経路」（2015年度実績）の6.3％が「居宅系施設」であったのに対して、Ａ医療法人Ｂ病院では、この割合が3.7％（全退・転院患者299人のうち11人）にとどまっていた。本来であれば、6.3％は無視できない数値であり、居宅系施設に焦点をあてた研究を行うことが望ましい。しかし、Ａ医療法人Ｂ病院では、十分なデータ数が確保できないと判断し、本研究では断念せざるを得なかった。

さらに、本研究では、一病院の回復期リハビリテーション病棟のみしか扱っていないということもあり、今回得られた知見が、他の回復期リハビリテーション病棟、または急性期病院といった他の機能を有する病院で適用できるかどうかは定かでない。この点について、近藤（2016）は、「1つの病院で得られた知見よりは、多施設から得られた知見、さらには全国

のすべての施設から得られた知見のほうが、普遍的な現象を捉えている」としている。加えて、「研究で得られた知見を、普遍的なものとして一般化できる度合いは、その研究が行われた状況や場（setting）によって異なってくる」と、自身の見解を述べている。

本研究で取り上げた研究課題を達成するためには、退・転院支援の実態に即した調査の実施が不可欠であり、その多くを、私と関わりのあるA医療法人B病院に頼らざるを得なかったといえる。しかし、今後十分なデータ数を確保したり、本研究で得られた知見の普遍性を高めたりするためには、調査フィールドの拡大が欠かせないと考える。

ただし、第2章第2節で述べたように、全国データとA医療法人B病院のデータを比較すると、退・転院先に同様の傾向がみられるといった共通点も存在する。そのため、一病院で得られた調査結果であったとしても、全国データ等の先行研究との比較を通じて、普遍化できる部分も、ある程度存在することには留意する必要がある。さらに、本研究で取り上げている調査課題の内容は、回復期リハビリテーション病棟だけでなく、急性期病院等でも起こり得るものであり、本研究で得られた知見は、多くのMSWが興味・関心を示しうるものだと考える。

第3の課題は、ミクロからメゾ・マクロレベルへのMSW業務の展開方法が、十分に示せていないことである。今後は、ミクロレベルで生じている問題を、メゾ・マクロレベルへつなげるための具体的な方法を検討していくことが必要であると考える。

前節でも述べたように、病院内で起きている個別（ミクロ）の問題を、いかにして地域（メゾ）や制度・政策（マクロ）の問題へ引き上げていくかが問われている。第5章第3節では、病院の枠を超えた問題として、保証人問題を取り上げ調査（第7調査）を行っている。しかし、こうした視点の必要性を示すにとどまっており、この問題を地域や制度・政策の問題へと引き上げていくための具体的な知見を得るまでにはいたっていない。

田中（2014：164）は、MSW業務全体で地域活動の実施率が低い現状をふまえて、ミクロからメゾ・マクロレベルへの業務展開の課題として、以下の点をあげている。「ミクロレベルでの業務が忙しすぎて手一杯とな

るということだけではなく、メゾおよびマクロレベルに貢献するソーシャルワーカーに対して、そうした社会や組織の評価がないことがあげられる」。それでも、社会経済的な視点をより重視する立場にあるMSWにとって、メゾ・マクロを含めた業務展開は、避けては通れないものである。

今回、本研究では、A医療法人B病院内の支援現場の状況や取り組みを中心に検討したこともあり、メゾ・マクロの視点が不十分である点は否めない。それでも、私のライフワークの一つとして、保証人問題の解決に向けたさまざまな取り組みをしている（林 2013）。この問題は、一病院・施設の取り組みだけで解決するものでなく、地域の関係機関それぞれで自分たちのやれることを出し合うことが、解決に向けた第一歩になると考える。そのため、保証人問題についてさらなる研究を進めていくことを、私の今後の研究課題としたい。

〔注〕
1) 第3章第1節4の (2) と (3) のところで、時間の経過による変動や家族形態による影響力の違いをふまえて、MSWとしてどのように退・転院支援をするのかについて言及している。
2) ただし、プロセス指標の1つである「入院日からMSWが退・転院先選定に関わる面談をはじめて行った日までの期間」については、取り組み後に短縮していたものの、取り組み前後の値に有意差はなかった。なお、有意差が出なかった理由としては、症例数の少なさが考えられる（詳細は第5章第2節4 (1) を参照）。
3) 退院計画の質向上に向けたMSW部門の役割については、前に示した表4-10（176頁）の「行っていないが必要であると認識していること」が参考になる。また、これらのうち、「中長期的な視点を含めたアセスメントの実施」と「家族を表層的にとらえるのではなく深層も含めてとらえる工夫」については、第4章第1節6で詳細に考察している。
4) 第3章第1節4 (2) では、「家族の退・転院先の意向は、患者の退・転院先の意向と比べて変動しやすい」こともふまえて、MSWの役割について以下のように述べている。「家族が入院時に『自宅退院は難しいかもしれない』という意向を表明していたとしても、その後の患者本人の回復具合をふまえつつ、介護保険サービス等の自宅で看ていくための制度的手段の情報を得ることで、家族の意向が自宅退院へ移行し得ることを裏付けるデータだと考えるからである。先述したように、家族は患者本人と比較して、多様な視点から退・転院先を検討しており、とりわけ介護力の位置づけが高くなっていた。そのため、介護保険制度等を利用して、いかに介護力を補完していくのかについて、家族側に分かりやすく提示していく役割がMSWに求められている」。
5) 第3章第1節4 (1) では、「患者の退・転院先の意向には、今後のADL回復への

期待といった主観的な要因が、より強く影響を及ぼしている可能性があ」ることが指摘されている。そのため、「今後の ADL 回復への期待」から、なかなか自身の障害を受容できず、入院時以降も意向が変動しづらいという流れにいたっていることが考えられる。ただし、上記内容については、本研究で実証されるところまでにいたっておらず、今後さらなる研究が必要だといえる。

あとがき

　本書では、病院現場の実態やそこで生じている問題の把握を通じて、MSWによる効果的な退・転院支援の実現に向けた対処方略について検討してきた。その結果、以下の3点を示すことができた（詳細は第6章第3節を参照）。①プロセス部分をとらえて評価する。②プロセスやアウトカムを多面的にとらえる。③病院内で起きている個別（ミクロ）の問題を地域（メゾ）や制度・政策（マクロ）の問題へ引き上げる。

　①〜③から総じて言えることは、目に見えやすいものだけに捉われることなく、幅広い観点から退・転院支援を行うことが、効果的な支援につながるという点である。一方、はしがきでも述べたように、近年の診療報酬改定で、平均在院日数の短縮化や在宅復帰率向上への誘導が強化されているために、MSWは、病院組織からこうした数値の達成に貢献しうる支援を行うことが求められている。さらに、今後の高齢化の進展にともなって、退・転院支援のニーズが急増する反面、国家財政のひっぱくにより、在院日数の短縮等を重視した病院運営がこれまで以上に求められてくることを考えると、効率偏重の支援が横行することが懸念される。

　このような状況下で、MSWが専門職として社会から評価を高めていくためには、とりわけ患者と家族に対して、いかにして効果的な支援を行うことができるのかを、根拠にもとづいて示していくことであると考える。そのため、本書がその一助になれば幸いである。

　本文中にも記していることであるが、本書を執筆するにあたっては、私自身のMSW（現在は退職）としての現場経験が大きく影響を及ぼしている。今後も、実践家としての経験を活かしつつ、実践領域と研究領域をつなぐ橋渡し的な研究を行っていきたいと考えているしだいである。

　本書は、私が2016年度に日本福祉大学大学院福祉社会開発研究科に提出した博士論文「医療ソーシャルワーカーによる効果的な退・転院支援について実証的研究」をもとに、加筆・修正を行ったものである。博士論文

を執筆するにあたり、多くの方々にお世話になった。

　まずは、大学院の指導教授であり、博士論文の主査を引き受けて下さった二木立先生（現・日本福祉大学相談役・名誉教授）に、心よりお礼申し上げたい。学部時代のゼミから始まり、大学院・修士課程、そして大学院・博士課程のすべてにおいて、二木先生よりご指導を賜ることができたことは、私にとって一生の財産であるといえる。時に厳しく、しかしいつも温かく見守って下さりながら、研究の奥深さや面白さを教えていただいたことが、これまでの研究を進める原動力となった。

　さらに、博士論文の副査を引き受けて下さった日本福祉大学の田中千枝子先生と篠田道子先生にも、この場を借りて深くお礼申し上げたい。田中先生とは、修士課程時代にはじめてお目にかかる機会があり、その際にMSW出身の研究者としての気概がとても伝わってきたことを、今でも鮮明に憶えている。その後、ご縁があって、田中先生が副査を引き受けて下さることが決まり、MSWという立場から、研究を進めるにあたって大事なことを、数多く教えていただいた。篠田先生とは、学部時代より面識があり、修士論文の副査もご担当いただいており、私にとってはかけがえのない先生の一人だといえる。そして、篠田先生の論文指導からは、とりわけ論文全体の流れやバランスを大事にすることを学ばせていただいた。

　また、同志社大学の空閑浩人先生には、ご多忙のなか、学外審査委員として博士論文をご審査いただき、深く感謝申し上げたい。当時、面識はなかったものの、博士論文を執筆するにあたっては、空閑先生の著書『ソーシャルワークにおける「生活場モデル」の構築――日本人の生活・文化に根ざした社会福祉援助』（ミネルヴァ書房）を大いに参考にさせていただいた。さらに、日本福祉大学の末盛慶先生からは、量的調査の分析方法、結果解釈の仕方などについて、緻密なご指導をしていただいた。特に、統計分析が不慣れな私のために、わざわざ時間を作って下さり、手弁当でご指導いただけたことには、心よりお礼申し上げたい。

　なお、「博士学位授与最終審査報告書」（Web上に全文公開）のなかでは、私の博士論文における３種類の弱点・課題が指摘されている（以下、上記報告書より引用）。第１は、上述した「MSWによる効果的な退・転

院支援の実現に向けた対処方略」がまだ総論・「眼と構え」のレベルにとどまっていることである。第2は、現実の退・転院支援は多職種連携で行われているにもかかわらず、本論文ではその視点が弱く、医療従事者としてほとんどMSWの対応のみが分析されていることである。第3は、MSWの退・転院支援業務そのものおよび彼らのそれについての「思い」についての記載が弱いことである。これらの指摘内容はいずれも、私の新たな研究課題ともいえるものであり、今後の研究活動に活かしていきたいと考えている。

　最後に、本書を執筆・出版するにあたって、お世話になった多くの方々にお礼を述べたい。とりわけ調査フィールドを提供していただいたA医療法人B病院の皆様、インタビュー調査にご協力いただいた皆様の協力なくして、本書が完成することはなかったと考える。さらに、大学院・博士課程の先輩であり、論文執筆を進めるにあたってご助言いただいた日比野絹子氏には、心よりお礼申し上げたい。また、研究に追われる日々を支えてくれた妻と子供、金銭支援を含めて物心両面で支えてくれた両親にも感謝申し上げたい。そして、お忙しいなか出版の労をとっていただいた、旬報社の木内洋育氏と粟國志帆氏にお礼を申し上げたい。

　なお、本書は「同朋大学特定研究費」にもとづき出版されたものである。また、本書第4章第1節の調査（第3調査）は、一般財団法人東京保健会の2014年度臨床研究助成金によって実施されたものであり、心から感謝の意を表する。

2018年12月
林　祐介

初出一覧

　本書の初出の掲載誌は、以下の通りである。なお、本書を出版するにあたっては、大幅な加筆・修正を行っている。

第1章第4節
林　祐介（2018）「患者と家族の退院先に関する意向調整・支援の研究上の課題――医療・福祉現場における意思決定・自己決定支援についての文献検討をふまえて」『医療と福祉』52（1），40-7頁.

第3章第1節
林　祐介（2018）「患者と家族の退・転院先の意向についての量的研究―― A 病院のカルテ・ソーシャルワーク記録調査より」『社会福祉学』59（1），27-39頁.

第3章第2節
林　祐介（2016）「患者と家族の退院先についての意向とそれをふまえた退院支援のあり方に関する一考察―― A 医療法人 B 病院の事例調査の分析から」『医療と福祉』49（2），49-56頁.

第4章第1節
林　祐介（2018）「退院計画に関わる病院スタッフの支援プロセスと患者アウトカムとの関連についての研究―― A 病院の自宅退院後調査の取り組みから」『厚生の指標』65（5），1-7頁.

第4章第2節
林　祐介（2018）「自宅退院後に短期間で再入院に至った事例の実際と過程についての質的研究――再入院予防に向けた医療ソーシャルワーカーの役割にふれながら」『医療と福祉』51（2），31-41頁.

第 5 章第 1 節

林　祐介（2010）「療養型病院・施設への転院阻害要因がもたらす困難性の定量化の試み」『医療と福祉』44（1），75-9 頁.

林　祐介（2017）「退院支援に MSW の力を」『シルバー新報』1279，8-9 頁.

第 5 章第 2 節

林　祐介（2010）「MSW による療養型病院・施設への転院阻害要因を有する患者の早期把握とその効果」『病院』69(9), 722-4 頁.

第 5 章第 3 節

林　祐介（2011）「病院・施設が求める保証人に関する一考察――保証人問題の解決に向けた医療ソーシャルワーカーの役割に焦点をあてて」『医療と福祉』44（1），42-7 頁.

文献リスト

日本語文献

愛敬美一・杉山典代・吉矢富美子（2001）「急性期病院における長期入院患者の在院理由の検証」『診療録管理』13（1）、42-6頁。

相澤友子・山原和恵・鈴村綾子・ほか（2009）「退院調整における患者・家族の意思決定支援——患者・家族間の意思のズレ」日本看護協会編『第39回日本看護学会論文集 地域看護』日本看護協会出版会、77-9頁。

青木典子（2003）「精神疾患患者の退院をめぐる家族の意思決定」『家族看護』1（1）、112-9頁。

青木典子・中野綾美・藤田佐和・ほか（1998）「意志決定を支える看護の技に関する調査——選択肢の提示」『高知女子大学看護学会誌』23（1）、29-36頁。

明石洋子（2015）「意思決定支援＝意思形成支援＋意思実現支援——自閉症のわが子、そして地域の子どもたちに教えられた方法論」『訪問看護と介護』20（2）、87-94頁。

赤沼康弘・鬼丸かおる（2014）『成年後見の法律相談〈第3次改訂版〉』学陽書房。

阿曽洋子・萩原しづ子・前野さゆみ・ほか（1991）「高齢者の入退院の動向および退院患者の在宅ケアのあり方について」『公衆衛生』55（5）、348-53頁。

足立区社会福祉協議会権利擁護センターあだち（2010）「保証人がいない高齢者のための取り組み」『月刊国民生活』30、28-9頁。

安達智則（2012）「介護の質発展メカニズムで豊かな生活を実現する」森山千賀子・安達智則編『介護の質「2050年問題」への挑戦——高齢化率40％時代を豊かに生きるために』クリエイツかもがわ、140-58頁。

阿部裕昭・押木 泉（2012）「介護保険制度における要介護者のサービス選択について——身元保証人不在者や低所得者の施設利用の問題点」『新潟青陵学会誌』5（2）、20頁。

有森直子（1995）「患者の自己決定を支える——看護婦－患者関係」『看護実践の科学』20（12）、71-4頁。

飯田修平（2003）「東京都病院協会で始まった臨床指標の活用」『社会保険旬報』2179、20-4頁。

飯塚恵美・冨永 晶・尾白浩子（2004）「退院後の療養環境を決定する因子についての調査」『磐田市立総合病院誌』6（1）、23-8頁。

伊賀市社会福祉協議会（2009）『地域福祉の推進における「保証機能」のあり方に関する研究事業報告書』平成20年度厚生労働省社会福祉推進事業。

伊賀市社会福祉協議会（2010）『「地域福祉あんしん保証システム」構築事業報告書』平成21年度厚生労働省社会福祉推進事業。

碇谷真帆・小山内順子・金原ゆうき・ほか（2004）「回復期病棟から施設入所となった患者背景を探る——患者の意向に反した4事例から」『日本リハビリテーション看護学術大会集録』16、185-7頁。

池田惠理子・いけだ後見支援ネット編（2010）『エピソードで学ぶ成年後見人——身上監護の実際と後見活動の視点』民事法研究会。

池田敏史子（2016）「民間保証業務の実態と課題」『実践成年後見』65、25-33頁。
池田俊也（2010）「医療における質の評価」『総合リハビリテーション』38（12）、1119-23頁。
伊佐地隆・旭佐記子・関　和江・ほか（2009）「退院後患者から振り返る回復期リハビリテーション——第1回退院後まもなく突発的な事態によって状態が悪化した事例」『回復期リハビリテーション』8（2）、28-31頁。
石井京子（1997）「老人病院入院高齢者の家族の退院意向及び退院に影響する要因分析」『発達心理学研究』8（3）、186-194頁。
石川　誠（2010）「回復期リハビリテーション病棟における質の評価」『総合リハビリテーション』38（12）、1141-6頁。
石田真理（2011）「自宅退院に向けた回復期リハビリテーション病棟MSWの役割——Aさんの事例をもとに考える」『医療ソーシャルワーク』98、23-7頁。
石橋みゆき・吉田千文・小暮みどり・ほか（2011）「退院支援過程における退院調整看護師とソーシャルワーカーの判断プロセスの特徴」『千葉看護学会会誌』17(2)、1-9頁。
石原恵子（2009）「退院に向け家族の意思決定を支える看護——退院を受け入れることができない家族へのかかわりをとおして」『日本精神科看護学会誌』52(2)、302-6頁。
石原ゆきえ・井上健朗（2014）『時系列でみる！　多職種協働事例で学ぶ退院支援・調整』日総研出版。
石丸直樹（2011）「身寄りのいない独居患者の身元保証支援」『赤穂市民病院誌』12、55-7頁。
石渡未来（2009）「時宜を得た退院調整における家族の意思決定への看護介入——入院3日目の関わりの重要性」『横浜市立市民病院看護部看護研究集録』平成20年度、56-61頁。
石渡未来・長谷川裕美（2007）「退院調整における家族の意思決定を支援する看護技術の明確化」日本看護協会編『第37回日本看護学会集録　老年看護』日本看護協会出版会、163-5頁。
伊勢田暁子・井上智子（2003）「延命治療に関わる家族の意思決定」『家族看護』1（1）、48-54頁。
磯崎千枝子（2001）「自己決定のプロセスを支える——MSWの立場から」『死の臨床』24（1）、23-4頁。
伊藤正子（2006）「医療制度改革下における転院問題の現状とMSWの課題」『現代福祉研究』6、81-101頁。
伊藤まゆみ（2000）「退院計画事業の評価」福島道子・河野順子編著『実践　退院計画（ディスチャージプランニング）導入ガイド』日総研、61-70頁。
伊藤まゆみ（2001）「退院計画をより実効あるものにするための視点と方法」『看護展望』26（13）、17-23頁。
伊藤まゆみ（2003）「退院計画の評価」『Quality Nursing』9（10）、854-60頁。
伊藤まゆみ・塚本友栄（2001）「慢性期・終末期にある高齢患者における退院計画プログラムの効果評価」『昭和大学医療短期大学紀要』2、21-31頁。
伊藤由美子（2009）「進行・再発がんを伝える時、抗がん治療の中止を伝える時、患者の意向は聴けているか——がん専門病院現場看護師とのグループワークによる問題点の抽出」『兵庫県立がんセンター紀要』24、5-11頁。
伊藤由美子・渡部美枝・本田慶子（1997）「在宅療養患者の再入院とその関連要因」日本看護協会編『第27回日本看護学会集録　老人看護』日本看護協会出版会、116-8頁。

稲田真理子・菊内由貴・廣澤光代・ほか（2012）「入退院を繰り返す患者の事例を通しての退院調整看護師としてのかかわり――地域と共に、患者と家族の意思決定を支える」『中国四国地区国立病院機構・国立療養所看護研究学会誌』7、65-8 頁。

稲原久美子・久米博子（2011）「脳卒中患者の転院支援を通して、医療資源が少ない地域のシームレスケアに関する検討」『日本医療マネジメント学会雑誌』12、183 頁。

猪下　光・高田節子・近藤益子・ほか（1996）「自宅退院後 3 ヵ月を経過した高齢者の健康と生活上の問題」『岡山大学医療短期技術短期大学部紀要』7、165-170 頁。

今中雄一（2012）「医療の質の可視化――評価とマネジメントへの展開」松田晋哉・伏見清秀編『診療情報による医療評価―― DPC データから見る医療の質』東京大学出版会、35-56 頁。

医療経済研究機構（2011）『介護療養病床等における入所者の実態に関する調査研究――医療施設・介護施設の利用者に関する横断調査【介護保険施設】報告書』平成 22 年度老人保健健康増進等事業による研究報告書。

医療経済研究機構（2012）『介護関連施設等における医療の実態に関する調査研究事業報告書』平成 23 年度老人保健健康増進等事業による研究報告書。

医療情報の提供のあり方等に関する検討会（2011）「医療の成果に関する指標（アウトカム指標）及び過程に関する指標（プロセス指標）の取扱い」（http://www.mhlw.go.jp/stf/shingi/2r9852000001u0or-att/2r9852000001u0tr.pdf, 2018.9.8）。

岩佐暁子（2011）「患者の自己決定を支える――患者に寄り添った支援と連携」『病院』70（9）、698-701 頁。

岩永鶴子（2013）「人工呼吸器装着児の NICU からの在宅移行について――家族への退院支援を振り返る」日本看護協会編『第 42 回日本看護学会集録　小児看護』日本看護協会出版会、139-41 頁。

岩本華子（2007）「社会福祉援助におけるクライエントの『主体性』概念に関する一考察――クライエントの『主体性』はどのように捉えられてきたか」『社会問題研究』56（1/2）、95-116 頁。

岩本ゆり（2015）「がん患者の治療から看取りまで段階・手順に応じた意思決定支援を――医療コーディネーターとしての経験から」『訪問看護と介護』20（2)、113-20 頁。

印南一路（2009）『「社会的入院」の研究――高齢者医療最大の病理にいかに対処すべきか』東洋経済新報社。

植木智美（2013）「MSW による退院支援・転院支援の課題に関する一考察――研究動向の概観から」『九州社会福祉学』9、61-70 頁。

上杉和美・森洋二・中橋恒・ほか（2004）「ホスピス外来を受診するがん患者の家族の意思決定」『高知女子大学看護学会誌』30（1）、36-7 頁。

植竹日奈（2016）「患者・家族の意思決定を支える――プロセスとしての告知におけるソーシャルワーカーの役割」『医療』70（5）、233-5 頁。

上田　敏（2005）『ICF の理解と活用――人が「生きること」「生きることの困難（障害）をどうとらえるか』きょうされん。

上野千鶴子（2008）「当事者とは誰か？」上野千鶴子・中西正司編『ニーズ中心の福祉社会へ――当事者主権の次世代福祉戦略』医学書院、10-37 頁。

牛田貴子（2002）「後期高齢者とその子ども世代の退院先に関する意思決定過程――療養病床退院後に在宅療養を希望しないという事例から」『山梨県立看護大学短期大学部紀要』8（1）、1-11 頁。

瓜生浩子（2003）「社会資源活用に関する家族の意思決定」『家族看護』1（1）、62-9 頁。

瓜生浩子（2004）「退院をめぐる家族——患者間の意思のズレと看護者の役割」『家族看護』2（1）、43-50頁。
NHK「無縁社会プロジェクト」取材班（2010）『無縁社会』文藝春秋。
NHKスペシャル取材班（2013）『老人漂流社会——他人事ではない「老後の現実」』主婦と生活社。
恵濃裕美・德永　誠・桑田稔丈・ほか（2009）「脳卒中患者が維持期の病院・施設に転院する際の転院待機日数」『病院』68（10）、847-50頁。
胡　美恵・内山早苗・岡本清子（2012）「退院支援満足度調査による退院支援ニーズの検討」日本看護協会編『第42回日本看護学会論文集　地域看護』日本看護協会出版会、54-7頁。
江村宏子・佐藤理絵（2014）「身寄りのないケースの受け入れ実態に関する調査研究」『第34回日本医療社会事業学会 抄録集』（日立シビックセンター）、116頁。
遠藤美和（2010）「身寄りのない方を支える——成年後見人制度を活用して」『松村総合病院医学雑誌』26（1）、15-6頁。
大植友樹・高橋史織・成田　亘・ほか（2010）「どこに行けば…高齢者医療難民・介護難民の行方——4つのアンケート調査から」『医療ソーシャルワーク』58、51-8頁。
大内尉義・村嶋幸代監修（2002）『退院支援——東大病院医療社会福祉部からの実践から』杏林書院。
大倉美紀・石原ゆきえ・山内真恵・ほか（2011）「東京都内の病院の退院調整部署に関する調査」『日本医療マネジメント学会雑誌』11（4）、251-5頁。
大沢たか子（2010）「地域医療連携を阻む診療報酬制度に関する検討——転院事例の実態から」『高知学園短期大学紀要』40、1-10頁。
大島　巌（2014）「プログラム評価研究法の発展——到達点と課題」日本社会福祉学会事典編集委員会編『社会福祉学事典』丸善出版、620-1頁。
大園康文・大塚眞理子（2007）「ターミナル期を自宅で過ごした高齢者と家族の意思決定——相互決定の視点からみた家族インタビューの分析」日本看護協会編『第37回日本看護学会論文集　老年看護』日本看護協会出版、79-81頁。
大瀧敦子（2001）「『自己決定』支援のための実践モデル——医療ソーシャルワークの特性を踏まえて」『明治学院論叢』660、1-17頁。
太田貞司編（2009）『医療制度改革と地域ケア——急性期病院から慢性期病院、そして地域・在宅へ』光生館。
太田達雄（2016）「日本ライフ協会事件と高齢者等支援事業」『実践成年後見』65、17-24頁。
大谷　昭（1997）「保健医療領域におけるソーシャルワークの現状と課題——変動する医療・福祉状況の中で」『ソーシャルワーク研究』23（3）、196-201頁。
大谷　昭・山村典子・橘高通泰（1999）「リハビリテーション科患者への援助とその評価——退院患者への調査を通して」『医療社会福祉研究』8（1）、50-7頁。
太田にわ・猪下　光・池田敏子・ほか（1996）「高齢者の自宅退院6か月後における健康及び日常生活の問題」『岡山大学医療短期技術短期大学紀要』7、41-7頁。
大塚　文（2013）「医療ソーシャルワーカーは患者の自己決定に貢献できるか」『先端倫理研究』7、76-93頁。
大津佐知江・福田広美・小野美喜・ほか（2004）「大腿骨頸部骨折を起こした高齢者の退院に関する意思決定」『日本看護学会誌』14（1）、51-8頁。
大松重宏（2006）「患者さんの退院に向けての意思決定への援助——ソーシャルワー

カーの立場から」『緩和ケア』16（3）、204-8頁。
大松重宏・御牧由子（2007）「末期がん患者・家族の意思決定への支援」『医療と福祉』40（2）、30-5頁。
大本和子（1997）「転院援助行為とソーシャルワーカーの日常活動」『社会福祉学』38（1）、145-59頁。
小笠原充子（2003）「痴呆性高齢者を抱える家族の退院をめぐる意思決定」『家族看護』1（1）、120-5頁。
岡堂哲雄（2003）「家族の意思決定のメカニズム」『家族看護』1（1）、127-31頁。
小賀野晶一（2015）「患者の医療同意と意思決定支援――リーガルサポート報告書に学ぶ」『Legal Support Press』9、1-3頁。
小賀野晶一・公益社団法人東京社会福祉士会編（2013）『社会福祉士がつくる身上監護ハンドブック2013』民事法研究会。
小川恵子・福島道子・郷間悦子（2003）「患者と家族による介護保険施行後の退院計画の評価」『日本赤十字看護大学紀要』17、28-37頁。
沖倉智美（2014）「自己決定支援――支援つき意思決定の可能性」岩崎晋也・岩間伸之・原田正樹編『社会福祉研究のフロンティア』有斐閣、144-7頁。
沖田佳代子（2002）「介護サービス計画の決定作成における倫理的ディレンマ――ケアマネジャーに対する訪問面接調査から」『社会福祉学』43（1）、80-90頁。
小楠範子（2008）「退院後の生活の場の決定に参加できない高齢者の体験」『老年社会科学』30（3）、404-14頁。
小澤暢子・芳賀佳久子（2009）「高齢患者の退院後の行き先決定へのアプローチ――介護施設マップを取り入れた効果」日本看護協会編『第39回日本看護学会論文集　地域看護』日本看護協会出版、75-6頁。
落合明美（2014）「単身要介護高齢者の急増と住居とケア――現状と将来予測」『社会保険旬報』2571、20-8頁。
小野沢滋・阿部弘子（2002）「急性期病院における医療ソーシャルワーカーの積極的介入による要支援者の把握の効果」『日本在宅ケア学会誌』6（1）、70-8頁。
小野美喜・福田広美・大津佐和江・ほか（2006）「退院の意思決定プロセスにおいて要介護老人の参加を促す援助――家族と医療者に示す対応の分析から」『臨床看護』32（2）、266-71頁。
小原眞知子（2014）「退院支援・地域生活移行とコミュニティケア」日本社会福祉学会事典編集委員会編『社会福祉学事典』丸善出版、336-7頁。
小原眞知子・高瀬幸子・山口麻衣・ほか（2014）「退院支援業務におけるソーシャルワークのアウトカム評価に関する研究――回復期リハビリテーション病院看護部門におけるソーシャルワーカーに対する評価」『日本社会福祉学会第62回秋季大会研究報告概要集』（早稲田大学）、415-6頁。
回復期リハビリテーション病棟協会（2016）『平成27年度回復期リハビリテーション病棟の現状と課題に関する調査報告書』。
香川由美子（2002）「要介護高齢者における退院先の場の決定に関する予備的研究――家族の決定過程に焦点をあてて」『日本看護福祉学会誌』7（2）、19-28頁。
影近謙治（2005）「家庭復帰が難渋する脳卒中例への家族教育」『総合リハビリテーション』33（2）、153-8頁。
影山葉子・浅野みどり（2015）「家族への退院支援に関する国内文献レビュー（第1報）――退院における家族への意思決定支援に焦点を当てて」『家族看護学研究』20（2）、

93-105頁。

笠藤晋也・冨士川浩子・渡邊由美・ほか（2006）「転院援助——ソーシャルワークプロセスを整理して」『済生会中津年報』17（2）、267-71頁。

梶本市子・日野洋子・松本幸子・ほか（1997）「血液透析患者の自己決定スタイルに関する研究」『看護研究』30（2）、47-57頁。

片岡信之（2015）「ソーシャルワークのグローバル定義における新概念と翻訳の問題」『ソーシャルワーク研究』41（2）、58-64頁。

桂　敏樹・高橋みや子・右田周平（2003）「全国の医療機関における退院計画システム化の進捗状況」『日本農村医学会雑誌』51（5）、712-23頁。

加藤綾子・萩原晴子（1996）「医療相談室からみた『社会的入院』の実態と福祉の課題」『長野大学紀要』18（1）、57-78頁。

加藤由美（2012）「退院支援におけるMSWと看護師の共通点と相違点」『病院』71（4）、316-21頁。

神奈川県大学病院ソーシャルワーカー連絡会（1999）『神奈川県内大学病院における転院援助最困難事例調査報告書』。

上山崎悦代（2010）「医療ソーシャルワーカーの今日的状況に関する一考察——期待される役割と葛藤の検証」『帝塚山大学心理福祉学部紀要』6、67-81頁。

上山　泰（2010）『専門職後見人と身上監護〈第2版〉』民事法研究会。

上山　泰（2014）「成年後見のいま——歴史の転換点がくるのか？」『Legal Support Press』8、3-6頁。

河合秀樹（2013）「回復期ソーシャルワーカー　相談援助プロセス解剖（第5回）いちばん大切なものは？——退院後の生活を常に気にかけて援助しよう」『回復期リハビリテーション』12（1）、36-42頁。

川北慎一郎（2010）「地域医療連携とリハビリテーション——脳卒中」『病院』69（11）、868-72頁。

川口奏子（2015）「日々の生活援助にこそ潜む意思決定支援——メッセンジャーナースをめざして、『排泄ケア』をめぐって」『訪問看護と介護』20（2）、121-5頁。

河口てる子・伊達久美子・秋山正子・ほか（1997）「訪問看護における在宅療養者・家族の自己決定とその支援」『訪問看護と介護』2（4）、268-74頁。

川添恵理子（2011）「わが国における1999～2009年の退院計画に関する文献の概観」『日本在宅ケア学会誌』14（2）、18-25頁。

河村敦子・山田恵美子・長尾佳子・ほか（2007）「脳血管疾患患者家族が患者の自宅退院を意思決定する過程における体験——現象学的アプローチによる聴くという介入を試みて」日本看護協会編『第37回日本看護学会論文集　地域看護』日本看護協会出版、74-6頁。

カーン洋子・樋口キエ子・原田静香・ほか（2007a）「大学病院療養指導室における退院支援の実態と退院支援体制の検討（第1報）」『順天堂大学医療看護学部　医療看護研究』3（1）、82-9頁。

カーン洋子・樋口キエ子・原田静香・ほか（2007b）「大学病院療養指導室における退院支援の実態と退院支援体制の検討（第2報）——家族介護者の視点をつうじて」『順天堂大学医療看護学部　医療看護研究』3（1）、90-5頁。

木戸宜子（2011）『病院退院計画から地域ケアへの展開に向けて——医療と福祉をつなぐソーシャルワークの役割』社会保険研究所。

衣笠一茂（2011）「回復期リハビリテーション病棟におけるソーシャルワーク実践の

『原理』についての実証的研究」『ソーシャルワーク研究』37(3)、46-55頁。
木舟雅子・富川由美子・三宅由美子(1999)「脳外科転院相談援助集計に関する報告」『医療と福祉』33(1)、35-41頁。
京極高宣・村上須賀子・石田路子・ほか(2006)『わが国の在宅医療における医療ソーシャルワーカー実践事例の調査研究——医療ソーシャルワーカーの国家資格化と養成カリキュラムのあり方を求めて』、2005年度在宅医療助成調査研究報告書、在宅医療ソーシャルワーク研究会。
桐野高明(2014)『医療の選択』岩波書店。
空閑浩人(2014)『ソーシャルワークにおける「生活場モデル」の構築——日本人の生活・文化に根ざした社会福祉援助』ミネルヴァ書房。
草水美代子・杉澤秀博・中谷陽明・ほか(1998)「脳血管疾患患者の療養生活の安定に関する予測——MSWによるアセスメントの適切さの検証」『総合リハビリテーション』26(6)、589-94頁。
楠本順子・川崎浩二(2008)「満足度調査による退院支援の評価」『日本医療マネジメント学会誌』9(2)、322-6頁。
窪田美紀・坂本啓子・谷脇 香(2000)「要介護高齢者の家族が退院を決定するまでの心の動き」日本看護協会編『第30回日本看護学会論文集 老人看護』日本看護協会出版、33-5頁。
熊田 均(2016)「身元保証等生活サポート事業の法的問題」『実践成年後見』65、41-8頁。
黒川清美・高須 朗・澤田喜代子・ほか(2009)「3次救急患者の療養型病院への転院支援—— MSWからみた現状と問題点」『日本臨床救急医学会雑誌』12(2)、168頁。
黒田研二・趙 林・高鳥毛敏雄(1992)「要介護老人の処遇場所に影響を及ぼす因子に関する研究」『社会医学研究』11、45-52頁。
月刊ケアマネジメント編集部(2008)「退院調整が報酬で評価—— MSWはこれからどうなる?」『ケアマネジメント』19(4)、24-5頁。
月刊ケアマネジメント編集部(2016)「緊急アンケート ケアマネジャー117人に聞きました——基本は『本人中心』『自立支援』でも、現実は『家族』に困っている」『ケアマネジメント』27(7)、18-9頁。
小泉幸毅(2011)「回復期から介護サービスへの連携——責任をもってつなぐために」『理学療法学』38(8)、582-4頁。
厚生労働省(2002)「医療ソーシャルワーカー業務指針」(http://www.jaswhs.or.jp/upload/ Img_PDF/183_Img_PDF.pdf?id, 2018.9.8)。
厚生労働省(2014)『平成24年高齢期における社会保障に関する意識等調査報告書』(http://www.mhlw.go.jp/file/04-Houdouhappyou-12605000-Seisakutoukatsukan-Seisakuhyoukakanshitsu/h24hou_2.pdf, 2018.9.8)。
厚生労働省(2015a)「地域医療構想策定ガイドライン」(https://www.mhlw.go.jp/file/06-Seisakujouhou-10800000-Iseikyoku/0000196935.pdf, 2018.9.8)。
厚生労働省(2015b)「誰もが支え合う地域の構築に向けた福祉サービスの実現——新たな時代に対応した福祉の提供ビジョン」(https://www.mhlw.go.jp/file/05-Shingikai-12201000Shakaiengokyokushougaihokenfukushibu-Kikakuka/bijon.pdf, 2018.9.8)。
高齢者住宅財団(2012)『低所得高齢者の住宅確保と介護施設の将来像に関する調査・検討』平成23年度老人保健事業推進費等補助金老人保健健康増進等事業。
国立社会保障・人口問題研究所(2017)「日本の将来推計人口(平成29年推計)」

（http://www.ipss.go.jp/pp-zenkoku/j/zenkoku2017/pp29_ReportALL.pdf, 2018.9.8）．
国立社会保障・人口問題研究所（2018）「日本の世帯数の将来推計（全国推計）」
　（http://www.ipss.go.jp/pp-ajsetai/j/HPRJ2018/houkoku/hprj2018_houkoku.pdf, 2018.9.8）．
児島亜紀子（2002）「誰が『自己決定』するのか──援助者の責任と迷い」古川孝順・岩崎晋也・稲沢公一・ほか『援助するということ──社会福祉　実践を支える価値規範を問う』有斐閣，209-56 頁．
小嶋章吾・村上須賀子・金蔵常一・ほか（2000）「『医療ソーシャルワーカー業務指針』と今後の業務展開に関する調査研究報告」『医療と福祉』34（1）、24-35 頁．
小島好子・雲野博美・角田圭佑・ほか（2014）「救命救急センターにおける医療ソーシャルワーカーが介入する患者の特性と退院支援」『日臨救医誌』17、395-402 頁．
小滝則子・柳田千尋（2009）「転退院相談における支援のあり方の一考察── ISTT ワークショップでの意識調査から」『医療と福祉』42（2）、10-4 頁．
小谷真紀子・足立和代・伊澤　綾・ほか（2013）「退院後の施設入所を選択した家族介護者と病棟看護師の介護負担に関する思いのずれ」日本看護協会編『第 42 回日本看護学会論文集　地域看護』日本看護協会出版、182-5 頁．
小林　覚（2004）「Q53　身元不明者の埋葬」平田　厚編『高齢者の生活・福祉の法律相談』青林書院、321-3 頁．
小林美亜（2016）「医療の質評価について知るための文献」『病院』75（11）、882-5 頁．
小林美亜・池田俊也・藤森研司（2010）「臨床指標と DPC データ」『医療と社会』20(1)、5-22 頁．
小藪綾子・岩間紀子・實友理香・ほか（2013）「身寄りの無い患者の支援を通じての考察」『第 33 回日本医療社会事業学会　抄録集』（大阪国際交流センター）、66 頁．
小山洋恵・小林恵子（2012）「脳血管疾患をもつ高齢患者の退院先の意向と退院支援の検討──プライマリーナースへの質問紙調査から」『日本在宅ケア学会誌』16（1）、100-6 頁．
近藤克則（2006）「活動制限（activity limitation））」近藤克則・大井通正編『脳卒中リハビリテーション──早期リハからケアマネジメントまで（第 2 版）』医歯薬出版、106-15 頁．
近藤克則（2007）『医療・福祉マネジメント──福祉社会開発に向けて』ミネルヴァ書房．
近藤克則（2012）『「医療クライシス」を超えて──イギリスと日本の医療・介護のゆくえ』医学書院．
近藤克則（2016）「集中講座研究入門──第 7 回　対象と方法」『総合リハビリテーション』44（7）、634-7 頁．
近藤まゆみ（2003）「がん告知における家族の意思決定」『家族看護』1（1）、41-7 頁．
今野多美子・野川道子（1997）「訪問看護における在宅ターミナルケア──再入院を選択する要因」日本看護協会編『第 28 回日本看護学会論文集　看護総合』日本看護協会出版、111-3 頁．
最高裁判所事務総局家庭局（2001）「成年後見関係事件の概況──平成 12 年 4 月から平成 13 年 3 月」（http://www.courts.go.jp/vcms_lf/20512001.pdf, 2018.9.8）．
最高裁判所事務総局家庭局（2018）「成年後見関係事件の概況──平成 29 年 1 月〜12 月」（http://www.courts.go.jp/vcms_lf/20180622kkoukengaikyou_h29.pdf, 2018.9.8）．
斎藤友美・山﨑宗隆・牧田　茂（2012）「当院でリハビリテーションを実施した慢性心

不全症例における再入院因子の検討」『日本臨床生理学会雑誌』42（2）、103-6 頁。
斉藤広美・金谷春美（2006）「継続看護における当院訪問看護室の役割」『北海道社会保険病院紀要』5、39-42 頁。
坂井桂子・塚原千恵子・岩城直子・ほか（2011）「進行がん患者の療養の場の選択の意思決定に影響を及ぼす患者・家族の要因」『石川看護雑誌』8、41-9 頁。
坂井志麻（2015）「政策につながる看護研究の動向と今後の展望——退院支援の研究を例に」『看護研究』48（1）、32-42 頁。
酒井忠昭（1998）「在宅ケア患者のインフォームドコンセント並びに自己決定に関する研究」『長寿科学総合研究』8、285-90 頁。
嵯峨崎泰子（2015）「「在宅看取り」偏重時代の意思決定支援の課題——在宅医療のセカンドオピニオン事例に学ぶ」『訪問看護と介護』20（2）、138-43 頁。
笹岡眞弓・内藤雅子（2006）「病院現場から見た格差社会の現状」『病院』65（8）、624-7 頁。
佐瀬真粧美（1997）「老人保健施設への入所に関わる老人の自己決定に関する研究」『老年看護学』2（1）、87-96 頁。
佐瀬真粧美（2006）「高齢者ケアにおける倫理の課題——高齢者の入退院・入退所に関する課題」『老年看護学』10（2）、15-9 頁。
佐瀬真粧美・湯浅美千代・野口美和子（1998）「老人保健施設に入所している老人と家族の退所にあたっての見通し」『千葉大学看護学部紀要』20、113-7 頁。
佐瀬真粧美・湯浅美千代・野口美和子（1999）「老人保健施設入所中の老人と家族の退所についての見通しと 2 年後の生活の場」『千葉大学看護学部紀要』21、75-80 頁。
佐藤郁哉（2008）『質的データ分析法——原理・方法・実践』新曜社。
佐藤冨美子（1998）「在宅療養者の自己決定を支える訪問看護婦の認識と方略」『日本看護科学会誌』18（3）、96-105 頁。
佐原直幸・桑原洋司（1999）「身寄りのない患者の財産管理について」『日本病院会雑誌』46（1）、87-91 頁。
鮫島輝美・杉本初枝・藤井裕子・ほか（2002）「病院から在宅への環境移行に伴うケア・ニーズの実態調査とその分析」『兵庫県立看護大学紀要』9、87-102 頁。
沢田健次郎（1994）「ケースワークの基礎理論」大塚達雄・井垣章二・沢田健次郎・ほか編『ソーシャル・ケースワーク論』ミネルヴァ書房、35 頁。
椎名由美子・斎藤有紀・成澤美佳・ほか（2009）「介護を必要とする患者の安全を考えた退院支援——介護者不在の独居患者への退院支援から」『北海道社会保険病院紀要』8、20-2 頁。
四方克尚（1999）「自己決定に関する試論—— MSW として提供できる 2 つの視点」『医療と福祉』33（1）、26-31 頁。
篠田道子編（2006）『ナースのための退院調整——院内チームと地域連携のシステムづくり』日本看護協会出版会。
芝田文男（2014）「介護保険——地域包括ケアを中心とする施策の現状・課題・提言」一圓光彌・林　宏昭編『社会保障制度改革を考える——財政および生活保護、医療、介護の観点から』中央経済社、135-57 頁。
篠田道子（2011）『多職種連携を高める チームマネジメントの知識とスキル』医学書院。
嶋崎明美（2013）「退院支援を受けた患者・家族の入院満足に影響する因子」『姫路医療センター紀要』13、1-4 頁。
清水哲郎（2007）「臨床倫理のすすめ——医療者-患者・家族が共同で進める医療」『社

会福祉研究所報』35、59-96頁。
清水哲郎（2013a）「清水哲郎による臨床倫理のススメ（第3回）意思決定プロセス①——本人・家族を理解する」『看護技術』59（3）、291-5頁。
清水哲郎（2013b）「清水哲郎による臨床倫理のススメ（第9回）様々な事例①——本人・家族の主体的な治療選択を支える」『看護技術』59（10）、1073-8頁。
清水哲郎（2015）「本人・家族の意思決定を支える——治療方針選択から将来に向けての心積りまで」『医療と社会』25（1）、35-47頁。
清水哲郎・会田薫子（2012）「終末期ケアにおける意思決定プロセス」シリーズ生命倫理学編集委員会編『シリーズ生命倫理学 第4巻——終末期医療』丸善出版、20-41頁。
清水哲郎・佐藤伸彦・会田薫子（2013）「終末期の『物語り』を充実させる——『情報共有・合意モデル』に基づく意思決定とは」『週刊医学界新聞』3013、1-3頁。
冷水 豊（2005）「高齢者保健福祉サービス評価研究の動向と課題」『老年社会科学』27（1）、55-64頁。
下田信明・丹羽 敦・伊藤まゆみ・ほか（2002）「ケアプラン立案状況と患者・家族の満足度からみた退院計画の有効性」『日本在宅ケア学会誌』5（3）、75-81頁。
下村辰雄（2005）「痴呆（認知症）老人を抱える家族への教育と支援」『総合リハビリテーション』33（4）、349-54頁。
社会福祉士養成講座編集委員会編（2017）『新・社会福祉士養成講座17 保健医療サービス〈第5版〉』中央法規出版。
社会福祉専門職団体協議会（2005）「ソーシャルワーカーの倫理綱領」（http://www.japsw.or.jp/syokai/rinri/sw.html,2018.9.8）。
社会保障審議会（2014）「平成24年度介護報酬改定の効果検証及び調査研究に係る調査（平成26年度調査）の結果【速報版】」（http://www.mhlw.go.jp/file/05-Shingikai-12601000-Seisakutoukatsukan-Sanjikanshitsu_Shakaihoshoutantou/0000062117.pdf, 2018.9.8）。
社会保障制度改革国民会議（2013）「社会保障制度改革国民会議報告書——確かな社会保障を将来世代に伝えるための道筋」（https://www.kantei.go.jp/jp/singi/kokuminkaigi/pdf/ houkokusyo.pdf, 2018.9.8）。
城 慶子（1987）「患者の退院と看護とのかかわりで思う」『看護』39（3）、29-34頁。
白川泰之・佐方信夫（2016）「退院支援・調整と退院先の決定——何が『自宅復帰』を左右するのか？」『社会保険旬報』2648、16-21頁。
白澤政和・橋本泰子・竹内孝仁監修（2000）『ケアマネジメント概論』中央法規出版。
城谷典保監修（2004）『退院支援実践ガイド——患者・家族が安心して退院するための支援の具体的ノウハウ』医学芸術社。
白山宏人・居内光子・小石一江・ほか（2004）「悪性腫瘍患者の退院支援の必要性」『癌と化学療法』31、166-8頁。
新保祐光（2011）「利用者と専門職の協働による合意形成——『状況的価値』形成を目的とした退院支援」『社会福祉学』51（4）、43-56頁。
新家めぐみ（2004）「援助関係再考——Ｆ．Ｐ．バイスティックの場合」『佛教福祉学』10、99-122頁。
杉 政孝（1990）「意志決定理論」『看護Mook』35、124-9頁。
杉山章子（2003）「医療における実践モデル考（その2）」『日本福祉大学社会福祉論集』109、59-67頁。
杉山章子（2007）「今後の医療福祉の展望と課題」児島美都子・成清美治編『現代医療

福祉概論〈第2版〉』学文社、253-66頁。
杉山統哉・近藤克則・松本大輔・ほか（2013）「急性期脳卒中患者の歩行自立度と社会的サポートの関連──リハビリテーション患者データバンクの多施設登録データを用いた研究」『総合リハビリテーション』41（2）、161-9頁。
鈴木哲也・高瀬桃子（2015）『学術書を書く』京都大学学術出版会。
鈴木裕子・吉田沙耶子・小峰美輪（2011）「退院支援における病棟看護師の役割──患者・医師・看護師の認識の相違からの検討」日本看護協会編『第41回日本看護学会論文集　地域看護』日本看護協会出版会、189-92頁。
鈴木裕介（2016）「医療ソーシャルワーカーが行うアドボカシー援助活動の構成要素」『医療社会福祉研究』24、55-67頁。
角川由香・福井小紀子（2009）「在宅療養移行を実現した末期がん患者の再入院に関連する要因」『日本医療・病院管理学会誌』46（2）、17-24頁。
成年後見センター・リーガルサポート（2013）「病院・施設等における身元保証等について──実態調査から見えてきた緊急課題」『Legal Support Press』5、1-5頁。
成年後見センター・リーガルサポート（2014）『病院・施設等における身元保証等に関する実態調査報告書』（https://www.legal-support.or.jp/akamon_regal_support/static/page/main/newstopics/mimotohoshohoukoku.pdf, 2018.9.8）。
聖路加国際病院QI委員会編（2012）『Quality Indicator 2012──［医療の質］を測り改善する』インターメディカ。
聖路加国際病院QI委員会編（2015）『Quality Indicator 2015──［医療の質］を測り改善する』インターメディカ。
関原京輔（2009）「病院が求める役割でMSWの業務内容も変わる」『Clavis』312、2-8頁。
瀬田克孝・西村佳美・鳥影俊英・ほか（1996）「退院計画と医療ソーシャルワーカーの役割──社会保険病院における患者家族調査」『社会保険医学雑誌』36（1）、25-33頁。
全国回復期リハビリテーション病棟連絡協議会（2007）『平成18年度ソーシャルワーカー委員会活動報告書』。
全日本民主医療機関連合会編（2005）『医療倫理のはなし──医療倫理委員会活動の前進のために』保健医療研究所。
副田あけみ（1994）「『家族支援』とソーシャルワーク」『ソーシャルワーク研究』20(2)、88-95頁。
高木智美・池田麻左子・鈴木夕衣・ほか（2009）「高度な医療的ケアを必要とする子どもの退院調整における医療チームの倫理的判断について」日本看護協会編『第39回日本看護学会論文集　地域看護』日本看護協会出版会、209-11頁。
高瀬幸子（2014）「医療ソーシャルワーカーの退院支援業務の自己評価とそれに影響を与える要因の分析──対患者・家族、対スタッフ・病院組織、対地域・社会の実践レベルから」『上智大学社会福祉研究』38、51-66頁。
高橋紘士（2014a）「地域居住支援制度の構想」『社会保険旬報』2570、10-4頁。
高橋紘士（2014b）「老人福祉法から『高齢者生活支援法』へ──新たな構想の必要性」『社会福祉研究』119、20-8頁。
高橋ひろ好・藤田冬子・七里安子・ほか（2009）「退院計画の質を高めるためのシステムの開発──退院計画監査票と退院計画評価票の作成と試行」日本看護協会編『第39回日本看護学会論文集　地域看護』日本看護協会出版会、116-8頁。
高橋　学（2000）「退院援助における自己決定原則の考察──自律性（autonomy）尊重モデルの検討」『医療と福祉』33（2）、46-58頁。

高山恵理子（2012）「病院におけるソーシャルワーカーによる退院支援プログラム策定の試み――病院組織・院内スタッフに対する実践に焦点をあてて」『上智大学社会福祉研究』36、1-17 頁。

高山恵理子・小原眞知子（2014）「医療機関における退院支援に関わるソーシャルワーク部門の位置づけと看護師との協働の状況――『病院における医療ソーシャルワーカー退院支援業務に関する調査』より」『医療と福祉』47（1）、60-6 頁。

高山恵理子・山口麻衣・小原眞知子・ほか（2016）「退院支援において病院運営管理部門はソーシャルワーカーに何を期待しているのか――回復期リハビリテーション病院運営管理部門を対象としたソーシャルワーク実践アウトカム評価調査より」『医療社会福祉研究』24、9-25 頁。

高山寿之（2010）「認知機能障害を有する高齢者とその家族に対する意思決定支援――退院支援を行った事例を通して」日本看護協会編『第 40 回日本看護学会論文集 老年看護』日本看護協会出版、99-101 頁。

瀧本禎之（2015）「医療における意思決定――生命倫理と EBM の観点から」『臨床心理学』15（1）、30-3 頁。

竹内孝仁（2001）「竹内孝仁ケアマネジメント原論――本人と家族（介護者）の意向のくいちがい」『ジーピーネット』48（7）、43-5 頁。

竹内孝仁（2008）「ケアをめぐる家族の葛藤」上野千鶴子・大熊由紀子・大沢真理・ほか編『家族のケア 家族へのケア』岩波書店、75-91 頁。

武田祐子（2003）「遺伝性疾患に関わる家族の意思決定」『家族看護』1（1）、97-103 頁。

竹中麻由美（1996）「介護力強化病院における転院問題」『医療と福祉』30（1）、5-11 頁。

竹原正将（2008）「医療ソーシャルワークにおける高齢患者の退院援助に関する研究――『生活の場』の選択における自己決定の阻害要因について」『東北福祉大学大学院総合福祉学研究科社会福祉学専攻紀要』6、67-77 頁。

武 ユカリ（2005）「決断を迫られた患者・家族のケア――意思決定が難しい要因とそのときナースにできること」『看護学雑誌』69（4）、360-5 頁。

田崎美弥子・中根允文（2007）『WHOQOL26 手引〈改訂版〉』金子書房。

田代真理・大竹美恵子・和田かおり（2015）「多職種だからできる多角的・継続的な意思決定支援――診療所看護師として、ALS 患者の胃ろう造設をめぐって」『訪問看護と介護』20（2）、126-30 頁。

田瀬裕子・橋本由加里・梅津千津子・ほか（2004）「入退院を繰り返す心不全患者のセルフケア不足の要因」日本看護協会編『第 34 回日本看護学会論文集 成人看護Ⅱ』日本看護協会出版会、141-3 頁。

橘 雅美・中村真寿美・岡本慶子（2009）「脳脊髄神経疾患患者の退院決定に影響を与えた要因――多職種カンファレンスを実施した事例から検討して」日本看護協会編『第 39 回日本看護学会論文集 老年看護』日本看護協会出版会、174-6 頁。

立石昌子（2009）「MSW による転院支援の有効性」『病院』68（8）、668-71 頁。

立岩真也・堀越由紀子・荒田 寛・ほか（1999）「『自己決定』を考える――ソーシャルワーカーの実践から」『医療と福祉』33（1）、3-20 頁。

立松 実（2005）「キーパーソンのいない患者への援助に関する考察」『第 10 回愛知県医療ソーシャルワーク学会 抄録集』（名古屋国際会議場）、28 頁。

田中 滋（2016）「超高齢社会における地域の力――地域包括ケアシステム構築にあたって」日本医師会医療政策会議『医療政策会議報告書――高齢社会における経済的・文化的・医学的パラダイムシフト』、13-20 頁。

田中千枝子（1997）「対象者の発見と特定」手島陸久編『退院計画——病院と地域を結ぶ新しいシステム〈第2版〉』中央法規出版、60-77頁。
田中千枝子（2014）『保健医療ソーシャルワーク論〈第2版〉』勁草書房。
田中千枝子（2016）「保健医療領域における『連携』の基本的概念と課題」『ソーシャルワーク研究』42（3）、5-16頁。
田中千枝子・高梨　薫・杉澤秀博・ほか（1997）「家族介護者における退院援助に対する評価の予測要因——脳血管疾患後遺症患者・家族の縦断的調査」『医療社会福祉研究』6（1）、27-38頁。
谷　義幸（2011）「住み慣れた我が家へ——高齢・単身者の退院援助」『ソーシャルワーク学会誌』22、90-1頁。
田部宏行（2016）「特別養護老人ホームに入所の際の身元保証人に関する調査報告書」『岐阜経済大学論集』49（2・3）、91-7頁。
田宮菜奈子（2000）「要介護老人を抱える家族の老人ケアの場所への意思決定過程——家族面接にみるスティグマ・葛藤の実態」『健康文化研究助成論文集』82-8頁。
田村真美子（1996）「自宅生活が困難な時の退院援助について」『医療と福祉』30（1）、19-25頁。
地域包括ケア研究会（2010）『地域包括ケア研究会報告書』三菱UFJリサーチ＆コンサルティング。
地域包括ケア研究会（2016）『地域包括ケアシステムと地域マネジメント』三菱UFJリサーチ＆コンサルティング。
千葉県（2012）『「生活保護実務に関する県市協議会」協議結果報告書』(http://www.pref.chiba.lg.jp/kenshidou/press/2012/documents/00houkokusyo.pdf, 2014.9.28)。
千葉由美（2001）「高齢者への退院計画とその効果」阿部俊子編『看護実践のためのEBM——ベストエビデンスへの手引』中央法規出版、170-93頁。
千葉由美（2005）「ディスチャージプランニングのプロセス評価尺度の開発と有用性の検証」『日本看護科学会誌』25（4）、39-51頁。
中央社会保険医療協議会（2006）「医療の達成度、患者満足度に係る調査」(http://www.mhlw.go.jp/shingi/2006/04/dl/s0427-3h.pdf, 2018.9.8)。
中央社会保険医療協議会（2014）「平成25年度DPC導入の影響評価に係る調査『退院患者調査』の結果報告について（案）」(https://www.mhlw.go.jp/file/05-Shingikai-12404000-Hokenkyoku-Iryouka/0000056742.pdf, 2018.9.8)。
中央社会保険医療協議会（2015）「中医協への平成25年度『退院患者調査』報告の結果概要について」(https://www.mhlw.go.jp/file/05-Shingikai-12404000-Hokenkyoku-Iryouka/0000072180.pdf, 2018.9.8)。
塚越徳子・二渡玉江（2015）「退院支援を行う看護職を対象とした研究の動向と課題——国内文献レビュー」『群馬保健学紀要』36、103-14頁。
積田文江・三崎明見・時松信夫・ほか（2007）「地域医療連携室における退院支援の取り組み」『京都市立病院紀要』27（1）、15-8頁。
津村明美（2010）「終末期の過ごし方の意思決定における悪性グリオーマ患者・家族への看護方略」『日本看護科学会誌』30（4）、27-35頁。
津村明美（2012）「家族の意思決定を支援する仕方を研究する」『保健の科学』54（9）、602-6頁。
手島陸久（1997a）「退院計画とは何か」手島陸久編『退院計画——病院と地域を結ぶ新しいシステム〈第2版〉』中央法規出版、1-51頁。

手島陸久（1997b）「退院計画のプロセス」手島陸久編『退院計画――病院と地域を結ぶ新しいシステム〈第2版〉』中央法規出版、57-9頁。

手島陸久（2006）「退院計画と退院支援の概念と歴史」大内尉義監修『高齢者の退院支援と在宅医療』メジカルビュー社、2-7頁。

寺田祥子・藤谷順子・早乙女郁子・ほか（2014）「熱中症による脳障害を来した患者の背景と転帰――ソーシャルワーカーの視点から」『総合リハビリテーション』42（1）、63-6頁。

転院問題調査を考える会（2000）『転院調査報告書―― MSWによる患者・家族に対するアンケートの結果から』勇美財団助成出版物。

転院問題を考える会（2003）『第2回転院調査報告書―― MSWによる患者・家族に対するアンケートの結果から』勇美財団助成出版物。

東京都社会福祉協議会（2011）『退院後、行き場を見つけづらい高齢者――医療と福祉をつなぐ新たなシステムの構築を目指して』。

東京都社会福祉協議会（2013）『退院後、行き場を見つけづらい高齢者 社会資源実態白書』。

戸村ひかり・永田智子・村嶋幸代（2009）「一般病棟から自宅退院する要介護高齢患者への退院支援に必要な要素の分析――追跡調査による評価から」『日本地域看護学会誌』12（1）、50-8頁。

取出涼子（1999）「転院援助困難事例から退院を考える――大学病院ソーシャルワーカーの立場から」『看護管理』9（4）、263-9頁。

取出涼子（2011）「退院に向けたソーシャルワーカーのかかわり」『地域リハビリテーション』6（5）、351-6頁。

内閣府（2007）「家族のつながり」『平成19年度版国民生活白書』、9-60頁。

内閣府（2017）『平成29年版高齢社会白書』：（http://www8.cao.go.jp/kourei/whitepaper/w-2017/zenbun/29pdf_index.html, 2018.9.8）。

内閣府消費者委員会事務局（2016）「身元保証等高齢者サポート事業にかかる調査審議」『実践成年後見』65、11-6頁。

長岡沙紀子・内田陽子（2011）「高齢心不全患者の退院時及び退院2か月後の身体・生活・心理状態と必要なケア――安全・安楽な在宅生活に向けた支援の検討」『群馬保健学紀要』32、61-9頁。

永田智子・村嶋幸代（2002）「高齢者の退院支援」『日本老年医学会雑誌』39（6）、579-84頁。

永田智子・村嶋幸代（2007）「高齢患者が退院前・退院後に有する不安・困り事とその関連要因」『病院管理』44（4）、323-35頁。

中谷陽明（1997）「退院計画とは何か」手島陸久編『退院計画――病院と地域を結ぶ新しいシステム〈第2版〉』中央法規出版、206-21頁。

長戸和子（1999）「家族の意志決定」『臨床看護』25（12）、1788-93頁。

長戸和子（2008）「家族の意思決定を支えるアプローチ」『緩和医療学』10（4）、32-9頁。

長戸和子（2011）「キーワードで学ぶ！ 家族看護学入門――意思決定①」『家族看護』9（1）、117-23頁。

長戸和子・瓜生浩子（2011）「キーワードで学ぶ！ 家族看護学入門（第2回）――意思決定②」『家族看護』9（2）、132-9頁。

長戸和子・野嶋佐由美・中野綾美・ほか（2003）『退院・在宅ケアに関する家族――看護者の合意形成に向けての介入方法の開発』平成11・12・13年度科学研究費補助金

研究成果報告書』.
中西一葉（2012a）「高齢患者の自宅退院における『予測外』のダメージ――リロケーション第四形態の存在と要因」『北星学園大学大学院論集』3、39-54 頁。
中西一葉（2012b）「高齢患者の自宅退院における『予測内』、『予測を超える』ダメージ――リロケーション第四形態の存在と要因」『北海道医療大学看護福祉学部学会誌』8（1）、21-30 頁。
中西代志子・近藤益子・太田にわ・ほか（1996）「高齢者の健康と生活上の問題に関する研究――退院後1年間の在宅療養を追跡して」『岡山大学医療短期技術短期大学部紀要』7、181-8 頁。
中野綾美・畦地博子・宮田留理・ほか（2002）「意志決定をすることが困難な患者に対する看護方略の抽出」『高知女子大学紀要』51、27-37 頁。
中野加奈子（2007）「医療ソーシャルワークにおける『退院援助』の変遷と課題」『佛教大学大学院紀要』35、221-35 頁。
長嶺敬彦（1989）「身体化現象と家族機能に関する研究――家族機能の社会科学的考察」『月刊地域医学』3、322-30 頁。
中宮久美子・山下美津江（1998）「転院援助におけるソーシャルワーカーの役割と課題」『石川県立中央病院医学誌』20、81-5 頁。
中村桂子・荒記俊一・二木　立・ほか（1989）「脳血管疾患患者の自宅復帰に及ぼす社会生活因子の影響」『公衆衛生』53（6）、427-32 頁。
中村隆一・長崎浩・天草万里編（2011）『新版　脳卒中の機能評価と予後予測』医歯薬出版。
中山和弘・岩本貴（2012）『患者中心の意思決定支援――納得して決めるためのケア』中央法規出版。
名倉英一・柴田昌子・本城秀次・ほか（1995）「家族からみた最終入院時における高齢患者の病識の検討――癌患者と非癌患者の比較」『日本老年医学会雑誌』32（8・9）、571-80 頁。
二木　立（1982）「脳卒中リハビリテーション患者の早期自立度予測」『リハビリテーション医学』19（4）、201-23 頁。
二木　立（1983a）「脳卒中患者が自宅退院するための医学的・社会的諸条件」『総合リハビリテーション』11（11）、895-9 頁。
二木　立（1983b）「一般病院における在宅患者に対するリハビリテーション」『総合リハビリテーション』11（12）、949-54 頁。
二木　立（2009）『医療改革と財源選択』勁草書房。
二木　立（2017）『地域包括ケアと福祉改革』勁草書房。
西崎由美・山崎昌子・梅原由希・ほか（2014）「当院（回復期リハビリテーション病院）の退院先に影響する因子の検討」『多根総合病院医学雑誌』3（1）、31-4 頁。
西村昌代（2000）「痴呆患者の介護者が、介護をしていく意思決定の要因となるもの――3場面をふりかえって」『神奈川県立看護教育大学校事例研究集録』51（4）、35-8 頁。
西山淳美・宮田里弥・奥山真由美・ほか（2006）「要介護者に対する退院調整表の検討――介護者の退院後の生活や介護に対する不安に焦点を当てて」日本看護協会編『第36回日本看護学会論文集　地域看護』日本看護協会出版会、195-7 頁。
日本医療社会事業協会（2004）『病院における社会福祉活動推進に関する調査結果報告書』2003 年度社会福祉・医療事業団（独立行政法人福祉医療機関）長寿社会福祉基

金助成事業。
日本医療社会事業協会（2007）「医療ソーシャルワーカー倫理綱領」（https://www.jaswhs. or.jp/images/pdf/rinri_2007.pdf,2018.9.8）。
日本看護協会（2008）「高齢者の意思決定の支援」（http://www.nurse.or.jp/rinri/basis/ shien/index.html, 2015.9.28）。
日本看護協会（2011）『退院調整看護師に関する実態調査報告書』。
日本社会福祉士会編（2013a）『権利擁護と成年後見実践〈第2版〉』民事法研究会。
日本社会福祉士会（2013b）「施設入所にともなう身元保証人の取り扱いについて（要望）」（https://www.jacsw.or.jp/05_seisakuteigen/files/013/0130828.pdf,2018.9.8）。
日本総合研究所（2014）『養護老人ホーム・軽費老人ホームの今後のあり方も含めた社会福祉法人の新たな役割に関する調査研究事業報告書』平成25年度老人保健事業推進費等補助金老人保健健康増進等事業。
沼田久美子・城谷典保・岩本安彦（2006）「東京女子医科大学病院患者の在宅医療・療養移行について」『癌と化学療法』33、299-301頁。
根本博司（2000）「理論構築のための事例研究の方法」『ソーシャルワーク研究』26(1)、11-8頁。
野川道子・今野多美子（2000）「在宅ターミナルケアに関する研究——再入院の要因及び在宅死の検討」『北海道医療大学看護福祉学部紀要』7、11-7頁。
野口康彦（1996）「要介護老人をめぐる退院問題の一考察——転院援助を中心に」『中央学術研究所紀要』25、155-172頁。
野嶋佐由美（2003）「家族の意思決定を支える看護のあり方」『家族看護』1(1), 28-35頁。
野嶋佐由美（2005）「家族の意思決定への支援とアドボカシー」中野綾美編『家族エンパワーメントをもたらす看護実践』へるす出版 157-62頁。
野嶋佐由美・畦地博子・中野綾美・ほか（2000a）「患者の意思決定を支える看護の基盤についての看護者の認識」『高知女子大学紀要』49, 75-87頁。
野嶋佐由美・阿部淳子・中野綾美・ほか（2000b）「患者の意思決定を支える看護の方略」『高知女子大学看護学会誌』25 (1), 33-42頁。
野嶋佐由美・梶本市子・日野洋子・ほか（1997）「血液透析患者の自己決定の構造」『日本看護科学会誌』17 (1), 22-31頁。
野嶋佐由美・中野綾美・藤田佐和・ほか（1998）『患者の自己決定を支える看護実践モデルの構築』平成7・8年度科学研究費補助金研究成果報告書。
野田智子（2010）「地域医療福祉部門の管理——MSWの視点での発展を考える」『病院』69 (12)、988-91頁。
信岡由夏・鷹林広美・徳満久美子（2007）「高齢の心不全患者の生活上の問題——再入院患者の調査より」日本看護協会編『第37回日本看護学会論文集　老年看護』日本看護協会出版会、100-2頁。
延末一洋（2015）「本人と家族の意向が異なる場合の退院調整—— MSWのジレンマからの考察」『日本医療マネジメント学会雑誌』16、254頁。
萩原邦子（2003）「生体移植時における家族の意思決定」『家族看護』1 (1),104-11頁。
橋本洋一郎（2010）「療養病床の減少によって地域医療はどのように変わるのか——救急医療の今後と介護難民のゆくえ」『月刊保団連』1030、42-7頁。
長谷部光子・中島美子・古山美樹・ほか（2005）「平均在院日数短縮により医療の質は保てるか——退院後48時間以内に再入院した患者の検討から」『岐阜県立岐阜病院年報』26、75-80頁。

林　弘・平出　聡（1976）「一般病院における Stroke Clinic の実績と問題点──脳卒中医療の体系化へのアピール」『病院』35（9）、27-31 頁。
林　眞帆（2011）「ソーシャルワークにおける『主体性』に関する一考察──主体性概念に着目して」『別府大学紀要』52、55-65 頁。
林　祐介（2009）「療養型病院・施設への転院を阻む要因とそれらを有する患者への有効な対処法に関する研究──阻害要因の早期把握と医療ソーシャルワーカー間のネットワーク形成の方法を中心に」『日本福祉大学大学院修士論文』、1-84 頁。
林　祐介（2013）「社会資源を活用する支援と連携──保証人問題の現状と解決に向けた取り組み」『医療アドミニストレーター』43,58-61 頁。
林　祐介（2015）「保証人問題の現状と解決法に関する一考察──愛知県医療ソーシャルワーカー協会会員へのアンケート調査の分析から」『医療と福祉』48（2）、67-75 頁。
林　祐介（2016）「医療ソーシャルワーカーによる効果的な退・転院支援についての実証的研究」『日本福祉大学大学院博士論文』、1-239 頁。
林　祐介・尾原麻由生・花木奈々・ほか（2014）「保証人問題に関する調査の結果報告」『医療ソーシャルワーク』63、61-92 頁。
原田かおる（2015）「意思決定支援と方向性の共有──入院時から退院までの意思決定支援」坂井志麻編『退院支援ガイドブック──「これまでの暮らし」「そしてこれから」をみすえてかかわる』学研メディカル秀潤社、62-77 頁。
原田静香・樋口キエ子・カーン洋子・ほか（2007）「退院後の療養生活の実態と退院支援への満足度に影響する要因」日本看護協会編『第 37 回日本看護学会論文集　地域看護』日本看護協会出版会、12-4 頁。
樋口京子（2004）「看取り直後に看護師が推定した『介護者の満足度』に関連する要因の検討」宮田和明・近藤克則・樋口京子編『在宅高齢者の終末期ケア──全国訪問看護ステーション調査に学ぶ』中央法規出版、118-26 頁。
久木ひろ美（2015）「訪問看護の意思決定支援とは『○○したい』を叶えること──難病、うつ、糖尿病独居、認知症末期の胃ろう造設をめぐって」『訪問看護と介護』20（2）、100-5 頁。
日比野絹子（2015）「地域包括ケア政策下の病院における要介護高齢者と家族の『居所選択』に関する実証研究」『日本福祉大学大学院博士論文』、1-117 頁。
平岡公一（2006）「先人に学ぶ──研究レビューの進め方とレビュー論文の書き方」岩田正美・小林良二・中谷陽明・ほか編『社会福祉研究法──現実世界に迫る 14 レッスン』有斐閣、31-56
平瀬節子・松下智津・山本幸美・ほか（2002）「高齢者の意思決定能力を支えるケア行動──退院後の生活の場の決定に関して」日本看護協会編『第 32 回日本看護学会論文集　老人看護』日本看護協会出版、95-7 頁。
平田　厚（2007）『高齢者福祉サービス事業者のための Q＆A 苦情・トラブル・事故の法律相談』清文社。
平塚良子（2015）「書評　空閑浩人著　ソーシャルワークにおける『生活場モデル』の構築：日本人の生活・文化に根ざした社会福祉援助」『社会福祉学』56(2)、169-71 頁。
平野隆之（2014）「地域の中で進む『社会的孤立』と『高齢者福祉』の課題」『社会福祉研究』119、29-37。
平松瑞子・中村裕美子（2010）「療養者とその家族の退院に関連する療養生活への不安」『大阪府立大学看護学部紀要』16（1）、9-19 頁。
福田明美（1999）「退院援助における実践プロセスとソーシャルワーク機能」『医療社会

福祉研究』8（1）、18-26頁。
福田広美・大津佐知江・小野美喜・ほか（2004）「大腿骨頸部骨折を起こした高齢者の退院に関する意思決定——その2　併存疾患をもち転院していく対象」日本看護協会編『第34回日本看護学会集録　成人看護Ⅱ』日本看護協会出版会、203-5頁。
福田将大（2012a）「成年後見制度を活用した患者の退院支援——制度活用までの空白期間の対応」『医療アドミニストレーター』4（30）、58-63頁。
福田将大（2012b）「末期がん患者の看取り——独居・身寄りなしのターミナル患者が抱える課題」『医療アドミニストレーター』4（33）、56-61頁。
福森優司・入澤太郎・高橋裕美・ほか（2011）「救命センターから他院への転院調整が円滑に進まない要因の分析」『日本臨床救急医学会雑誌』14（2）、216頁。
藤澤まこと（2012）「医療機関の退院支援の質向上に向けた看護のあり方に関する研究（第1部）——医療機関の看護職者が取り組む退院支援の課題の明確化」『岐阜県立看護大学紀要』12（1）、57-65頁。
藤澤まこと（2013）「医療機関の退院支援の質向上に向けた看護のあり方に関する研究（第2部）——退院支援の課題解決・発展に向けた方策の検討」『岐阜県立看護大学紀要』13（1）、67-80頁。
藤澤まこと・黒江ゆり子・原田めぐみ・ほか（2014）「利用者ニーズを基盤とした退院支援の質向上に向けた人材育成モデルの開発（第1報）——退院支援の課題解決に向けた看護職者への人材育成の方策の検討」『岐阜県立看護大学紀要』14（1）、109-20頁。
藤澤まこと・高橋智子・杉野　緑・ほか（2016）「利用者ニーズを基盤とした退院支援の質向上に向けた人材育成モデルの開発（第2報）——退院支援の課題解決に向けた看護職者への人材育成の方策の試行」『岐阜県立看護大学紀要』16（1）、63-73頁。
藤田愛（2015）「「最期の場所」を決める最終的な意思決定支援とは——本人・家族の意思が対立した非がん疾患の事例から」『訪問看護と介護』20（2）、106-12頁。
藤野文代・林かおり・前田三枝子・ほか（2000）「患者の意思決定を支える看護の役割に関する研究」『The Kitakanto Medical Journal』50（1）、39-43頁。
藤森克彦（2010）『単身急増社会の衝撃』日本経済新聞出版社。
藤原智恵子・松浦由紀子・森田愛子・ほか（2003）「生活の場所に関する高齢者の意思決定（第2報）——生活場所を決定するまでのプロセス」『神戸市看護大学短期大学部紀要』22、63-76頁。
藤原智恵子・森田愛子・松浦由紀子・ほか（2004）「生活の場所に関する高齢者の意思決定（第3報）——介護老人保健施設入所者の自宅への退所経緯」『神戸市看護大学短期大学部紀要』23、71-9頁。
布施泰男（2013）「入院、入所に『身元保証』はなぜ必要なのか」『JAHMC』24（3）、26-9頁。
法令用語研究会（2012）『有斐閣　法律用語辞典〈第4版〉』有斐閣。
保健医療福祉キーワード研究会（2008）『保健医療福祉くせものキーワード事典』医学書院。
堀井和栄・金田美佐緒・井上美夕起・ほか（2006）「医療現場における成年後見制度の課題——身寄りがなく判断能力が不足している患者の医療行為と転院援助の症例から」『岡山済生会総合病院雑誌』38、74-7頁。
堀口　信・佐藤健太（2013）「退院後の在宅療養支援」水尻強志・冨山陽介編『脳卒中リハビリテーション——早期リハからケアマネジメントまで〈第3版〉』医歯薬出版、210-5頁。

堀越由紀子（1997）「フォローアップと事後の評価」手島陸久編『退院計画——病院と地域を結ぶ新しいシステム〈第2版〉』中央法規出版、119-29頁。
堀越由紀子（1998）「退院計画に必要な要素——退院に関する問題のアセスメントと社会資源」『看護技術』44（7）、14-8頁。
堀越由紀子（2016）「意思決定における価値——医療ソーシャルワークの立場」『Modern Physician』36（5）、437-40頁。
本田彰子（2003）「在宅ケアの継続・再開をめぐる家族の意思決定」『家族看護』1（1）、55-61頁。
本田彰子（2011）「退院をめぐる患者・家族の意思決定支援——『移行』に対する家族のビリーフへの理解から」『家族看護』9（2）、42-8頁。
本道和子・須藤直子（2000）「退院に対する家族の意思決定過程の分析」日本看護協会編『第30回日本看護学会論文集 地域看護』日本看護協会出版、113-5頁。
本道和子・須藤直子・内藤千恵・ほか（1999）「退院調整過程の構造に関する研究——家族の意思決定への支援」『日本看護管理学会誌』3（2）、28-38頁。
前島伸一郎・大沢愛子・岸田芳幸（2005）「家族指導による機能訓練——脳卒中病棟における指導」『総合リハビリテーション』33（1）、51-7頁。
前田多見・地崎真寿美・鈴木志保子・ほか（2011）「身寄りのない対応困難事例への活動報告」『日本医療マネジメント学会雑誌』12、365頁。
前田美恵子・庄司安子・三好幸子（2001）「退院後間もない再入院を予防するために——3ヶ月以内に同一疾患で緊急入院した患者の実態調査」『東京都老年学会誌』8、89-91頁。
前田 稔（2005）「成年後見制度と身元引受人——期待されている役割とは」『地域保健』36（2）、48-54頁。
正木治恵（1994）「慢性病患者の看護援助の構造化の試み——糖尿病専門外来看護の臨床経験を通して」『看護研究』27（1）、49-74頁。
松浦由紀子・森田愛子・藤原智恵子・ほか（2002）「生活の場所に関する高齢者の意思決定（第1報）——文献検討」『神戸市看護大学短期大学部紀要』21、115-24頁。
松村ちづか（2008）「難病とともに生きる患者・家族の在宅療養における意思決定」山崎あけみ・原礼子編『家族看護学——19の臨床場面と8つの実践例から考える』南江堂，178-90頁。
松村ちづか・川越博美（2001）「訪問看護婦の意思決定の促進要因・阻害要因の分析——5年未満の訪問看護婦の意思決定の特徴」『日本がん看護学会誌』15(2)、62-7頁。
松本沙織・橋本八代美（2010）「自宅退院後の生活の実際——退院後追跡調査から今後の展望」『公立八鹿病院誌』19、37-40頁。
松山 真・田口美和・芦沢有子・ほか（2001）「保健医療ソーシャルワーカーによる『権利擁護に関する援助』についての調査研究報告」『医療と福祉』34（2），24-30頁。
丸 光恵（2003）「子どもへのインフォームド・コンセント、治療の選択における家族の意思決定——思春期にある小児がん患者のターミナルケア開始を中心に」『家族看護』1（1）、85-96頁。
三島亜紀子（2007）『社会福祉学の〈科学〉性——ソーシャルワーカーは専門職か』勁草書房。
三島亜紀子（2012）「ソーシャルワーカーの現在形」『ケアマネジャー』14(9)、36-41頁。
満武巨裕・西村由美子・坂本すが・ほか（2002）「在院日数の短縮とアウトカム——転帰（死亡率）および再入院率を指標にとる試み」『病院管理』39（1）、5-12頁。

美ノ谷新子・佐藤裕子・宮近郁子・ほか（2008）「脳卒中退院患者からみた在宅療養生活開始時の現状と課題」『順天堂医学』54（1）、73-81 頁。
宮内佳代子・大出幸子・笹岡眞弓・ほか（2015）「ソーシャルワーク介入必要基準の開発」『日本病院会雑誌』62（3）、334-9 頁。
宮川惠子・加茂　力・亀谷　学（2007）「転院支援における早期介入の試み――ディスチャージプランニング・スクリーニング票（DPS）を用いて」『病院管理』44、84 頁。
宮崎清恵（2009）「生活障害」日本社会福祉士会・日本医療社会事業協会編『改訂保健医療ソーシャルワーク実践』中央法規出版、152-8 頁。
宮地普子（2007）「退院支援における家族へのアプローチ――終末期がん患者の在宅生活を支援した事例から」『砂川市立病院医学雑誌』24（1）、107-13 頁。
宮田留理（2005）「クリティカルケアを受けている病者と共に生きる家族の特徴と看護の基本的な考え方」中野綾美編『家族エンパワーメントをもたらす看護実践』へるす出版、227-33 頁。
宮本真巳（1995）「看護相談を充実させるには？」『看護学雑誌』59（7）、690-5 頁。
宮脇美保子（1997）「患者の自己決定権と看護の役割」『鳥取大学医療技術短期大学部紀要』26、35-40 頁。
三好幸子・庄司安子・前田美恵子（2001）「退院後間もない再入院を予防するために――１ヶ月以内再入院患者の看護記録からの実態調査より」『東京都老年学会誌』8、86-8 頁。
村上須賀子・京極高宣・永野なおみ編著（2008）『在宅医療ソーシャルワーク』勁草書房。
樅野香苗・長谷川万希子・橋本廸生・ほか（2000）「長期入院高齢者の家族の在宅ケア意向に影響する要因」『病院管理』37（2）、105-13 頁。
森　明子（2003）「不妊治療に関わる家族の意思決定」『家族看護』1（1）、70-8 頁。
森山美知子（1996）「入院期間の短縮化及び患者・家族の QOL 向上に関する専門的援助の研究――退院患者の分析から」『病院管理』33（1）、27-37 頁。
森山美知子・岩本　晋・芳原達也・ほか（1995）「高齢者の社会的入院を発生させる要因の検討（第 2 報）――医療者・患者・家族のコミュニケーション障害に焦点をあてて」『病院管理』32（1）、27-36 頁。
八尾吉宣（2009）「転院を納得できない家族に対するアプローチ」『保険医療研究』2、61-5 頁。
安武　一（2014）「MSW の退院後のモニタリングについて――退院支援調査データからの一考察」『医療ソーシャルワーク研究』4、38-40 頁。
柳澤愛子（2010）「急性期病院から長期療養病院・施設にケアをつなぐ――退院支援看護師の立場から」『病院』69（5）、349-54 頁。
柳田千尋（2001）「MRSA 問題における療養先確保のためのソーシャルワーク援助――老人病院の調査結果をもとにした一考察」『医療社会福祉研究』10（1）、21-31 頁。
柳田千尋（2007）「Integrative Short-Term Treatment の普及を目指して――医療ソーシャルワークに関するワークショップの考察」『東洋大学大学院紀要』44,237-57 頁。
柳田千尋・佐野間寛幸・船山幸代（2011）「医療ソーシャルワークにおける短期援助に関する研究――統合的短期援助（ISTT）研究ワークショップとアンケートから」『医療と福祉』44（2）、33-41 頁。
柳原清子（2009）「がん患者家族の意思決定プロセスと構成要素の研究――ギアチェンジ期および終末期の支援に焦点をあてて」『ルーテル学院研究紀要』42、77-96 頁。

柳原清子（2013）「家族の『意思決定支援』をめぐる概念整理と合意形成モデル――がん臨床における家族システムに焦点をあてて」『家族看護』11（2）、147-53頁。
山口麻衣・高山恵理子・小原眞知子・ほか（2013）「医療ソーシャルワーカーの退院支援実践の評価」『医療社会福祉研究』21、127-40頁。
山路克文（2013）『戦後日本の医療・福祉制度の変容――病院から追い出される患者たち』法律文化社。
山田壮志郎（2016）『無料低額宿泊所の研究――貧困ビジネスから社会福祉事業へ』明石書店。
山田晧子（1997）「脳卒中発症者の主介護者における生活全体の満足度とその関連要因」『老年社会科学』18（2）、134-46頁。
山村智和・足立聡・神薗義人・ほか（2014）「回復期リハビリテーション病院から在宅へ退院後の追跡調査を実施して」『愛仁会医学研究誌』46、211-5頁。
山本幸則（2016）「成年後見人等の視点からみた事業の問題・課題」『実践成年後見』65、34-40頁。
横尾京子（2003）「超低出生体重児をめぐる家族の意思決定」『家族看護』1（1）、79-84頁。
横田紀子・伊藤祥子・五十嵐雅美・ほか（1998）「MSWによる転院援助――転院阻害要因の分析」『東京都老年学会誌』4、54-8頁。
横山梓・村嶋幸代・永田智子・ほか（2001）「一国立大学病院で専門部署による退院支援を受けた患者の退院後調査」『病院管理』38（1）、53-60頁。
吉田克己（2014）「身元保証問題と"無縁社会"」『Legal Support Press』8、7-10頁。
吉武久美子（2007）『医療倫理と合意形成――治療・ケアの現場での意思決定』東信堂。
吉田千文（2011）「退院をめぐる看護倫理――家族看護の視点から」『家族看護』9（2）、26-41頁。
吉田雅子（1999）「地域保健福祉における医療ソーシャルワーカーの資質向上に関する研究―― MSWのケアマネジメント研究」『医療と福祉』32（2）、67-77頁。
吉村優桂里・千葉真弓（2004）「在宅療養を行う高齢者とその家族の在宅移行後の現状」日本看護協会編『第34回日本看護学会論文集 地域看護』日本看護協会出版、94-6頁。
若狭紅子（2003）「家族の意思決定をめぐる看護師のジレンマ」『家族看護』1（1）、36-40頁。
和田忠志（2013）「家族と意見の違う患者に対応する」『治療』95（3）、477-80頁。
渡辺俊充・新美まや・茂木紹良・ほか（1989）「脳血管障害による高齢全介助患者の退院先とその決定条件」『リハビリテーション医学』26（2）、115-21頁。
渡部律子（2015）「変容する家族と社会福祉――ソーシャルサポート理論による支援戦略のパラダイム転換」『ソーシャルワーク実践研究』1、3-15頁。

外国語文献

Biestek, Felix Paul (1957) *The casework relationship,* Loyola University Press.（2006, 尾崎　新・福田俊子・原田和幸訳『ケースワークの原則〈新訳改訂版〉――援助関係を形成する技法』誠信書房.）

Creswell, John W. and Plano Clark, Vicki L (2007) *Designing and conducting mixed methods research,* Sage Publications.（2010, 大谷順子訳『人間科学のための混合研究法――質的・量的アプローチをつなぐ研究デザイン』北大路書房.）

Donabedian, Avedis (1980) *Exploration in Quality Assessment and Monitoring, Volume I Definition of Quality and Approaches to Its Assessment,* Edgewater Editorial Service.（2007, 東尚宏訳『医療の質の定義と評価方法』NPO 法人健康医療評価研究機構.）

Dooley, Dolores and McCarthy, Joan (2005) *Nursing ethics : Irish cases and concerns,* Gill and Macmillan Publishers.（2006, 坂川雅子訳『看護倫理 1』みすず書房.）

Frankel, Arthur J. and Gelman, Sheldon R. (2004) *Case management : an introduction to concepts and skills,* Lyceum Books.（2006, 野中猛監訳『ケースマネジメントの技術』金剛出版.）

Goldstein, Eda G. and Noonan, Maryellen (1999) *Short‐Term Treatment and Social Work Practice : An Integrative Perspective,* FREE PRESS.（2014, 福山和女・小原眞知子訳『統合的短期型ソーシャルワーク――ISTT 理論と実践』金剛出版.）

IASWW and IFSW (2014) *Global definition of the social work profession.*（2014, 日本社会福祉教育学校連盟・社会福祉専門職団体協議会訳『ソーシャルワークのグローバル定義（日本語訳版）』.）

Jonsen, Albert R. and Siegler, Mark. and Winslade, William J. (2002) *Clninical Ethics:A Practical Approach to Ethical Decisions in Clinical Medicine,5th Ed..,* The McGraw-Hill Companies.（2006, 赤林　朗・蔵田伸雄・児玉　聡監訳『臨床倫理学――臨床医学における倫理的決定のための実践的なアプローチ〈第 5 版〉』新興医学出版社.）

National Academy of Sciences (U.S.) Committee on the Quality of Health Care in America (2001) *Crossing the quality chasm : a new health system for the 21st century,* National Academy Press.（2002, 医学ジャーナリスト協会訳『医療の質――谷間を越えて 21 世紀システムへ』日本評論社.）

Rossi, Peter Henry. and Lipsey, Mark W. and Freeman, Howard E. (2004) *Evaluation : A Systematic Approach,7th Ed.,* Sage Publications.（2005, 大島　巌・平岡公一・森俊夫・ほか監訳『プログラム評価の理論と方法――システマティックな対人サービス・政策評価の実践ガイド』日本評論社.）

Thompson, Joyce Beebe and Thompson, Henry O. (1992) *Bioethical decision making for nurses,* University Press of America.（2004, 山本千沙子監訳『看護倫理のための意思決定 10 のステップ』日本看護協会出版会.）

World Health Organization (2001) *International classification of functioning, disability and health.*（2002, 障害者福祉研究会編『国際生活機能分類――国際障害分類改定版』中央法規出版.）

事項索引

【あ】

ICF（国際生活機能分類）……………… 30
アウトカム ………………………… 45, 102, 242
　──指標 …………………… 16, 101, 107, 222
　──の向上 ……………………………… 240
　──の低下 ……………………………… 240
　──評価 ………………………………… 14
アクションリサーチ ……………… 6, 97, 111, 242
アセスメント ………………………… 101, 108, 175
アプローチ ……………………………… 226
新たな知見 …………………………… 6, 138, 248
安心感 …………………………………… 249

【い】

伊賀市社会福祉協議会 …… 29, 87, 108, 114, 117
意義 ……………………………………… 236
意向
　──調整 …………………………… 99, 114, 119
　──の異同 …………………… 33, 57, 60, 98, 120
　──のズレ ……………………………… 239
意思
　──決定 ………………………… 27, 47, 48, 238
　──決定支援 …………… 49, 54, 119, 141, 156
　──表示 ………………………………… 156
医的侵襲行為 …………………………… 227
異同 ……………………………………… 262
遺留金品処理 …………………………… 227
医療・介護サービス計画 ………… 162, 165, 180
医療行為
　──の有無 ……………………………… 139
　──を要する …………………………… 207
医療ソーシャルワーカー業務指針 ……… 36, 42
医療チーム ……………………………… 202
インタビュー調査 ……………………… 186

【う】

受け入れ不可 …………………………… 208, 250

【え】

エビデンス …………………………… 98, 260
SPSS Statistics ver.23 …………… 124, 208, 217
MSW部門の役割 …………………… 115, 239

【お】

オッズ比 ……………………………… 211, 242

【か】

介護者 ………………………………… 121, 151
介護
　──保険制度 …………………………… 62, 184
　──療養型医療施設 …………………… 112
　──力 …………………………………… 59, 138
χ^2検定 …………………… 123, 126, 208, 217
介入研究 ………………………………… 263
回復期リハビリテーション病棟 …… 20, 63, 102,
　112, 120, 160
家屋評価 ………………………………… 177
可視化 …………………………………… 18, 89
仮説 ……………………………………… 89, 235
　──検証 ………………………………… 244
家族
　──アプガー ……………………… 123, 134, 236
　──介護 ………………………………… 184
　──関係 ………………………………… 59, 154
　──機能 ………………………………… 134
　──形態 ………………………………… 90, 124
　──システム …………………………… 239
　──状況 …………………… 90, 121, 140, 154
　──状況に関わる要因 ………………… 151
　──対応力 ……………………………… 178
　──に起因するもの …………………… 241
　──の協力度 ………………………… 140, 236
　──の定義・分類 ……………………… 23
　──評価 ………………………………… 140
　──不在者 ……………………………… 120
課題の達成状況 ………………………… 248

価値規範 ················· 4
カテゴリー ················· 187
カルテ・ソーシャルワーク記録 ·· 113, 116, 119, 142, 206
観察研究 ················· 264
患者
　――アウトカム ······· 6, 159, 160, 181, 249
　――と家族の関係 ··········· 91
　――の満足度 ·············· 180
　――満足度 ············ 68, 163

【き】

キーパーソン ················· 122
キャボット ··················· 3
急性期病院 ··········· 85, 90, 155, 186
QOL（Quality of life） ······ 85, 90, 261
教育効果 ····················· 160
共同決定 ····················· 238
居宅系施設 ············ 63, 113, 205
緊急連絡先 ··················· 227
緊張関係 ····················· 54

【け】

ケアプラン ··················· 189
ケアマネジャー ········ 92, 159, 185
経済
　――状況 ················· 163
　――的困難あり ············· 207
　――力の有無 ·········· 121, 134
研究
　――課題 ················· 235
　――のための研究 ··········· 263
　――領域 ················· 262

【こ】

合意形成 ············ 18, 89, 91, 119
効果指標 ················ 225, 243
効果的な
　――支援 ················· 269
　――支援方法 ·········· 74, 249
　――退・転院支援 ······· 27, 236

構造図 ······················· 201
行動障害を有する ········ 207, 220
効率
　――偏重 ················· 269
　――面 ··················· 260
高齢化 ······················· 64
高齢者福祉 ··················· 184
コード ······················· 187
国家財政事情 ················· 260
混合研究法 ················· 4, 18
困難性 ·················· 114, 205

【さ】

サービス利用の姿勢 ············ 121
在院日数 ····················· 243
在宅
　――安定期 ··············· 195
　――導入期 ··············· 195
　――と在宅等 ··············· 24
　――復帰率 ················· 3
　――復帰率向上 ······· 14, 253
再入院 ······················· 6
　――患者 ··················· 71
　――事例 ··············· 71, 74
　――予防 ············ 203, 250
算定日数上限 ················· 215

【し】

支援
　――の効果・効率性 ·········· 77
　――プロセス ···· 6, 101, 107, 159, 182
　――プロセスの不備 ········· 160
時間
　――的推移 ··············· 251
　――の経過 ··············· 237
市区町村長申立 ··············· 84
自己決定 ··············· 27, 47, 48
死後対応 ····················· 227
事後評価 ·············· 62, 68, 92
自宅
　――以外促進要因 ··········· 143

──促進要因……………………143
　　──退院後調査………6, 161, 159, 182
　　──退院困難基準………143, 152, 156
　　──退院支援の質……………62, 102
　　──の家屋状況…………………121
実証データ……………………………251
実践領域………………………………262
質的
　　──調査………………………6, 94, 97
　　──データ分析法……………187
質の評価方法……………………………42
失敗事例………………………………70, 104
社会経済的要因………21, 73, 82, 105, 200
社会資源………………………………21, 262
社会福祉協議会………………87, 108, 205, 225
重回帰分析……………………………65, 123
住環境…………………………………151, 177
従属変数……………65, 123, 138, 168, 236
就労状況………………………………125
主観的側面……………………………237
事例研究…………………………………74
ジレンマ…………………………………75
身体状況………………………………121
信頼性……………………………………165
心理社会的要因………………61, 90, 238, 262
診療報酬……………3, 5, 16, 24, 40, 47, 93, 260

【す】

スキル向上……………………………262
ストラクチャー……………………102, 45

【せ】

成果主義………………………………253
生活の質………………………………181
生活保護………………………………163
生活満足度……………………………161
　　──増減……………………………239
成功事例…………………………………70
制度・政策の改善…………………259, 262
成年後見
　　──制度………………………………84

　　──人…………………………………84
世帯構成…………………………………64
潜在的な要因…………………………237
先進的な取り組み事例……………252
専門性……………………………………79

【そ】

相違点…………………………………238
葬儀……………………………………227
早期把握……………………………205, 216
相互作用………………………………239
ソーシャルワーク……………………185
　　──の方法……………………………262
　　──の理論……………………………261
続柄……………………………………251

【た】

第1希望………………………………208, 222
第3の要因……………………………243
退院計画……………………6, 42, 74, 92
　　──に対する満足度………………161
　　──の質………………45, 159, 250
　　──の精度…………………………249
　　──の不備…………………………241
退院
　　──援助……………………26, 42, 44
　　──困難な要因………………164, 203
　　──支援………………………………26
　　──指導……………………………26, 42
　　──調整……………………………26, 42
　　──調整看護師……………………215
　　──直前期…………………………195
待機日数………………………………215
対処方略……………78, 93, 104, 108, 205
退・転院
　　──先の意向………………18, 238, 262
　　──支援………………………………26
　　──支援の質……………18, 46, 235
　　──支援のニーズ…………………269
　　──支援マネジメント……………258
多職種

事項索引　299

──協働·················· 161, 179
──連携··························· 67
妥当性····························· 165
多変量解析····················· 208
短期間（3ヵ月以内）········· 97, 101, 159, 186, 240

【ち】

地域
　──ネットワーク················ 179
　──の関係機関··········· 21, 259, 262
　──のサービス·················· 226
　──福祉あんしん保証事業······· 227
　──包括ケアシステム··········· 13, 63
チーム医療·························· 67
中・長期的な視点················ 182
調査
　──計画·························· 235
　──枠組み···················· 89, 235

【て】

t 検定······················· 208, 217
低所得患者······················· 226
定量化····························· 206
転院
　──困難事例······················ 75
　──先の確保···················· 227
　──制約要因················ 6, 19, 205
伝承································ 262
転倒・転落対策を講じている·········· 207

【と】

同居
　──子······················ 121, 139, 237
　──配偶者··············· 121, 127, 139, 236
統計分析··························· 208
統制変数··················· 163, 168, 181
特殊事例························ 23, 116
独立変数··················· 123, 168, 236
常滑市社会福祉協議会···· 108, 114, 117, 225
Donabedian モデル················· 45

【な】

内容分析···························· 163
ナラティブ···························· 26

【に】

日常生活自立支援事業·············· 227
2 変量解析························· 123
入院
　──基本料······················ 215
　──・入所費用の未収金········ 227
認識
　──の異同················· 104, 187

【は】

バイステックの 7 原則··········· 50, 91
パイロットスタディ·················· 120
半構造化面接法··················· 187

【ひ】

病院
　──現場·························· 112
　──スタッフ··············· 92, 159, 240
　──組織·························· 269
　──や家族の事情················ 79
評価
　──基準·························· 242
　──精度····················· 162, 240
　──漏れ············· 165, 180, 183, 240

【ふ】

不安・困り事············ 97, 101, 113, 162
フィードバック················ 178, 202
FIM（機能的自立度評価法）······· 31
フィールド···················· 112, 120
フォローアップ··············· 62, 68, 92
普遍性···························· 265
プロセス················ 45, 102, 242
　──指標························ 220
　──の不備······················ 240

【へ】

平均在院日数 …………………… *3, 14, 37, 65*
　——の短縮化 …………………… *73, 253*
別居子 …………………… *23, 121, 139, 237*
ベッドコントロール …………………… *78*
変更箇所数 …………………… *180, 239*

【ほ】

訪問面接調査 …………………… *161, 165*
保証人 …………………… *29, 226*
　——代行団体 …………………… *83*
　——なし …………………… *207*
　——の役割 …………………… *227*
　——不在者 …………………… *29, 94, 244*
　——問題 …………………… *5, 21, 29, 82, 115, 244*

【ま】

埋葬 …………………… *227*
マクロ（制度・政策） …………………… *18, 22, 45, 253, 265*
満足感 …………………… *249*
Mann-WhitneyのU検定 …………………… *123, 126*

【み】

ミクロ（個別） …………………… *18, 22, 253, 265*
身の回り支援 …………………… *227*
身寄りのない患者 …………………… *82, 85, 94*
魅力 …………………… *260*

【め】

メゾ（地域） …………………… *18, 21, 22, 253, 265*
面接調査 …………………… *239*

【も】

申し送り・カンファレンス …………………… *217*
モニタリング …………………… *70*

【り】

リアルタイム …………………… *155*
リスク要因 …………………… *203, 241*
量的調査 …………………… *94, 97, 206*

療養型病院・施設 …………………… *28, 94, 105*
臨床倫理4分割法 …………………… *120, 142*
倫理 …………………… *4*
　——的配慮 …………………… *5, 111, 116*

【ろ】

老人保健施設 …………………… *113, 223*
ロジスティック回帰分析 …………………… *90, 208*
論理モデル …………………… *33, 89, 98, 100, 235*

【わ】

ワークシート …………………… *165*
私の研究史 …………………… *5, 13, 20*

著者紹介

林　祐介（はやし　ゆうすけ）

1977 年生まれ
1999 年　南山大学経営学部卒業後、民間企業に勤務（〜 2003 年）
2005 年　日本福祉大学社会福祉学部卒業後、民間病院に MSW として勤務（〜 2018 年）
2010 年　日本福祉大学大学院社会福祉学研究科修士課程 修了
2017 年　日本福祉大学大学院社会福祉学専攻博士課程 修了
　　　　博士（社会福祉学）
現在　同朋大学社会福祉学部専任講師

【主要論文】
「患者と家族の退・転院先の意向についての量的研究——A 病院のカルテ・ソーシャルワーク記録調査より」『社会福祉学』59(1), 2018 年, 27-39 頁.
「退院計画に関わる病院スタッフの支援プロセスと患者アウトカムとの関連についての研究——A 病院の自宅退院後調査の取り組みから」『厚生の指標』65（5）, 2018 年, 1-7 頁.
「医療機関における保証人問題の実情とみえてきた課題」『実践　成年後見』77, 2018 年, 44-51 頁.

効果的な退院・転院支援
医療ソーシャルワーカーの専門的役割

2019 年 2 月 5 日　初版第 1 刷発行
2020 年 2 月 28 日　第 2 刷発行

著　　者　林　祐介
デザイン　波多英次
発 行 者　木内洋育
編集担当　粟國志帆
発 行 所　株式会社　旬報社
　　　　　〒 162-0041 東京都新宿区早稲田鶴巻町 544 中川ビル 4F
　　　　　Tel03-5579-8973　Fax03-5579-8975
　　　　　ホームページ　http://www.junposha.com/
印　　刷　モリモト印刷株式会社

Ⓒ Yusuke Hayashi 2019, Printed inJapan
ISBN 978-4-8451-1577-8　C3036
乱丁・落丁本は、お取替えいたします。